名家名传书系

屈原传

汤漳平 著

长江出版传媒　长江文艺出版社

前　言

　　在中国历代诗人中，屈原是一位保存史料少、争论问题多、分歧意见大的诗人。从其家世、生平、作品来归纳，争议的问题多达数百个，而且其中的许多问题恐怕永远也难以形成共识。因此，要写成一部大家都认可的《屈原传》，难度确实太大了。产生这种情况，当然和屈原离我们的时代太远有关。毕竟屈原是两千多年前战国时代的人物。历史的尘埃，把大量史料湮埋、浸蚀、销毁，使得后人难以窥见其本来的面目，从而形成众多的历史悬案。然而离我们时代近的作家作品，其背后的谜案就少了吗？我看过冯其庸先生编成的一部《金瓶梅之谜》，而《金瓶梅》的产生至今也不过三四百年。《红楼梦》产生至今，不过两百多年，同样也有许许多多的谜让后人去猜测、考证、解答。就说刚刚发生没多久的英国王妃黛安娜的死因，至今已有人归纳出 14 种之多，孰是孰非，扑朔迷离，而这件事情发生时，有着那么多的目击者，甚至还有当事者，更何况还有现代化的各种侦察技术手段！

　　关于屈原，人们对他有着各种各样的评价和揣测：有人誉之为思想家、政治家、哲学家、人民诗人、文学家、教育家、纵横家，1954 年他被评为世界四大文化名人之一；也有人认为屈原是巫卜、宗祝。更有甚者，认为屈原不过是"文学弄臣"，是"陪着楚王玩耍或歌舞"的倡优之类。近年来，国外有的学者从胡适的"箭垛式人物"说法出发加以演绎，甚至认为历史上的屈原并不存在，《离骚》中的主人公不过是半人半神的精灵。20 世纪·80 年代中期，由此引发了中日学者间一场关于"屈原问题"的学术论争，至今还时时可以闻到尚未散尽的硝烟余味。

历史是难以改写的，人们尽管可以对司马迁的《屈原列传》提出 10 种、20 种质疑，但屈原的光辉名字是难以抹掉的，疑问并不能改变屈原曾经实实在在地生活在中国土地上这样一个基本事实。同样，人们可以用今日聪明的脑袋去编造各种离奇的故事，诸如屈原死于情杀、死于争风吃醋、死于醉酒等，也依然撼动不了我国人民对屈原的信仰和崇拜。屈原是亿万民众心中的一座丰碑。

　　在中国，屈原的事迹早已家喻户晓，流传了两千多年；屈原的作品代代相传，成为爱国主义最光辉的诗篇；屈原的人格精神，早已成为中华民族优秀文化传统的重要组成部分，它鼓舞、激励着一代代的志士仁人，为探求真理、为实现理想而前赴后继，甚至不惜抛头颅洒热血去争取它、实现它。

汤漳平

1999 年 4 月 5 日于郑州

目　录

第一章　伟大生命的诞生

若道土无英俊才，何得山有屈原宅？

——唐·杜甫《最能行》

一　特殊年代

公元前 340 年，这是中国历史上一个特殊时代中的一个特殊年份。中国历史上最早、最著名的诗人屈原诞生了。

从公元前 340 年上数至战国初年，已历经了 135 年时间，而下数至秦灭六国，建立起统一的封建帝国，正好是 120 年时间。我们之所以说这是一个特殊的年份，是因为整个中国社会的大势，至此已处于一个新的转折点。如果没有这一年前后发生的一系列重要事件，也许中国历史会是另一种进程，也许最后实现统一中国的不是秦国，而是魏国、齐国或是楚国。

虽然那个时候还没有进化论思想的出现，但"物竞天择，适者生存"的观念却似乎已在指导着各诸侯国的实践。翻开这一时代的历史，眼前闪动的是无尽的刀光剑影，身边回响的是无数战马的悲鸣。饿殍遍野，白骨森森。

这是一个真正"弱肉强食"的时代，西周初期由周公制定的那一套礼乐制度至此已被摧毁殆尽，就是春秋时代提出的"尊王攘夷"的口号也已成空谷的回声。经过不断地吞并、蚕食、战争，小国已难以在大国的间隙中求生。中国的土地上，七雄并立的格

1

局已经形成。但永无休止的战争，又不断地戏剧性地改变着各诸侯国的均势。名为"共主"的东周只是蜷缩在洛阳的一隅之地，到公元前367年，它又分裂成东西周两个小朝廷，蜕变成没有生机的小诸侯国而已。各大国都在认真地讨论如何通过战争扩大自己的地盘，削弱别国的力量，以求最终主宰大地的沉浮。

公元前340年前后，有两件重要的历史事件戏剧性地改变着整个战国的局势。

首先，是魏齐之间的马陵之战，严重地削弱了魏国的实力。进入战国以后，韩、赵、魏三家分晋，取得诸侯的地位，并着手进行改革。其中，魏国发展最快。魏文侯斯在位（前445—前396）五十年，他任用李悝为相，大胆进行改革。在政治方面，取缔了旧的宗法制，废除世卿世禄制度，奖励耕战；在经济上，实行"尽地力之教"，使生产迅速发展。李悝还制定了《法经》，用以维护新兴的封建秩序。魏文侯善于用人，他师事当时著名儒者卜子夏、田子方和段干木，用西门豹治邺（今河北临漳西南邺镇），使吴起守西河（今陕西东部黄河以西的魏地），以乐羊子为将，西击秦、南攻楚、东欺齐、伐赵侵韩、取中山，于是国势日盛，俨然成为战国七雄中的霸主。传至魏惠王（前369—前319）时，任用善于治水与经商的白圭为相，兴修水利、发展农耕；又以庞涓为将，训练军队，东征西伐，也把几个邻国搞得鸡犬不宁。公元前344年，魏惠王在逢泽（今开封东南）召集了秦、韩、宋、卫等国国君会盟，搞了个十二诸侯朝见周天子的盛典，魏国显然以诸侯之首领自居。

然而，就在这次会盟后不久的公元前342年，魏国为了扩展地盘，出兵攻韩。韩向齐求救。次年，齐国以五百乘战车救韩。主将田忌、军师孙膑率领齐军径直奔袭魏都大梁（今河南开封）。魏军主帅庞涓担心国都有失，不得不回军救援。齐军并不与魏军正面交锋，而是虚晃一枪，回头便跑。恼怒不已的庞涓与魏太子申率领精锐部队追赶。孙膑以"减灶之法"迷惑魏军，使之产生轻敌之心，然后在魏军必经之路的险要地段马陵道（今河南范县西南）上设下伏兵，当魏军途经马陵道时，齐伏兵四起，万弩齐发，魏军死伤无数，太子申被俘，庞涓自杀。"马陵之战"是继公元前353年齐魏"桂陵（今河南长垣西北）之战"后魏国的又一次大惨败。

在动物界中，"弱肉强食"是一条普遍的自然规律，当一头猛兽咬死了另一头野兽时，瓜分胜利果实的进程便开始了。动物也有明确的分工：有的喜欢吸血，有的大嚼其肉。至于肚肠和骨头，自有动物界的"清道夫"鬣狗们来承担。如今魏国也面临着这一命运：当齐国的军队打败魏军之后，魏的邻居们便兴高采烈地准备举起利刀，割一块肉，或分一杯羹。于是接着便发生了秦魏之间的"西河之战"。

最先瞅准机会的是秦的相国卫鞅，卫鞅不仅是一位改革家，也应当承认他是不可多得的战略家。当他知道魏军大败于齐的消息后，立即兴冲冲地朝见秦孝公，并对他说："秦国和魏国的关系，就像人的腹心有重病一样。情况很清楚，不是魏兼并秦，就是秦兼并魏。为什么这样说呢？魏国占据山东的险厄之地，和秦隔着黄河相邻，却独占有山东之利。当其形势有利的时候就西侵秦国，形势不利的时候就出兵东侵，扩大地盘。所幸近年来魏国连年被齐打败，诸侯们都众叛亲离，秦正可以乘此机会出兵伐魏。魏抵挡不住秦国的进攻，必定东迁。东迁之后，秦便据有河山之险固，正可居高临下，专心向东推进，对付各国诸侯。如今大王治国贤明，国运昌盛，正应利用这个机会，这是成就帝王之业的千载良机啊！"

卫鞅的话一下说中秦孝公的心事。多年以来，由于魏的强大，从魏文侯起，魏军守西河，连续攻取秦多处城邑，窥视咸阳。秦国在长达百年时间内，与魏作战中屡屡败退，完全处于只有招架之力、没有还手之功的被动状态中，自然谈不上向东发展了，只是在西部夷族居住地区扩充一些地盘而已。因此，如能将魏人赶

3

出西河，秦国便可免去后顾之忧，全力向东，逐鹿中原了。公元前340年，秦孝公派卫鞅率领大军攻魏，矛头直指魏之西河。

西河为魏国西部屏障，不能有所闪失。接到西河告急文书之后，魏惠王立即派公子卬领兵迎敌。当两军在阵前相持之时，卫鞅派人给公子卬送去一封信，信中说：

> 鞅和公子旧日在魏时交谊深厚，而今皆为两军主帅，怎能忍心在阵前反目成仇，刀兵相见。鞅愿与将军宴饮会盟，然后各自罢兵归国，使秦魏两国从此相安无事。

公子卬接信后，十分高兴，觉得卫鞅很念旧情，便回书表示赞同。谁知卫鞅事先埋伏好甲兵，正当会盟仪式刚举行，公子卬和卫鞅举杯欢饮之时，卫鞅一声令下，伏兵四出，立即将公子卬捆绑结实，送上囚车，押回秦国去了。魏军失去主帅，不知所从。秦军万马齐发，大破魏军。

魏在遭受了齐、秦的进攻之后，实力已大为削弱，难以承受秦倾国军力的大举进攻，只得派人向秦国求和。卫鞅说："求和可以，但魏必须献出西河之地。"魏惠王虽然十分舍不得，但又实在无可奈何，只得应许了秦国的要求。

秦孝公得知魏割西河以求和解，顿时长长地舒了口气，四肢的血脉仿佛都通畅起来。是啊，这已是秦国几代国君朝思暮想的大喜事，从此，秦将据河山之固，以广阔的关中为基地，以崤函之险为锁钥，俯视中原各国，形成了进可攻而退可守的十分主动的态势，帝王之业，已经牢牢打下最坚实的基础，他怎能不喜出望外呢？为了奖赏卫鞅的这一大功勋，秦孝公将於、商（今陕西商县东南商洛镇）十五邑封赏给卫鞅，位列侯，号商君，故后人称卫鞅为商鞅。

听到魏大败于秦的消息后，齐、赵立即也出兵攻魏了。在众诸侯国的进攻之下，魏国疲于应付，终于从头等强国降为二等国家。从此，战国七强中，真正可列为一等强国的是秦、楚、齐。

商鞅受封的於、商之地，东南与楚国接壤。商鞅在削弱魏国的实力之后，权衡大势，便将目标对准楚国。《史记·楚世家》载："（楚宣王）三十年（前340），秦封卫鞅于商，南侵楚。"当时，秦军东出武关，直指汉中的楚西北边境。楚人无备，败于秦，商於之地（今河南淅川西南）六百里，很快陷于秦人之手。正是这六百里的商於之地，后来成为秦楚交争的导火索。出生于这一年的楚国著名诗人屈原，在他的一生中，也深深地受到了这一事件的极大影响。

二　伟大的生命

汹涌奔腾的长江，犹如一条巨龙，高昂龙首，圆睁双目，劈开千山万谷，出昆仑、越岷山、穿莽原，一路呼啸着向东飞奔。在历经了险峻的瞿塘峡，穿越过雄奇的巫峡之后，当它即将进入西陵峡时，江北岸有座依山构建、高低起伏而又错落有致的山城格外引人注目，这便是有名的秭归古城，历史上也常称为归州。传说两千三百多年前的寅年寅月寅日，诗人屈原就诞生于秭归的乐平里。

秭归县城虽小，却有着十分悠久的历史和深厚的文化底蕴。在五千年的中华文明的起源期，这里已经被开发。据说，当舜帝代尧帝执政之后，裂土封赏尧帝的官员，皋陶封之皋，伯夷封之梁，夔封到这里称为"后夔国"。夔即"归"，音同，所以又称归乡、夔乡。很有意思的是，《史记·五帝本纪》中记载了舜帝和夔的一段对话。夔和其他20多位官员在尧帝时就是辅政的大臣，但当时并没有明确他们的职责分工。舜继位后，才根据他们的才能分派职务：伯禹为司空、稷为农官、契为司徒、皋陶典五刑，而后以夔为典乐官。舜帝还就典乐官的职责发表了一通训词，让他"教稚子，直而温，宽而栗，刚而毋虐，简而毋傲；诗言意，歌长言，声依永，律和声，八音能谐，毋相夺伦，神人以和"。意思是要教育好贵族卿大夫的子弟，让他们为人正直而性格温和，胸怀宽阔而心存谨慎，刚正严明而不暴虐，简朴坦诚而不傲慢；诗言其志以导其心，歌咏其义以长其言，五声依长言而曲折委婉，六律与五声相而成乐。八音和谐，理不错夺，则神人咸和。

夔听了这番训词后马上回答说："於！予击石拊石，百兽率舞。"意思是：是的，我敲击起石磬，使清音相和；乐感百兽，使相率而舞。

舜与夔的这番对话，恐怕是最早记载下来的中国诗歌和音乐教育的理论。夔怎样在这偏僻的鄂西之地施行音乐的教化，怎样使"百兽率舞"，史无记载。也许那三峡中的猿猴曾经接受过这种教化，于是就有了"巴东三峡巫峡长，猿啼三声泪沾裳"。猿猴的啼声是如此凄婉动人，所以才使行人"泪沾裳"了。这当然只是说笑而已。但归乡在纪元前后短短的三四百年间，先后产生了两位使秭归人引以为骄傲的历史文化名人屈原和王昭君，却是不容怀疑的事实。屈原以他前无古人后无来者的抒情长诗《离骚》，为中国诗坛奠定了浪漫主义的诗歌传统，震撼了一代又一代中国人的心弦。而东汉时代那位为民族和睦而毅然请行出塞的王昭君，她的感天动地的琵琶曲，又是何等地激荡着千百年来中华民族的心灵！想想在那样的特殊的岁月，一位弱女子竟然能在国家需要的时刻，挺身而出，前往荒漠不毛之地，居身于原野穹庐之中，成就一项流传千古的大业，这需要何等的勇气和决心！

秭归不仅是古代夔子国的所在地，也一度是楚族的早期都城"丹阳"的所在地。但大约在公元前九世纪时，楚国传至熊渠。熊渠迁都枝江，称南楚，原秭归地方称为西楚。熊渠的嫡子熊挚因病不能继位，熊渠便让他居于夔，称之为"夔子"。这是历史上的第二个"夔国"，它是楚的附庸国。楚成王三十八年（前634），因夔子国君不祭祀楚族始祖祝融和鬻熊，楚成王便派令尹子玉和司马子西率兵灭夔，"以夔子归"（《左传·僖公二十六年》）。这便是"秭归"得名的由来。后人说，屈原被放逐之后，他有位贤姊回来探望、安慰他，"秭归"即是"姊归"，这其实是一种附会之词。

壮丽而雄伟的长江，孕育了无数优秀的中华儿女，源远流长的中华文化，给了这些英雄儿女以深厚广博的文化底蕴，屈原和王昭君便是这其中的佼佼者。郭沫若在途经秭归时，曾写下这样的诗句：

秭归胜迹溯源长，峡到西陵气混茫。

屈子衣冠犹有冢，明妃脂粉尚流香。

是人杰而使地灵，还是地灵而生人杰，且留与人类学家们去考证吧！

屈原并不诞生在秭归县城，而是在离县城百里之遥的东北角的乐平里。

在长江的北岸，秭归县城的正东方30里处，有一条秀美清澈的溪流，它有一个可爱动听的名字——香溪。香溪并不长，它发源于兴山县北的凤凰井和老君寨，形成深度水和白沙水两条支流。两水南流200里，在响滩交汇成香溪的主流，再南流过兴山县城，至游家河进入秭归县，一直往南，到香溪镇流入长江。这条溪流，正好形成巫峡与西陵峡天然的分界线。香溪在《水经注》中称为"乡口溪"，但在《入蜀记》中被称为"香溪"，据《归州志》引《妆楼记》载："昭君临水而居，恒于溪中浣纱，溪水尽香。"这方是"香溪"名称的由来。此外，香溪又因昭君的缘故而被称为"昭君溪"。

和汹涌澎湃的浩浩大江比起来，长不过数百里的香溪确实显得那么短小和微不足道。然而，"山不在高，有仙则名；水不在深，有龙则灵"（刘禹锡《陋室铭》）。小小的香溪河，因为产生了屈原和王昭君这两位著名人物而声名远扬。当然，除了名人的效应之外，香溪本身特有的美丽的自然风貌也确实令人流连忘返。那清澈明净的香河水，那色彩斑斓的五色石，那安闲自在的江中鱼以及那悦耳动听的流水声，衬上两岸大片大片碧绿可人的、挂满了团团圆果的柑、橘、橙林，加上四处不时传来的婉转的鸟鸣，这一切，无不显出生机盎然的情趣和大自然的和谐的美来。和雄浑壮美的充满阳刚之气的长江相比，香溪更像一位妩媚多姿婀娜多情的年轻活泼的女子，她充满热情，展露出阴柔之美。

　　游家河是香溪自北向南进入秭归的第一镇。横渡香溪，登上东岸，步行数百米，只见一条小溪穿透两扇壁立千仞的石门，一路欢唱着、跳跃着投入香溪母亲的怀抱。窄窄的石门，只容一人侧身而入，两侧石壁高入云天，无数怪石千姿百态，壁上寸草不生。石门内外，终日云蒸雾锁，几疑进入了陶渊明所描绘的桃花源洞口。从石门进去，便是前往屈原故里的唯一通道——七里峡。沿着从悬崖上劈开的曲曲折折的人行道，绕过形态逼真的狮子岩，眼前突现又一番景象：只见在群山环抱之中，有一片开阔平坦的土地，犹如云南贵州一带的"坝子"，这里便是屈原故乡乐平里。

　　我曾经怀疑作为楚之显贵的屈氏家族怎么可能选择这样一个荒远偏僻的地方作为自己的祖居地，然而细想起来，却又觉得也没有什么可奇怪的。这里虽然偏僻，但离楚都并不算远，况且楚人有着许多因各种各样原因而喜欢过隐居生活的隐者。我们现在无从知道屈原的先辈选择这里成为居住地的原因，但这种世外桃源式的生活环境，在那样一个自给自足的自然经济社会中，实在也是令人神往的。

　　中国诗歌史上有"诗圣"美誉的唐代著名诗人杜甫在他的《最能行》诗中写道：

　　　　若道土无英俊才，何得山有屈原宅？

如今，我们就站在"屈原宅"上，屈宅位于乐平里的后山，名叫香炉坪，这是一块圈椅形的台地，中间凹进两端凸出，如同一个对半剖开的巨型香炉。台地中间有块类似露天舞台的场地，相传即是屈原宅的基地，房屋虽已久毁，但石砌的屋基尚存。据说，这里便是屈原的诞生地。

中国人向来是相信天人合一的。因此，一个大人物的诞生，天地、四野都会有异常景象的出现。禹的儿子启是涂山氏化石之后，石头裂开而降生的；商朝的兴起是"天生玄鸟，降而生商"；周族的繁盛，是周人之母姜嫄"履帝武敏"（踩了天帝的脚拇指印）从而受孕，生下周人的始祖稷；汉高祖刘邦则是他的母亲在大湖旁和神龙交配后生下的……屈原的诞生也不例外，在乐平里流传着一则动人的故事：屈原诞生之前，乐平里的香炉坪上香烟袅袅，烟气越聚越浓，越飘越高，直接云天。不久，烟雾中现出一道色彩绚丽的连天接地的彩虹，从蓝天环接而下，直达香炉坪屈宅的屋顶，这美丽的景色和耀眼的光彩吸引了十里八乡的乡亲们的注意，他们纷纷走出屋外，观赏这奇丽的景色。不久，光线越来越强，几乎令人难以睁开双眼。与此同时，那美丽的七彩虹仿佛变成一座金光灿灿的金桥，一声巨响，一团耀眼的火球从空中沿着金桥滚滚降下，径直落到屈宅屋顶，人们清晰地听到金石的铮铮的撞击声。这时，异香阵阵，飘溢四野，灵光从香炉坪射向四方，与此同时，屈宅中传来婴儿呱呱坠地的哭声。

我们大可不必对诸如此类的传说去做学究式的探讨，虽然这原本也可以放进《天问》中去，写成第 174 个问题："彩虹贯顶，何生屈原？"

屈原的父亲，叫屈伯庸，此时正驻守在楚国西北边境的丹阳城。屈原的出生，是屈家的一件大事，屈夫人立即派家人屈童前往丹阳，向屈伯庸报告这一重要消息。

三　父亲屈伯庸

　　弯弯曲曲的丹水从秦岭东部流出，经商洛山区，折向东南方，进入河南南阳的淅川。丹水的东岸，有一座楚国西北军事重镇——丹阳城。城里营盘林立，戒备森严。兵士们扼守南北东西各个要道，仔细检查过往的行人。由于秦军多次入侵，这里的气氛颇紧张。在丹阳担任防守任务的，是楚国最精锐的部队——申息之师。而这支军队的统帅，便是屈原的父亲屈伯庸。

　　丹阳在军事上具有十分重要的地位，它西扼入秦的要道，东为全楚之咽喉，一旦失守，秦军东出武关（今陕西丹凤东南），可以直扑南阳，下鄢邓（今湖北襄樊北），威胁郢都（今湖北江陵西北）的安全。同时，对楚国来说，丹阳还有另外一种特殊的意义：那就是这里曾经是楚国祖先从中原南下时立国的地方。商朝末年，楚族首领鬻熊十分憎恨商纣王的腐败，带领族人从中原南下，在这里筚路蓝缕，以启山林。当周文王和武王兴师伐纣时，鬻熊曾为文王师，在这场灭纣的战争中做出重要贡献。因此，周朝建立之后，在分封诸侯时，也给这个异姓诸侯封了块地盘，赐以子男之田。虽然当时"土不过同"（一同为一百里），但这里却是楚族建国之始都丹阳的所在地。后来楚人继续南下，沿荆山、沮漳河直到长江之滨，屡次迁都，仍名之为丹阳，就像后来建都于郢，但屡次迁都还都保留郢都之名一样。祖宗的基业，是不能轻易丢失的。因此，当秦楚交战之后，楚威王十分关注这里的局势，立即从北方边界派来精锐的部队申息之师，让有丰富作战经验的屈伯庸作为这支部队的统帅。顾名思义，所谓申息之师就是由楚国的申、息（申在今河南南阳，原为申国所在地；息在今河南息县，原息国所在地）两地精悍的兵士组成的一支部队。这支部队，长期镇守楚国北部边境，英勇善战，屡立奇功。而屈伯庸是位足智多谋的统帅，在楚国上层人士中深孚众望。他有广博的知识，上

10

至天文，下至地理，他无所不知；各种历代典籍，他尽皆饱览无余。因此楚宣王时，任命他为太傅，教授太子和王室子弟。楚威王继位后，任命他为莫敖。在西北边境危急时，威王特地让他领兵前去，这才算放下心来，因为屈伯庸在此前也曾多次参加作战，并屡立战功，在军队中有着很高的威望。给他担任副将的，是屈伯庸的族弟屈匄，别看屈匄只有 20 出头，但勇力过人，以军中虎将著称。

秦楚边界，原本是一条和平的边界，秦虽长期与楚国为邻，但两国之间很少发生战争。这是因为秦崛起较晚，长期闭守关内，加上魏的强大，时时从西河窥视咸阳，使秦国感受巨大的压力，疲于应付，哪里顾得上找楚国的麻烦。相比之下，楚国原来实力比秦国强大，但楚人的发展目标，是平定南方，然后问鼎中原，并没有想吞并秦国的土地。加上历史上秦国曾经出兵帮助楚国击退吴兵而复国，所以两国世代结盟，互为婚姻之国。西北边境长期无战事。不仅如此，两国军队在历史上还多次联手作战，对抗魏国。

但是，自从卫鞅打败魏之后，情况很快就发生了变化。在秦人眼中，魏国已由一等强国降为二等国家，虽然一时灭不了它，但只要实施高压政策，打拉结合，不怕它不听话。下一步的进攻目标，当然只能是南部的楚国。商君被封于於商之地，要扩大地盘，自然是蚕食楚国。所以公元前 340 年之后，秦楚西北边界上告急文书连连送到楚王宫。这次秦国入侵，是趁楚宣王去世、楚威王继位之机进行的。正是在这种情况下，楚威王下令，将楚国最精锐的北方部队申息之师从北部调至西北，加强防御。

这天，屈伯庸刚刚率领军队巡逻回营，在门口就遇上了家人屈童。屈伯庸忙问："有什么急事到此？"离家大半年时间了，屈伯庸确实很想知道家里的情况。

"夫人派我面见主公，这里有封家书。"屈童边说，边郑重地将一个小包递上去。

屈伯庸迫不及待地接过小包，打开书信，聚精会神地看了起来。看着看着，不觉高兴得哈哈笑了起来。原来，夫人在信中告诉他：三个月前，孩子已经出生，是个男孩，按照规矩，应当由父亲给他在三个月后取名。

读过信后，屈伯庸又仔细地询问起家里的情况，屈童滔滔不绝地讲述着公子降生时的灵异现象："那一天，我就感到奇怪，怎么屋里冒出缕缕的轻烟，香气袭人，走出门看时，屋外也是香气一片，烟雾直接天上，过了一会，轻烟拢聚起来，形成一道连天接地的大彩虹，从天上直垂到咱家屋顶，那光越来越强，眼都不敢睁开，眼前的彩虹就像变成一座金桥似的，猛地，我听见一声巨响，赶忙睁眼一看，哎哟，真不得了，从天上滚下一颗大金球，咕咕隆隆地直掉进咱家的宅院。我正害怕呢，谁知那金球砸到屋顶发出当当的响声后就不见了，屋里倒传来公子出生的哭声呢！那哭声，真脆，真响！嘿，满屋子那香气啊……"

伯庸将军见屈童滔滔不绝地描述着，讲得神采飞扬，不禁打断他的话头："屈童，这是你编的故事吧！"

"是真的，我亲自见的，乡亲们也都见了，不信，等你回去问问看。"屈童觉得有些委屈，嘟着嘴。

"好了，就算是真的吧！可千万不能到处瞎说。你走了好多路了吧！快吃点饭，休息一下。"于是，他让部下将屈童带走了。

家信的到来，尤其孩子降生的消息，确实给屈伯庸带来极大的喜悦。他成家以后，虽已生过一个长女，但还没有可以继承屈家家业的男孩。他按照家信中所叙述的时辰推算，不禁吃了一惊，原来这孩子出生的时辰是那样特殊——寅年寅月寅日，这可是个十分吉利的时辰！后来屈原在《离骚》诗中，一开头就骄傲地写道：

帝高阳之苗裔兮，	我是高阳帝的苗裔，
朕皇考曰伯庸。	伯庸是我的父亲。

摄提贞于孟陬兮，　　摄提在寅的那年正月，
惟庚寅吾以降。　　　庚寅的时辰我降生。
皇览揆余初度兮，　　父亲察看了这吉祥的时刻，
肇锡余以嘉名。　　　赐给我相应的美名。
名余曰正则兮，　　　将我命名为正则，
字余曰灵均。　　　　又给我取字叫灵均。

《离骚》中所说的屈原的名和字，和司马迁在《史记》中的记载不同。《屈原列传》中说屈原名平，字原。对此，东汉王逸解释说，《离骚》中的正则，也就是"平"的含义，而"灵均"也即有"原"之义。因为"正，平也；则，法也"，"灵，神也；均，调也。""言正平可法则者，莫过于天；养物均调者，莫神于地。高平曰原，故父伯庸名我为平以法天，字我为原以法地。言己上能安君，下能养民也。"王逸的解释，大体得到后人的认可。毫无疑义，在生辰取名的问题上，屈原的父亲屈伯庸是颇费了一番思索的。

儿子的降生，给屈伯庸带来极大的安慰，因为这不仅是关系到家庭、宗族的问题，更重要的是一种事业的传承。在他看来，家族的命运和国家命运是那样紧密相连。

屈氏家族在楚国是特殊的家族，是王族的一支。屈氏之祖为楚武王熊通（前 740—前 690）的次子瑕。武王时，他官居"莫敖"，是当时楚国最显贵的官员，经常率兵征伐，曾先后攻打贰（今湖北应山西南）、轸（姬姓国，今湖北应县境内），使之与楚合盟，又在蒲骚（今湖北应城西北）击败准备进攻楚国的郧（今湖北安陆）、随（今湖北随县）、州（今湖北监利）、蓼（今河南唐河）、绞（今湖北郧县西北）五国联军，为楚国的崛起立下了汗马功劳。因此，楚武王封瑕于屈邑，其后世子孙遂以封地之屈为氏，所以司马迁说屈氏是"楚之同姓也"。春秋时期，楚国除王室外，屈氏、苋氏和若敖氏是三大重要家族，他们都是王族的分支，都姓

芈，如若敖氏之祖斗伯比，本是楚国先君若敖熊仪的儿子。而䓕氏之祖则是楚另一位先君蚡冒的儿子。这三个家族世居高位，成为楚国政权的基础。其中"莫敖"一职，世代由屈氏相传。屈瑕死后莫敖为屈重，春秋之世，见于记载的楚莫敖还有屈到、屈建、屈荡、屈申、屈生等。后来因发生内乱，若敖氏家族被消灭，䓕氏家族也不兴旺。进入战国以来，因军功而执掌重要政权的是昭、景、屈三姓，这三姓中，只有屈氏是一以贯之地继承了先人的事业，始终是楚国政权的重要成员。

屈氏家族在春秋时期也曾经遭受过一次不幸的事件。楚庄王时，申公屈巫为娶夏姬而逃离楚国，投奔了晋国，晋人封之于邢（今河北邢台）。公子婴齐因此而灭屈巫之族，杀子阎、子荡及清尹弗忌。屈巫大怒，使其子狐庸仕吴为行人，教以车战之法，由是吴兵力日盛。吴又因屈巫的关系结好晋国，逐渐成为楚国东面的劲敌。此事在屈氏家族史上是一惨重的教训，于是屈氏立下族规，以屈巫为例，严厉教育后世子孙，世代忠心为国，并将屈巫名籍除去，屈巫便改姓巫，名臣。

屈氏世掌的"莫敖"之职，除在国家承担重要军事、政治方面的责任外，还有一项特殊的任务，就是负责掌管王族家室的内部事务，教育王室的子弟，让他们学得各种知识，以便将来为国效力。由于楚国任用的官员，一向是从王室中选拔的，所以这项使命尤为重要。作为屈氏的传人，伯庸自成年以后，便承袭了先人的事业，承担在学宫中教育王族子弟的任务，已有二十年时间。

楚宣王在位30年，当时中原诸国，为扩大势力范围而争战无已。楚处江南，东联齐而西亲秦，无内忧外患，是比较安定的国家，昭奚恤带兵百万，镇守北方，诸侯有难，楚时常出兵救援，因此楚国颇得各国诸侯的敬畏。

公元前340年，楚宣王去世，威王熊商立为楚君。刚继位不久，便传来秦朝商鞅入侵的消息。威王很是不安，在确定调屈伯庸前往戍守丹阳时，他在王宫召见了伯庸。在学校时，伯庸曾是威王的老师，他知道这个老师很有学问，也一向敬重他的为人。所以继位后立即任命他为莫敖。伯庸至今清楚地记得那天面见威王的情景：

伯庸一到王宫，威王立即传令入见。

威王问："莫敖可知我召见之意？"

伯庸答："臣听到消息说，秦军入侵。王上是否因此而不安？"

威王说："有你带兵前往，寡人没有什么不放心的。只是莫敖此去，不是三两月即可返回的，寡人初承大业，寝不安寐，食不知味，尚有许多事情，急于处置，因此有请莫敖入宫一叙。"

伯庸问："王上所虑者以何为首？"

威王说："托先王之福，楚安居江、汉之间，地方千里，带甲百万，本无所可忧之处。但天下群雄争霸，形势变幻莫测。魏本为北方强国，四年前还召集秦、韩、宋、卫、鲁等国诸侯，会盟逢泽，率十二诸侯朝见周天子，中原诸侯皆惧魏而不敢不与盟，当时是何等威风。谁能想到仅过几年，便先败于马陵，再败于西河，又败于齐、赵，国势渐颓。寡人初继位，而秦即出兵伐我，背两国多年亲好之盟，寡人每想起魏国之祸，不敢不心中惕然。所以请莫敖为寡人善划治国之策。"

听到这位昔日的学生仍然如此虚心求教，伯庸心中很是高兴，只是并未从脸上流露出来，因为这仅仅是他治国之始啊，"靡不有初，鲜克有终"，只有时间才能最后给一个人的所作所为下结论。他稍稍沉吟了片刻，缓缓地说："大王所问，也是臣思虑长久的问题。方今天下，群雄逐鹿，强弱之势，时时而变。其要在进贤得人。魏文王得李悝为相，因势利导，改革政务，尽地力之教，国势强盛。近魏惠王用庞涓，恃强自大，欺凌诸侯，虽貌似强盛，而败期可数。如今关东六强，燕居北鄙，拥兵自重，一向少参与中原之事；三晋临秦，时为所困，且相互攻伐，仇隙日深，难有所为；齐居东海，向与我国盟好。如今可忧者惟有秦而已。前者秦孝公初立时，秦魏屡屡交锋，魏人守西河而窥咸阳，秦招架无力，难有作为。中原诸国，皆以夷狄视之，不得参与中国之会盟。孝公甚以为耻，于是发愤图强，并下令招贤。卫鞅自魏入秦，孝公委以国政，实行变法，至今不足十年，而东削强魏，西灭群胡，南欺我国。今秦国家富足，兵精将勇，其削魏之后，强势已成，必将随之侵楚，势所必然也。王如欲固本自强，要在选贤任能，更立法度，以修国政，和睦百姓。内政既修，虽有外寇，又何惧之。"

威王边听边点头说："选贤任能，寡人何尝不知，只是贤与不肖，如何分辨？"

伯庸答道："君敬贤，则贤人至。往昔先君灵王好细腰，臣下三餐节食，皆面有饥色。所谓上有所好，下必甚焉，愿王思之。"

威王说："所说甚是。但修政立法，国之要务，莫敖以为如何实行？"

伯庸答："大王记得四十年前之事吗？先君悼王以吴起为令尹，明法审令，削减不急之官，废公族之疏远者。要在强兵，破驰说之言从横者。于是南平百越，北并陈蔡，却三晋，西伐秦，诸侯皆惧楚。国内之贵戚大臣，皆咬牙切齿，恨不能生食其肉而寝其皮。先君尸骨未寒而祸起宫中。此事大王是清楚的。大王以为楚国日下是适宜变革的时候吗？"

威王说："日下虽还不是最适宜的时机，但时不我待，难道楚还坐以待毙吗？"

伯庸答："亦事在人为耳！大王如有决心实行变革，先从整肃朝务起，如能上下一心，共同发愤，则因势利导，实行改革，不怕国家不强盛。"

威王说："秦已先我而动，其势逼人，奈何？"

伯庸说："大王不必过虑，欲速则不达，自古而然。秦虽推行新法，政令过于惨刻，臣料其难以持久。大王可徐观其变。"

威王听后，似信非信。

第二天，伯庸便动身前往西北边地。

16

和威王的这次晤谈，使伯庸格外感到兴奋。他希望威王能够真正下定决心，整肃朝政，实行变革，那么，自己愿意为国家和社稷的利益而不顾一切去冲锋陷阵，哪怕要付出自己的生命也在所不惜。

可惜伯庸的这番准备没有成为现实。公元前 338 年，秦国果然发生了巨大的政治变动。秦孝公病死，太子惠文王继立。商鞅推行变法之初，太子以故犯法，商鞅认为："法律所以难以推行，是因为上位者有意触犯它。"为维护法律的尊严，必须惩治太子。但太子是国君的继承人，不可以施用刑罚，于是便处置了他的太傅公子虔，对他的老师公孙贾则施以黥刑。于是，秦人再也不敢触犯有关的法令了。四年后，公子虔又因故犯法而受了劓刑。他们早都怀恨在心，只等秋后算账。秦孝公一死，公子虔和公孙贾指使他们的门徒告发商鞅准备谋反。惠文王立即派兵拘捕商鞅。商鞅逃到函谷关（今河南灵宝王垛村）下，天色已黑，便准备留宿一夜。店主知他是商鞅，便说："商君立法，没有验帖的不能留宿，犯者一并斩首，我不敢留客人住下。"商鞅不由感慨地说："真想不到，新法之弊，竟然达到这种程度！"

商鞅离秦前往魏国，但魏人恨他欺骗了公子印使魏军遭受惨败，并失去西河之地，不肯接纳他，并准备将他囚禁起来送回秦国。商鞅只得逃回秦，进入封邑商地，聚集了他的部属发兵反秦。秦军攻打商鞅的部队，一直追至渑池（今河南渑池），杀了他。秦惠王又下令将他的尸体在咸阳五牛分尸。

消息传来，楚宫震动，原已害怕楚国效秦国推行变法的人一时兴高采烈，大骂新法和商鞅，抨击那些想效法秦国的官员。在这种形势下，再提实行变法显然已不可能。值得庆幸的是，由于商君之死，秦人放松了对楚国的进攻，秦兵再度东出函关，吞食关东诸侯。楚威王接受伯庸的建议，先对朝政进行了初步的治理，并选拔了一批作战勇敢的将领。

公元前 334 年，越王无彊领兵北上攻齐，准备再度称霸中原，齐国派人到越军中说服越王，放弃攻齐转向攻楚。楚威王亲率大军攻越，杀越王无彊，尽取其地，越国自此散亡，诸子争立，或为王或为君，滨于海上，朝服于楚。这次作战，楚获全胜，拓地千里，已无东南之忧。公元前333年，威王乘胜北伐齐，与齐国大将申傅战于徐州，败齐军于泗水之上，燕军也乘齐之弱而攻至格道，赵军进至枝桑。"徐州之战"削弱了齐国的实力，楚威王派将军庄蹻沿江而上，占领巴、黔中以西并攻克且兰，占领夜郎，南至滇池，以兵威定属楚。楚威王虽只执政11年，这一时期的楚国，却成为战国七雄中的佼佼者。疆域之大，其余六国均难以相比。

伯庸自前线归来后，即致力于教育。他知道，唯有培育出一批知识丰富有才干的人才，让他们治理国家，才是振兴楚国，谋图统一中国大业的良策。

四　英俊少年

公元前329年，威震诸侯的楚威王去世，他的儿子熊槐继位，这就是历史上有名的楚怀王。从怀王继位到客死于秦，他前后执政长达30年时间。30年，在个人的人生旅途上不能说是短暂的，读中国历史，许多重要人物的结局和重要事件的发展过程往往令人感叹不已，因为许多重要人物往往在进行某件大事时中途死去，从而使历史发生了重大的转折。一个有作为的国君，能够有30年执政的时间，原本是可以干成一番大的事业的。秦始皇公元前246年继位，到他灭六国建立统一的秦帝国，其间不过26年时间，况且继位前期，他只有13岁，委国事于大臣，直至20岁才亲掌朝政。当然，对于那些昏庸的国君，在位时间越长，国家所承受的损失越大，还不如早早死去，于国无害，于己也留不下坏名声。对于楚怀王，历史应当如何评价他呢？司马迁在《史记·楚世家》中，对楚国历史上的许多国君往往一笔带过，即使重要的楚武王、楚文王、楚庄王等，着墨也不多，独于怀王之世，记叙最为详尽，这难道是偶然的吗？

楚怀王继位的时候，楚国处于战国以来的极盛时期。论疆域，楚北界于河，东至于海，西接巴蜀，南有滇、黔，在当时七国所据的版图中，楚疆域几为其余六国之和，更兼自然条件优越。《史记·货殖列传》载："楚越之地，地广人稀，饭稻羹鱼，或火耕而水耨，果隋蠃蛤，不待贾而足，地势饶食，无饥馑之患。"

楚国的冶炼技术也是首屈一指的，自春秋早期的楚武王起，楚就攻占扬越，从而据有当时最有名的铜绿山古铜矿（今湖北大冶）。楚威王时，庄䠠循江西进，占领岷山与夜郎国，这里也是当时金矿和铜矿的主要产区。《左传》记载：公元前 642 年，郑国始朝楚，楚成王赐之金，"既而悔之，与之盟曰：'无以铸兵。'"注云："楚金利故。"这里的"金"即是铜。可知楚人所炼出来的铜质量特别好，数量也特别多。公元前 606 年，楚庄王中原问鼎之轻重时，周大臣王孙满阻止他。庄王用很轻蔑的口气对王孙满说："子无阻九鼎，楚国折钩之喙，足以为九鼎。"意思是说，你别阻止我问九鼎的轻重，楚国戟头上折断的小钩尖收集起来，足以铸成九鼎。春秋时铜是很珍贵的，称为"美金"，传说大禹把天下九州进贡的美金铸成九鼎，每个鼎重千钧，以象九州。到战国时，铁的冶炼技术亦以楚国为最。《荀子·议兵》篇中曾描写到："宛（今河南南阳）钜铁鈮，惨如蜂虿。"是说用楚宛城出产的钢铁为矛刺人，快如毒蜂之刺，可见其锋利之程度。

楚国的郢都，是南方最大的城市和商业中心，周长 30 里，商业贸易十分繁荣，古籍记载描写其市中："车毂击，人肩摩，市路相排突，号为朝衣新而暮衣弊。"（《太平御览》卷七七六引桓谭《新论》）

守着祖宗挣来这份丰厚的家业，如果能够顺势而动，处置得当的话，即使一时难以有很大的发展，至少也可当个守成之君，不说中原诸侯不敢轻举妄动，西面的强秦也须再三掂量，权衡利弊。

然而遗憾的是，正是在怀王、顷襄王父子两代，由于他们的举动失当，仅仅在50年间，将楚国的先祖挣下的家业丢失大半，兵败地削，怀王客死于秦，为天下笑。顷襄王更是丢失郢都狼狈逃窜，东保于陈郢（今河南淮阳），这实在是一出巨大的历史悲剧！而诗人屈原，恰恰是这场悲剧的亲身经历者，并最终成为悲剧的殉葬品。当然，按照古人的说法，国家不幸诗家幸。因为正是在国家危难的时候，诗人们才可以写出反映巨大历史变动的史诗，可以尽情倾诉他们心底的喜怒哀乐，这些诗篇自然和太平时期的描写歌舞升平，吟咏风花雪月、酒楼客舍的作品有着截然不同的价值。

　　应当说，怀王继位之初，还是有发愤图强的愿望的，这自然也是形势所迫，不得不然耳。楚威王刚去世，魏国便乘楚之丧，领兵南下，伐楚之陉山（今河南漯河东），败楚军于南阳。楚魏交恶。前323年，楚怀王派柱国昭阳领兵击魏，破魏之襄陵（今河南睢县），得八邑，算是报了仇。

　　当怀王继位时，屈原只有11岁。他当时当然想象不到，自己一生的命运将和这位刚继承王位的楚王紧紧联系在一起。

　　屈氏家族对屈原寄予厚望，父亲对他的教育是严格的。当屈原开始懂事时，父亲就让他有系统地学习各种重要的典籍。

　　楚国的教育和中原各国并无多大区别，楚庄王（前613—前591）时，任命大夫士亹为太傅，他问申公叔时，用什么教育太子。申叔时说："教之《春秋》，而为之耸善而抑恶焉，以戒劝其心；教之《世》，而为之昭明德而废幽昏焉，以休惧其动；教之《诗》，而为之导广显德，以耀明其志；教之《礼》，使知上下之则；教之《乐》，以疏其秽而镇其浮；教之《令》，使访物官；教之《语》，使明其德，而知先王之务用明德于民也；教之《故志》，使知废兴而戒惧焉；教之《训典》，使知族类，行比义焉。"（《国语·楚语上》）这上面提到的《诗》《春秋》《礼》《乐》，与孔子教学生所使用的"六艺"教科书应无多大区别。此外还有法令、训典。《故志》与《世》则和《春秋》一样属于历史方面的知识。这显然是一个比较完备的课程设置了。几百年来，楚国一直沿袭这一教育思路。

屈原资质聪颖，有过目不忘的天性，更兼家中藏书甚丰，上自《三皇》《五典》《八索》《九丘》，下至战国诸子之学，应有尽有。屈原无不认真诵读，精心领会。不理解的问题，伯庸一一为之解答。他是那样如饥似渴地学习，总唯恐有什么遗漏，在《离骚》中，他这样写道：

纷吾既有此内美兮，	我既得天地之正美，
又重之以修能。	又注重于后天的修养。
扈江离与辟芷兮，	披江离和香芷，
纫秋兰以为佩。	结秋兰而为佩。
汩余若将不及兮，	岁月这样疾速地流逝，
恐年岁之不吾与。	常恐年华易过时不我待。
朝搴阰之木兰兮，	晨取山上之木兰，
夕揽洲之宿莽。	暮采洲中之宿莽。
日月忽其不淹兮，	日月匆匆不可淹留，
春与秋其代序。	春去秋来轮回代替。
惟草木之零落兮，	见草木之飘零，
恐美人之迟暮。	惟恐美人将迟暮。

这里的美人，指的是国君，是楚辞中的一种比喻手法。

显然，父亲是经常在屈原面前提起他那独特的降临人间的良辰吉日，以为这是天地所赐予的中正之气，不是一般人所能得到的。但是，这并不等于就能放弃自身的修养。同一时代而稍早于屈原的孟子就曾说过："天将降大任于斯人也，必先苦其心志，劳其筋骨，饿其体肤，空乏其身，行拂乱其所为，所以动心忍性，增益其所不能。"（《孟子·告子下》）《离骚》在这段诗中虽用艺术手法形象描写自己的成长过程，但我们从中已可以看出他自幼是如何严格地要求自己，从而使个人在知识、道德、品格等方面得到全面的提高。他自觉地意识到自身所肩负的重大责任，因而要具备各方面的才能，以便将来为国家的前途和未来做出自己的贡献。

对于历史，屈原有着一种特殊的兴趣，《春秋》《世》《故志》《训典》这些记载着古代历史的书籍把他引入远古的时代，使他窥见了许许多多历史长河中所发生的无数次悲喜剧。那些传说中的三皇五帝，历朝的兴衰更替，各个朝代的历史人物，都在他的脑子里活动起来。他们仿佛和他离得很近，仿佛就如同昨日才发生过的、自己曾目睹的各式各样的事件。孰是孰非，孰善孰恶，他时时在评判着。

他读《故志》《训典》时，连同父亲经常诉说的先祖的往事，楚国的兴衰史一一铭记在心。他佩服那些筚路蓝缕、以启山林的先辈，正是他们打下楚国的根基，形成楚人勇敢、勤奋的精神。他佩服为拓展疆域血染疆场的勇士们，没有他们一代代的奋斗，楚国就不能强大、发展。他佩服面对强敌毫不退却，勇赴国难的英雄，但更敬佩那些有勇有谋，救国家于危亡的申包胥、叶公沈诸梁。屈氏先祖中，屈完是他最崇拜的人物，楚成王十六年（前656），齐桓公率鲁、齐、宋、卫、陈、郑、许、曹诸国军队，击败蔡国之后，伐楚，兵至陉地（今河南郾城东南）。齐桓公为显示武力，陈兵以扬威。面对中原霸主的多国联军，屈完从容乘车以观诸侯之兵，神色自若。齐桓公得意地说："以此军队作战，谁能抵御？以此攻城，何城不克？"

屈完立即回答说："君王如果以德对待诸侯，谁敢不服。君王如以武力威胁，楚国就以方城山（今河南方城）为城墙，以汉水为护城河，君王兵力再强盛，恐怕也难以施展了！"这一席话说得齐桓公哑口无言，马上和楚国签订了盟约。屈原想象着有一天，自己也能够承担这样的重任，为国家争光。

天文历法，是屈氏家族祖传之学。夜晚，屈原经常跟父亲一起在郊外观察天象的变化。望着那无边无际的夜空，望着那灿烂的星斗，望着闪耀的流星，他好像飞进了宇宙太空，自己变成了一颗闪闪发光的星星。他的头脑里装满各式各样的问题：天是什么？天地是怎样形成的？日月星辰为什么升起又回落？它们平时藏在哪里？地有多宽？天地的四维八极在什么地方？这许许多多的问题，时常问得父亲回答不出来。即使那些能够回答的，屈原也未必十分满意。这场面虽然让当父亲的未免有时感到尴尬，但儿子这样肯动脑筋思考，却令他觉得十分欣慰。

屈原爱读《诗》，从牙牙学语开始，父亲就教他背诗，他背起来口齿清晰，音韵动听，仿佛还真陶醉在诗的世界里。他尤其喜欢《周南》中那些写江汉的诗篇，父亲教他《汉广》，给他讲了郑交甫追求汉皋二仙女的故事，他听得津津有味。稍大以后，逢年过节，那些演天神地神故事的歌舞戏，他看得入迷，各种神话故事、民间传说、民间小调，他都爱听、爱看、爱唱，他觉得这些曲调，比正统的雅乐更加婉转动听。

屈原还有一样独特的爱好，他很注意自己的仪表装束。他在《九章·涉江》中写道：

余幼好此奇服兮，	我自幼喜爱这奇特的服装，
年既老而不衰。	到年老仍兴趣依然。
带长铗之陆离兮，	锋利的长剑在腰间耸动，
冠切云之崔嵬。	头顶戴着高高的切云冠。
被明月兮佩宝璐。	明月珠和宝玉佩明光闪闪。
世溷浊而莫吾知兮，	举世混浊而无人知我，
吾方高驰而不顾。	我独自昂首阔步勇往直前。

每逢重要的节日，他都要认认真真地整饰仪容，梳洗整洁，他认为"民生各有所乐兮，余独好修以为常（人生各有所乐之事，我

独好自修洁，习以为常）"（《离骚》）。同样，他认为有的人所以由好变坏，由善而恶，也是因为他不注意修洁："兰芷变而不芳兮，荃蕙化而为茅。何昔日之芳草兮，今直为此萧艾也。岂其有他故兮，莫好修之害也（幽兰和白芷变得毫无香气，香荃和香蕙竟化为菅茅。为什么昔日珍贵的芳草，如今却成为寻常的萧艾？岂曾有其他的缘故，实在是不好修洁的祸害！）"（《离骚》）当然，这里所说的好修，不仅仅是外表的修洁，也包括自身内在道德品格的修养。但是，屈原认为君子是应当表里如一的，外表的修洁和内心的纯净应当是统一的，就像他自己虽具备先天的"内美"，又重视后天的"修能"一样。

屈原喜爱佩剑，学习剑术，这不仅仅是为了装饰之用。屈氏祖先，多少代以来出将入相，历数百年而不衰。他希望有一天，也能指挥千军万马，为国家冲锋陷阵。

岁月在不停地流逝，他觉得有一种强烈的对社会、时代、国家的责任感在催促着他，他要更快地充实自己。他有信心在未来楚国政坛上一展身手。

第二章　一颗耀眼的新星

屈子生楚国，七雄知其材

——唐·孙郃《古意》

一　初见怀王

大约在公元前 320 年，屈原走上了楚国的政坛。

我们现在无法知道他是怎样走上这一政治舞台的，但是，毫无疑义，他的家族背景一定是起了很大作用的。楚国官僚阶层用人的范围是相当严格的，其最上层的官员，如令尹、司马、莫敖等职务往往集中在某一家族成员的身上。令尹的职务，自从春秋初年设立之后，大多数时间由若敖氏家族或王室的王子王孙来担任，莫敖则正好由屈氏家族担任。战国以后，令尹也主要是由当时王族的三大姓中人物担任，这是因为他们家族的显赫地位，使得这些家族的子弟具有更多的机会参与国家大事，因而也更能够显露自己的才能。屈原除了有屈氏家族的背景外，他父亲的功绩应该也是使他能较早在政坛露面的原因。在《离骚》中，屈原开始就写到家族地位的显赫，写到他父亲对楚王朝的贡献。（王逸注"朕皇考曰伯庸"时曰："屈原言我父伯庸，体有美德，以忠辅楚，世有令名，以及于己。"是说当有所依据。）刘向在《九叹·愍命》中有一段诗是专门写伯庸的事迹的，这是我们所能见到的有关屈原父亲的最具体的描写：

昔皇考之嘉志兮，　　　当年父亲的情志多么美好，
喜登能而亮贤。　　　　喜欢推荐志士褒美贤能。
情纯洁而罔藏兮，　　　性情纯洁而无污垢，
姿盛质而无愆。　　　　从无过失而资质美盛。
放佞人与谄谀兮，　　　放逐阿谀奉承的奸佞之徒，
斥谗夫与便嬖。　　　　斥责进谗争宠的卑鄙小人。
亲忠正之悃诚兮，　　　亲近忠厚正直之士，
招贞良与明智。　　　　招揽明智忠良之臣。
心溶溶其不可量兮，　　心胸宽阔不可度量，
情澹澹其若渊。　　　　情怀恬静如渊之深。
回邪辟而不能入兮，　　邪辟的言行难以进入，
诚愿藏而不可迁。　　　愿长保此情永不变更。
逐下袟于后堂兮，　　　将乱政的妾御逐出后堂，
迎宓妃于伊洛。　　　　从伊洛把贤女宓妃亲迎。
制谗贼于中廇兮，　　　除谗贼于庙堂之上，
选吕管于榛薄。　　　　选吕尚管仲于原野丛林。
丛林之下无怨士兮，　　山野之间无怨愤之士，
江河之畔无隐夫。　　　江河之畔无隐者贤人。
三苗之徒以放逐兮，　　把作乱的祸首放逐荒野，
伊皋之伦以充庐。　　　让伊尹皋陶居身王廷。
…………　　　　　　　…………

《九叹》是一首代言体诗，也就是说，是刘向以屈原的口吻代写其不幸遭遇的。这段诗描述的是屈原父亲在朝廷时的一些情况，这些事迹不见于其他记载，那么是不是刘向的凭空虚构呢？这种可能性不大，因为刘向是我国古代一位严谨的学者。唯一可能的解释是刘向在编《楚辞》时，曾收集整理过屈原的事迹，他在《新序·节士》中曾专门写有一篇屈原的生平，与《史记·屈原列传》

有所出入，说明有些材料是他自己收集的。刘向还编有《说苑》《列女传》等，这些书中都有许多先秦各国其中包括楚国的许多史料。因此，唯一可以做出合理解释的是刘向曾调查过屈原父亲的情况，并掌握有一定的史料，所以才会在诗中做这样的表述。屈原父亲生活的年代主要应是在楚宣王和楚威王时期，被称为楚国历史上的"宣威盛世"。当时朝廷的风气应当是比较好的，楚威王也是一位有作为的能够听进劝谏并任用贤能的国君，因此，刘向在这篇作品中以屈原的口吻，回忆其父亲时代楚国的政治状况，也就是可信的，而非向壁虚构之词。

在宗庙举行过冠礼之后，屈原被引见给了楚怀王。怀王一见屈原，立刻对他产生了深刻的印象：这年轻人虽不十分健壮，却英姿勃勃；浑身上下，一尘不染；言谈举止，有礼有节。最令人难忘的是他那双闪闪发亮的眼睛透出一种睿智和自信的光芒。怀王见过太多的贵族公子、王子王孙，没有一个人像屈原一样，一见面就使他产生一种说不出的异样的感觉。但是，人不可貌相，外表的神奇未必能显示内在的价值。

"很好，你已经具备了成人的资格了，你的父亲曾经为国家尽忠效力，功劳卓著，寡人是不会忘记他的，今天你已成长，不知有什么本领，寡人也好量才使用。"怀王在端详过屈原之后，便开门见山提出问题。

"承蒙大王厚爱，臣得以有机会面见大王。20年来，微臣在先父教诲下，历览自往古流传至今的典籍故志，探究治乱之理，于当世的诸子百家之学，也皆无所不窥，虽未能皆得其精妙，却也略知一二。不知大王想知道的是什么？"屈原恭敬地站立一旁，不急不慢地回答道。

"很好！先王训典，不可不读，但世易时移，治世之道，无有定式。方今天下，群雄纷争，诸子百家，竞献其策。你既熟知百家之学，能为寡人论其长短吗？"

"先王训典故志，历述上古三代兴衰更替之史，治乱兴亡之道，虽历经千年，而垂范后世，是以为国者不可不熟知也。诸子之学，起于乱世，自平王东迁，周室濅衰，礼崩乐坏，诸侯争霸，纷纷攘攘，孔氏思救当世之弊，创儒家之学，以求恢复周公之道。他周游天下，遍说诸侯，希望实行仁政，恢复礼乐，所谓'天下有道，礼乐征伐自天子出'，所谓'克己复礼，天下归仁'，使诸侯重新尊崇周室。但世道已变，又怎能以古律今，所以虽周行天下，皆不为所用，其弊明矣。虽然，他所提出的'仁政'之说，治国者不可不知。民，神之主也，社稷之根本，故察民心之向背，施行仁政，使民皆愿秉力于耕战，则也是国富民强之道也。"

"那么，墨学如何？"怀王饶有兴趣地听屈原的讲述，又继续问道。

"墨学继儒学而兴，墨翟生于孔氏之后百有余年，当此之时，世道又有大的变易：三家分晋，田氏代齐，上下尊卑无常，君臣上下易位，战乱、灾荒，民不堪其扰，是以墨子见民之饥者不得食，寒者不得衣，劳者不得息，由是而倡兼爱。所谓交相利，兼相爱，视人之国若视其国，视人之家若视其家，视人之身若视其身。他和其徒众以裘褐为衣，以跂蹻为服，以自苦为极，日夜不休，其志可嘉。但当今天下，四分五裂之势已成，强者凌弱，富者欺贫，不食人则为人所食，稍有不慎，国破家亡指日可待，故各国之君，皆思富国强兵之术，以求王天下而定四海为一，此亦势所必然也。兼爱非攻之说，又如何行之于世？然则其尚同尚贤之论，则无世而不可用，而节用节葬之说，乃人给家足之道，百家而弗能废也。"

屈原的评论，使怀王暗暗称奇，他想不到眼前这年轻人，竟有如此渊博的知识，于是，他令人赐座。

"那么，依你之见，治国以何为先？"等屈原告坐之后，怀王继续问道。

"治国之法，非一道也。魏用李悝，革新朝政，尽地力之教，百年来国势昌盛，诸侯莫敢与之争锋；齐用孙子兵家之学，两挫强魏，诸侯争而朝齐；秦用商君之法，消除积弊，奖励耕战，制定法令，国治兵强，据函关而虎视关东六国。是以治国之术，非一道也。适时而变，随机而动，犹如人之身体，难免会有疾病，以所患之疾不同，所治之法也不相同，对症下药，方可收得最佳效果。"

"近有张仪、公孙衍，奔走于七国之间，倡纵横之术，且几度来说寡人。依你所见，其论如何？"怀王又问。

"纵横之术，论者汹汹，应者寥寥，虽已倡多年，而所得甚寡。之所以如此，有其原矣。张仪倡连横之法，说诸侯割地以亲秦，是弱诸侯之力以强秦之势。秦早有吞并中国之心，张仪之策，乃亡国破家之道也。犀首游说关东六国，欲诸侯合纵以抗秦，以时世而论，则此说诚善，但恐难有实效。"

"为什么？"由于犀首多次派人来说，怀王早已心动，如今听屈原这一讲，更加关心起来。

"以情理论，六国之兵联合抗击孤秦，以阻秦人之东侵扩地，实为良策。然则今张仪为魏国之相，数说魏国亲秦，秦之扩地，魏首当其冲，今魏国实力大减，秦攻之急则亲秦，诸侯之兵起则合纵，摇摆不定，不可信赖。韩赵之力又不如魏，且三晋分后，彼此之间时相攻伐，积怨甚多，岂能一心？齐居东海，燕处北鄙，与秦相距甚远，尚无肘腋之患，虽合纵，虚张声势而已，难以指望其出力。楚欲合纵，如胜秦，则自然大喜；如不胜，则有大害。何也，六国之地，与秦接壤者，只有魏与楚，且魏首当其冲，多年来一直受秦之兵。我国与秦，尚未有大怨，且秦兵出武关，道路崎岖难行，故虽前度取我商於之地，后边界尚无大事。王如愿合纵，则须内修国政，外结诸侯，上下一心，方可立于不败之地，否则草率而行，徒招秦人之恶，一旦不胜，秦人将以此为借口，兵下南阳，从此西北边境永无宁日矣！"

"你所说的固然有理，但秦楚之间，终有一战，与其坐视秦国日强，何如及早联合诸侯之兵，与秦一战，以挫其锋芒，使秦人不敢轻易出兵。况且楚地五千里，带甲百万，秦人纵然敢于冒犯，寡人也将还之以牙，不使轻易占我便宜。"怀王说完，又对屈原说："从今日起，你便在我左右随侍，寡人将有重任交给你。"

和怀王的首次见面，屈原感到很兴奋，尤其怀王把自己留在他身边，这说明怀王对自己的信任，尽管他感到怀王似乎对秦国的危险还认识不足，但秦吞并六国之心，昭如天日，因此局势也确如怀王所说，秦楚之战，早晚总要发生。自己应当尽力帮助国君，改革朝政，外结强援，以对付敌国的威胁。况且以楚国原有之实力基础，统一中国的责任，何尝不会落在楚人的身上呢？

二　联齐抗秦

公元前318年春。清晨，郢都北门刚刚打开，一行车队便疾速穿越城门，向北驰去。车队当中，坐着年轻的楚国大夫屈原。这次，怀王派他出使齐国，商议结盟之事。

屈原到朝廷一年多时间，怀王任以大夫之职，时常在怀王身边协助他处理各项政务。当时，是合纵还是连横，各诸侯国议论纷纷。后来，关东六国诸侯形成共识，一致赞同合纵以抗强秦。于是，各国国君一致联名致书魏惠王，让他免去主张连横、为秦国谋利益的张仪的丞相之位，任用主张合纵抗秦的公孙衍（犀首）为相。在各国的压力下，魏惠王免去张仪的职务，把他驱逐到秦国去了。公孙衍相魏之后，各国也委政于公孙衍，所以有公孙衍佩六国相印之说。当然，这是名义上的委政于他，实际上是让公孙衍统一组织合纵事宜，至于各国的内部政务，他没有也不可能直接干预。

合纵攻秦，对楚国来说，最感到担忧的是齐国。齐楚关系，近十几年来一直有争端，尤其是徐州之战，楚威王率兵攻齐，大败齐军，楚拓地至于泗水之上，两国之间关系因而比较紧张。楚秦边界相对而言，自商鞅死后，还未发生过大的冲突。因此，在对待齐、秦关系问题上，采取何种策略，楚王朝内部爆发了一场激烈的争论。屈原也是第一次看到这样的场面。上官大夫靳尚强烈地主张应当与秦结盟，他说："秦楚之间，数百年来缔结盟誓，互为婚姻。当年吴王阖闾与伍子胥率兵入郢，国将以亡，申包胥哭师于秦庭七日七夜，秦哀公发兵救楚，破吴师，楚乃复国，楚不可背秦。"

"大夫所言，只见其一，不见其二。秦楚之间原为盟国，但商君相秦，不顾世盟，兵出武关，取我商於之地六百里，背盟者非楚，实秦也。至今西北边境，犹相持不下。秦近年来未伐楚国，非爱楚也，因其专注用兵中原，割三晋以自强。如非三晋牵制秦人之兵力，则秦军已下汉中矣！"说话的是令尹、柱国昭阳，他长期统率大军在北部边境，对此最有发言权。

"秦固不可恃，而关东诸侯，又有哪国可引以为友？几年前魏还出兵伐我，取陉山；齐引越攻我，后虽为我所败，至今耿耿于怀，难道倒能结为盟友？"上官大夫不服地说。

"天下纷争，群雄并起，诸侯逐鹿中原，已达数百年之久，其间之恩恩怨怨，时敌时友，乃寻常之事，所以如此，因其自身之势所必然。近数十年间，秦崛起于关中，倡连横之策，割诸侯之地以自强。一旦实力充足，必然大举出兵，开疆拓地，必不以盟誓而敛手，商於之地今仍属秦，可为明证。今关东诸国，皆力主合纵以攻秦，此计如能成功，扼秦人于关中，六国诸侯尚可求发展之机。今诸国邀我合纵，我不加盟，是自我孤立也。如此，则众必怨我，一旦秦人得手中原以后，再加兵伐我，我将无盟友可恃，而众诸侯也将怨恨我国，以此为由，联合攻我，当此之时，亡国之日可待也。"屈原见上官大夫依然气势汹汹，便站出来回答他。

"依屈大夫所见，哪国可引为盟友？"见屈原站出来说话，靳尚面含讥笑，不阴不阳地问。

"六国之中，燕居北鄙，与我不相干连。三晋连年苦于秦兵，自顾不暇，危急时也难以依靠，唯一尚可指望的，是齐国。齐虽数年前与我交恶，但以理而论，是齐人理亏，责不在我。今齐与诸侯皆邀我合纵，是齐已不计前怨，如能乘此时机，消除前嫌，结为盟友，则国家之幸。"屈原这一席话，说得大家连连点头。怀王见没有人再提出什么，当下决定，派屈原出使齐国。

屈原接受了怀王的命令后，深感责任重大，但同时也很为有这样的机会而高兴，因为这还是自己首次出国承担外交重任，要独自去自己不熟悉的地方，也许还要面对许多意想不到的人和事。他没有丝毫胆怯，倒是有一种临战前的兴奋和激动，先祖屈完的形象，也在自己的脑子里越来越清晰。真是历史的巧合，当初屈完所面对的是齐国君臣，代表国君与之会盟。而今自己又要去和齐人当面谈判，以结盟好。

从郢都北上，途经鄢、邓；折向东，又历申、息、陈、蔡；他深感国土的辽阔，许多书本上所陈述过的地名、人名也纷纷在脑子里活灵活现。是啊，楚国从"土不过同"（"同"为古代计量单位，《左传·昭公二十三年》杜预注："方百里为一同。"）起家，发展到现在的地方五千里，带甲逾百万，曾经过多少代人的奋斗和流血，他多么希望怀王能够继承祖宗的基业，拿出当年楚庄王问鼎中原的气概来，自己愿意尽心尽力地辅佐他，成就一番大事。他想：只要怀王锐意革新，以现有的基础看，楚国完全可以和秦人一争高下，统一中国的责任，楚国应当承当起来。

终于，他来到齐国的国都临淄（今山东淄博东北），被安排在馆舍中休息。次日，他被引导到齐国的王宫面见齐宣王。

齐宣王刚继位不到两年，齐楚关系也是他曾经考虑多时的问题，听到楚国使者前来的消息，他马上就传旨接见了。可是当见到使者是位翩翩少年，便不由地皱了皱眉，心想大概没有什么要紧事，所以派这么一位年轻人前来。

"先生前来，不知有什么事情以教寡人？"

"我奉国君之命，特来问候大王，并寻求结齐楚百年之好。"

屈原行过礼后，呈上国书。

看完楚怀王的国书，齐宣王又传示堂下的左右大臣，说："楚君特派屈原大夫前来，愿与我结为兄弟之邦，通百年之好，不知诸位有何看法？"

"齐楚结盟，共御强秦，固然是好事。但秦国与齐，并无宿怨，且远隔数千里之遥。秦君屡次派使者前来，以示相互尊重，愿结盟好。如齐楚结盟，势必使秦人不乐，是结怨于秦，而无益于齐也。"有位齐国大臣抢先起来说。

"先生所言，莫非以为秦独偏爱于齐？此实未知其根底。张仪相秦，为秦定下连横之策，远交而近攻。其所以如此，恐天下诸侯皆视己为敌，则众怒难犯。齐居东海，与秦不相交界，故使者频频往来，以稳住齐国，使其得以尽力用兵三晋，何以会独钟情于齐。且所谓远近，今之韩魏赵楚，与秦为近邻，但秦多年来连年东侵略地，割魏之西河，魏君无奈，只得从安邑迁都至大梁。韩屡遭秦兵之患，也已东迁至郑。秦兵出函谷，挥戈东向，越韩魏，不数日而兵可至齐，齐之与秦，早已由远而近了。倘若秦灭三晋，则与齐为邻，此时秦火将燃至齐国了。那时，恐道路之往来者，非冠盖之使，而是辚辚之兵车，萧萧之马鸣了。"屈原回答道。

"依屈先生所言，贵国国君愿与齐结百年之好，但楚十几年前围我军于徐州，拓地至泗水之上，两国遂有积怨，不知先生此来，贵国作何表示？"又有一位齐国大臣望着屈原，高声说道。

"徐州之役，是两国先君所为之事，其间之是非曲直，已成过去。世易而时移，今敝国之君特地派遣屈某前来，以和旧怨，重修百年之好，此时此地，正宜捐弃前嫌，心平气和，正视过去，共图未来。先生如一意纠缠过去之事，实非两国之福也。"

"先生以为六国合纵以抗秦，果能成功否？"有位年长的大臣，捻了捻胡须，含笑问道。

"事之成否，应知其然且知其所以然。秦自孝公以来，推行新法，以富国强兵、开疆拓地为目标，西灭群戎，东割三晋，南侵楚，其吞并天下之心，世人皆知。当此之时，六国诸侯，如不合力抗秦，终将为秦各个击破，宗庙社稷，难以保全，是以合纵之策既出，而六国皆从，非为他者，实势所必然也。屈某听贵国有俗语：'人心齐、泰山移'，若六国之心齐，则大事可成；若皆斤斤计较一己之私利，不肯勠力西向，则虽有良谋，终难成事。"

这次会见，从早晨直讨论至中午，屈原有条不紊地回答了齐国君臣提出的各种问题。他对于天下大势的精辟分析、对治乱之道的深刻洞察，兼之那广博的知识、精彩的比喻和诗一般的语言，深深地打动了齐宣王和大臣们的心。于是，齐宣王说："屈先生所言，正合我心，齐楚合盟，共抗强秦，我意已决，永不改更!"

于是，屈原代表怀王，和齐国会盟，发过盟誓之后，又铸造符节作为信物。宣王对屈原的印象好极了，他感慨地对左右人说："楚国有屈原这样的大臣，实在是社稷之福啊！寡人虽立有稷下学宫，招引各国的贤人，可惜没有见到像屈原这样的博学多能、才华横溢的贤士。"于是，他十分热情地请屈原在齐国多住几天。屈原虽然急于回朝复命，但觉得主人确是一片诚心，自己也想乘此机会和宣王更深入地晤谈一番，同时结交一些齐国的大臣，以便相互之间有更深的了解，牢固两方合作的基础；这是从国家方面着想的。从个人来说，齐国原是周代周武王的太师姜太公吕尚所建立的封国，是在中原各国中很有影响的诸侯国，历史上产生过齐桓公这样有名的国君和管仲、鲍叔牙、宁戚、晏婴这样的贤臣，这些都是很让他敬仰的人物。近年来，自齐威王始，齐都临淄又设立了稷下学宫，容纳天下各学派的名人，自由讲学和论辩，这也是让他十分向往的。因此，他决定先派副使回国复命，自己则稍留几天再回去。同时，他又写了一封信，细细地向怀王汇报此行的成果，说明自己逗留的原因。

在齐都逗留期间，宣王曾两次宴请屈原，他饶有兴趣地询问有关楚国的各种情况，并不失时机地展示齐国的兵马、武器，自然还有女乐歌舞。屈原很喜欢具有北方情调的齐国歌曲，他想象着当年宁戚如何叩击牛角而歌，从而受到齐桓公的重用的。他还很仔细地参观齐国的"大吕"，这是很有名的大钟。用了大量的铜才铸造起来的，据说可以和九鼎相比美。许多齐国的大臣都来邀请屈原去做客，他们和屈原接触之后，对他的言谈举止，无不佩服，因此争着和他交朋友。

最让屈原高兴的是游览齐国都城和到稷下学宫倾听各种论辩。

屈原一向听说齐国都城颇繁荣，这次亲临其境，果然名不虚传。临淄面对天齐渊，淄水出其前，北邻营丘山。城依山傍河，居高临下，易守难攻。当屈原进入临淄时，已深深感慨于城池之雄伟，不仅城墙宽厚坚固，而且墙高而池深，确实气势恢宏。市内道路宽阔整齐，错落有致，显然是精心设计、长期经营的结果。街上行人熙熙攘攘，热闹非凡，的确像晏子所说的，"张袂成阴，挥汗成雨，比肩继踵"。尤其是手工业产品，种类繁多，许多制作得精美绝伦。丝绸、麻纺、刺绣、玉器、铜铁加工、兵器、陶器、皮革、竹木器等，均有固定的街巷进行销售。他用了好些时间，才乘车沿城墙转了一圈。一问齐国大夫，说是城周长50里，显然，无论从城市的规模、建筑的雄壮，还是市内的安排，临淄都比郢都要略高一筹。原因当然很简单，齐国一开始受封就是一等公爵的大诸侯国，国力强盛，而且齐之建都临淄，始于西周之齐献公元年（周夷王时），距今已有五百多年，从未迁徙，历代之国君不断修葺加固，所以有这样的规模。而楚国前期，原为子爵的小诸侯国，土不过同，只是后来不断拓展才发展壮大起来的，国都曾多次迁徙，因此起初并不重视国都的建设，只是一心一意地去开疆拓地，并没有准备外敌的入侵和进行防御，倒是很注意在边境上建立军事重镇，如楚灵王三年，使篪尹宜咎城钟离、蓮启强城巢、然丹城州来（钟离、巢、州来均为楚东国地，与吴接壤）。楚灵王十年（前531）时，"城陈、蔡、不羹（有东不羹和西不羹，东城在今河南舞阳东北，西城在今河南襄城东南）"等。然而国都郢却一直未有城防的建设。楚康王元年（前559），令尹子囊伐吴，临终前遗言告诉子庚："必城郢。"可是直到他的孙子囊瓦时，才正式为郢都修筑城墙（据《左传》载为楚平王十年，即公元前519），但此事还招来沈尹戍的责难，他认为"苟不能卫，城无益也"。他还说，古时天子"守在四夷"，而诸侯则"守在四邻"，"守在四境"，而不是在国都修筑城墙，并预言："子常必亡郢。"后来吴王阖庐兴兵伐楚，三战入郢，果然应了沈尹戍之言。

当然，最让屈原流连不已的，还是稷下学宫。临淄城有13座城门，除东、西、南、北城门外，还有东闾、雍门、杨门、虎门、广门、申门、鹿门、稷门等。稷下学宫在稷门之下，面对稷山，一向为齐国的学府。齐威王时，建稷下学宫，招揽天下之士，当时的稷下先生有淳于髡等72人。齐宣王继位后，喜欢文学游说之士，稷下先生邹衍、淳于髡、田骈、慎到、环渊、接子之徒等76人，皆封为上大夫，"为开第康庄之衢，高门大屋以尊宠之"（《史记·孟子荀卿列传》），让他们"不治而议论"，所以齐稷下学士复盛，多至"数百千人"（《史记·田敬仲完世家》）。

为了能够比较真实地看到稷下先生们讲学授徒的情况，屈原有意隐去使者的身份，以常人的打扮，来到稷下学宫。他的年纪，比起好些听课的人还年轻许多，加上开始时他只听不发问，所以并没有引起学者们的注意。因为在这里，学员们可自由地来来去去，想听哪位先生的讲课都行，所以也常有陌生面孔出现。听了几次以后，他开始提出一些问题，和各学派的先生们进行比较深入的讨论。他浓重的楚国口音，所提出的那些经过深思熟虑的问题，引起了稷下先生们的关注，当他们知道这位年轻人就是楚国的使臣屈原时，都不禁投以敬佩的目光。

之后，屈原有选择地拜访了几位先生。孟轲是刚从魏国返回稷下的，一年多前魏惠王因感于魏国东败于齐、西丧地于秦而南辱于楚，渴望奋起直追，因此下令求贤。孟轲听到消息后，自齐至魏，面见惠王，想宣传他的"仁政"思想。但惠王是急功近利的，他只想有什么奇策良谋，使魏国在短时间内富强起来，称霸于诸侯，所以，一开口就问孟子如何有利于魏国。孟子答以"仁义"治天下，惠王则认为其说迂阔难行。可是等襄王继位，孟子再想去说动他时，却发现襄王还不如惠王，"望之不似人君，就之而不见所畏（看起来不像国君，靠近他也感觉不到有威严）"。孟子感到实在是俗不可耐，于是就又从魏返回临淄，仍在稷下学宫讲学，并和徒弟万章等写书，阐发儒家的教义，想以此而扩大影响，于世道有所裨益。屈原和孟子长谈了几次，他很喜欢孟子那机敏的谈锋、鞭辟入里的洞察力和对民生疾苦的深切同情。他知道，目前各国的国君是不会采用孟子的这一套治国方法的，但是，爱民保民、施行仁政，却无疑是治国的根本，这一思想给屈原留下极深的印象。他感到孟老先生已经不再固执孔子所宣传的那些恢复西周礼治的办法，也主张赶快实现国家统一，因为只有国家统一了，诸侯间的战争才能停止。但是，如何实现统一，他认为只有不喜欢杀人的人才能够承担起统一的重任。再问及目前诸侯国中谁能行仁义而不杀人，孟老先生只是耸耸肩，摇摇头。但说起秦人的残暴，却是十分愤慨。孟老先生原来对楚人是颇有微词的，他曾轻蔑地用"南蛮鴃舌之人"来形容楚人许行，还喜欢引用《诗经》中的"戎狄是膺，荆舒是惩"的诗句。但和屈原深谈之后，他却觉得这个"南蛮"确实和他们想象的并不一样，有着很好的教养和风度，所以对他十分客气。屈原还拜会过邹衍。邹衍有"谈天衍"称号，因为他所写的《终始》《大圣》十余万言，都是谈阴阳、天地间的各种稀奇古怪之物的，其语虽闳大不经，却颇为新鲜。他认为禹治水时所序九州，是赤县神州的内九州，中国称为赤县神州，中国之外还有九个像赤县神州一样的州，这才是真正的九州。按他的理论，也可以推测至天地未生时的窈冥状态，这正好满足了屈原从小就形成的喜欢探究天地万物之理的兴趣。他觉得邹衍的"谈天"学中自有吸引人进一步进行考究的价值。

其余的一些稷下先生，他都尽可能多地听他们的讲学，提出些问题一起讨论。他沉醉在学宫里的时候，几乎忘了自己是出使齐国的使臣。直到临启程回国，才和他们依依惜别。

三　会盟郢都

这一年的八月，楚、齐、燕、韩、赵、魏六国国君在楚都会盟，商议联军攻打秦国之事，齐宣王和魏襄王均刚继位不久，韩赵弱，燕并不很热心，于是众诸侯公推楚怀王为纵长。楚怀王在众诸侯面前出尽了风头，心里十分高兴。他用丰盛的宴会招待了各国贵宾，并请他们观看楚国的歌舞《九歌》。

《九歌》原是楚王室每年在特定节日里祭祀天神、地祇的一组歌舞。由于它场面壮观，需要组织庞大的歌舞队列，且由宏大的乐队合奏，每次演出之前，均需耗费许多人力物力，所以平时并不演出，只有在特定的节日里，才会加以表演。这次各诸侯国的客人到达楚国，而且共同协商抗击秦国，这也确实是不平常的日子，怀王希望，通过这次演出，让中原的诸侯们也见识见识楚国的南音。

《九歌》的演出在郢都的渚宫中进行。当夜幕降临、演出宣布开始时，大厅里顿时灯火通明，宛如白昼。接着，随着洪亮的钟鼓之声，舞台下陈列乐队的地下乐池也在霎时间亮了相，只见一排排的甬钟、钮钟、镈钟，它们或在架上或在座上，由大到小整齐有序地排列着，在灯光照耀下闪耀着青铜器特有的迷人的光泽；玉磬、巨鼓、排箫、琴瑟、竹笛等乐器一应俱全，其规制之宏大，确实令中原诸侯为之咋舌惊叹。

全剧从《东皇太一》开始：良辰吉日、佳肴铺陈，于恭敬肃穆之中，骤然间，钟鼓齐鸣，笙竽参差，五音纷起，悠扬悦耳。身穿五彩斑斓服装的主祀者手抚宝剑，腰悬佩玉，伴着音乐的节奏婆娑起舞，只听那歌词唱的是：

吉日兮辰良，	黄道吉日呵美好时光，
穆将愉兮上皇。	恭敬肃穆呵欢娱上皇。
抚长剑兮玉珥，	手握宝剑呵美玉为柄，
璆锵鸣兮琳琅。	步履轻轻呵玉佩锵锵。
瑶席兮玉瑱，	洁美的祭席呵白玉为瑱，
盍将把兮琼芳。	敬神的琼花呵洁白芳香。
蕙肴蒸兮兰藉，	蕙裹的祭肉呵兰草做垫，
奠桂酒兮椒浆。	桂酒椒浆呵一同献上。
扬枹兮拊鼓，	高举大槌呵把鼓擂响，
疏缓节兮安歌。	舒缓的节拍呵歌声悠扬。
陈竽瑟兮浩倡。	吹竽弹瑟呵纵情欢唱。
灵偃蹇兮姣服，	婆娑的舞姿呵华衣丽裳，
芳菲菲兮满堂。	香气袭人呵充盈大堂。
五音纷兮繁会，	五音交汇呵众乐和鸣，
君欣欣兮乐康！	神君欢欣呵快乐安康！

演奏中，那洪亮的钟声、清越的磬音、绮靡的丝竹，和谐地融汇为一，形成一支悦耳动听的交响曲。而台上庄严肃穆的主祭者、明眸皓齿的歌舞者，唱着整齐清丽的歌曲，在悦耳的音乐伴奏下载歌载舞，此情此景，实在令人心醉神迷。短短的一曲终了，全场喝彩之声不绝于耳。

　　紧接着上场的是日神东君，只见他身着戎装，登上龙车，在缓缓升起的旭日中，由扶桑出发，巡游天庭，飞速运转的车轮发出如雷的响声，长长的云旗在空中猎猎飘扬：

暾将出兮东方，	朝阳呵将要升起东方，
照吾槛兮扶桑。	红光呵已照到我的槛杆。
抚余马兮安驱，	套上骏马呵从容驱驰，

夜皎皎兮既明。	夜色皎皎呵霞光满天。
驾龙辀兮乘雷，	驾起龙车呵迅急如雷，
载云旗兮委蛇。	长长的云旗呵迎风招展。
长太息兮将上，	临上蓝天呵感慨无限，
心低徊兮顾怀。	心绪迟疑呵眷顾依恋。
羌声色兮娱人，	轻歌曼舞呵令人陶醉，
观者憺兮忘归。	满场观众呵流连忘返。

随后是一场热烈的迎日场面：人们对着日神高唱颂歌，展诗会舞，迎接日神的降临人间。最后，在人群的欢呼声中，东君雄赳赳地手持神弓神矢，履行自己的职责，直射天狼，为民除害，并欢庆胜利。歌中这样描写东君：

青云衣兮白霓裳，	青云为衣呵白霓作裳，
举长矢兮射天狼。	高举长矢呵射杀天狼。
操余弧兮反沦降，	收好弓箭呵徐徐西降，
援北斗兮酌桂浆。	斟满北斗呵痛饮桂浆。
撰余辔兮高驰翔，	紧拉缰绳呵高高驰翔，
杳冥冥兮以东行。	暝色苍茫呵飞往东方。

射天狼，指的是天上的天狼星，古代时将天上的星座与地上的地理位置相对应，认为楚国的疆界是对应着天上的翼、轸，而秦的疆界所对应的则是狼弧，因而当东君威风凛凛地拉满神弓，搭上神矢，控弦待发，直逼凶狠贪残的天狼时，马上使人想到联合抗秦的举动，满堂顿时欢呼起来，大家仿佛和东君一起，举起斟满桂花酒的酒杯，共同欢庆胜利。

《东君》之后出现的有云神云中君、掌握人间寿夭的大司命与送子娘娘少司命，山川之神则有湘水之神湘君与湘夫人，江河之神河伯，巫山之神山鬼。一幕幕歌舞，把众神的形象刻画得惟妙惟肖，令人难以忘怀。其中尤以《湘夫人》《湘君》两幕最长，把舜帝南巡不返，娥皇、女英南下追至洞庭不遇的故事，演得缠绵悱恻，情节跌宕起伏，有期待、有追寻、有幻想、有误会，构筑成绚丽多彩的景观，发人深思。

最后出场的是巫山女神。这位山神，在传说中是天帝之女瑶姬，她下凡人间，而成为南楚的巫山之神。她一出场便引起全场的关注：

若有人兮山之阿，	仿佛有人呵伫立山坡，
被薜荔兮带女萝。	身披薜荔呵腰束女萝。
既含睇兮又宜笑，	含情脉脉呵笑声甜美，
子慕予兮善窈窕。	淑静娴雅呵令人陶醉。
乘赤豹兮从文狸，	乘着赤豹呵尾随文狸，
辛夷车兮结桂旗。	辛夷车上呵高挂桂旗。
被石兰兮带杜衡，	石兰车盖呵杜衡流苏，
折芳馨兮遗所思。	采来香花呵送给相知。
余处幽篁兮终不见天，	竹林深幽呵难见天日，
路险难兮独后来。	道路崎岖呵姗姗来迟。
表独立兮山之上，	巍然独立呵高山之上，
云容容兮而在下。	云雾迷蒙呵脚下翻滚。
杳冥冥兮羌昼晦，	天昏地暗呵日月无光，
东风飘兮神灵雨。	东风飘飘呵雨点纷纷。
留灵修兮憺忘归，	您迷恋什么呵不知归来，
岁既晏兮孰华予！	年岁渐老呵青春难回！
采三秀兮於山间，	采集灵芝呵奔走山间，
石磊磊兮葛蔓蔓。	巨石磊磊呵葛藤蔓蔓。
怨公子兮怅忘归，	埋怨公子呵不思归来，
君思我兮不得闲！	莫非想我呵却不得空闲？
山中人兮芳杜若，	山中人呵香比杜若，

饮石泉兮荫松柏。	渴饮山泉呵荫盖松柏。
君思我兮然疑作!	您说想我呵却令人疑惑!
雷填填兮雨冥冥,	雷声隆隆呵雨色冥冥,
猿啾啾兮狖夜鸣。	猿声啾啾呵深夜啼鸣。
风飒飒兮木萧萧,	秋风飒飒呵落木萧萧,
思公子兮徒离忧。	思念公子呵徒生烦恼。

幽深恐怖的山中景象,可爱动人的美丽女神,凄风苦雨中的热烈期待,孤独哀怨的失望愁思,交织成一幅色彩斑斓的神奇画面,强烈地震撼着观众的心灵。演出结束时,诸侯和使者们都个个惊叹不已,连声赞美道:真是可以惊天地而泣鬼神!这时怀王让人送来演出的歌词,并且说明,这是屈原在原有歌舞基础上改写而成的。于是,又是一番惊讶的赞叹声。屈原的名字,深深印在诸侯和来宾们的脑海中。

屈原在整个会盟期间,尽力协助怀王做好与各国诸侯的联系和招待,深受各诸侯王的赞赏。

送走了各国客人之后,怀王立即任命屈原为左徒。左徒的职务仅次于令尹,主要负责为国王提出有关内政外交的重要政策,制定法令等。司马迁在《史记》中说是"入则与王图议国事,以出号令;出则接遇宾客,应对诸侯"。这显示了怀王对屈原的极大信任。

按照盟会上的约定,六国将于九月上旬在函谷关前会合,以便协同攻秦,给秦人来个下马威。

楚怀王既然当了纵长,便命令驻守北方的将军唐昧带着一支部队参战。犀首公孙衍自任这次行动的总指挥,魏、赵、韩长期受到秦人的宰割,早已憋着一肚子气,因此这次行动最为积极,三晋的军队均按时来到函谷关前与楚军会合。燕军虽也来了,但只是一支象征性的部队,人数很少。几国军队左等右等,却还不见齐军的影子。看来也不便再等下去,公孙衍便指挥着几国军队叩关讨战。但函谷关的地形十分险要，关前有道南北向的深沟，水流不断，自南向北注入黄河，形成一道天然的护城河。关门朝东而开，直对东西向的函谷道。这函谷道是一条长长的狭谷，两边是悬崖峭壁，林木森森，道上仅容得一车通过。西面是高丘，关城依山傍水而建。大有一夫当关，万夫莫开之险。随你有千军万马，也难以施展开来。

那五国兵马在城外挑战，但根本近不得关门，把关的秦军并不理睬，也不出关，诸侯军队看不清关内虚实，秦军却能居高临下，把各国军队的情况看得一清二楚。

秦惠王接到诸侯军队叩关的消息，立即派庶长樗里疾率领精锐部队前去应战。樗里疾让秦军悄悄地进驻函谷关，将军队隐蔽于山的后面，并不急于出战，每天只是静静地观察各国军队的情况，思考作战的方略。各诸侯国到关下已经集结了一个多月时间，攻又攻不进去，退又没有结果，加上野外宿营，自然有许多不方便之处。时间一长，带来的粮食消耗了许多，士气也渐渐低落下来。

一天晚上，樗里疾把秦军分为两路，一路朝南，奔袭楚军粮道，焚烧粮食；一路主力直攻韩军大营。各诸侯国军队毫无准备，韩国又是力量较弱的一支，哪里是秦军对手。秦军以逸待劳，锐气方刚，加之战胜者回去即可封爵奖赏，人人奋勇争先，直杀得韩军哭爹叫娘，乱成一团。魏、赵军队虽有心去救，但是夜间不知虚实，营外还有秦军在那里呐喊，因此不敢贸然行动，只能作壁上观。南边的楚军受到秦军的偷袭，粮食、辎重被烧得烟雾沉沉，自家救火也来不及，更顾不上中原诸侯国的军队了。

混战了一夜，到天亮时，秦军大胜而归，入关休息，庆贺战功。韩军伤亡惨重，只能收拾残兵败将，准备回国。楚军失去粮食辎重，也难以再坚持下去。公孙衍见此情景，只得宣布退兵。这样，首次轰轰烈烈的合纵国联军攻秦行动，在惨败中草草收场了。樗里疾见联军引兵退去，又带领兵马，开关而出，追击掩杀。

这时，联军已无心交战，只是拼命奔逃而去。

齐军虽然也派出两万军队，由孟尝君田文为主将，准备参与攻秦。但田文有意在路上拖延时间，当齐军经过大梁时，刚好和败退回来的诸侯军相遇。听到联军失败的消息，田文虽也咨嗟一番，心里却暗暗庆幸自己没有急于前往，避免了一场失败的耻辱，又保存了齐国的军力。

四　起草宪令

前线失败的消息传到郢都，楚国宫廷深受震动，上官大夫靳尚得意扬扬，自以为有先见之明，到处说些冷言冷语，他还联合子椒等人向怀王进言，要求怀王改变合纵的策略，恢复与秦国的关系。怀王心里十分恼火，他让屈原起草诏令，从严处置唐昧。屈原劝阻道："唐将军虽然兵败函谷，但只是损失部分粮草辎重，并未有大的失误，不宜处分过重。"

怀王说："他实在太丢楚国的面子，不加处置，何以为戒？"

屈原说："秦军在暗处，联军在明处；秦军据险以临敌，联军居其下风，且地形也不利于进攻；秦军以逸待劳，将士一心，联军师老气弱，号令不一，有此三者，秦军之胜，联军之败，不也正常吗？"

怀王说："出兵之前，公孙衍对寡人夸下海口，说只要联军一出，不用多长时间，秦军必败无疑，想不到他竟是这样的不中用！"

屈原说："这也难怪。公孙衍倡合纵之策，各国皆寄以重望，他自然想做出些业绩，也好有个交代。但公孙衍与张仪，并非有爱于各国，其所求者，个人之声名也。公孙衍，魏之阴晋人，入秦，秦惠王用之，为大良造，领秦军攻魏，破魏军于雕阴（今陕西甘泉南），擒龙贾，魏献河西之地予秦。后因与张仪不合而离秦相魏，非爱魏也，以个人私怨而已矣！张仪也是魏人，公族之余

44

子，入秦，为秦君设连横之策，谋削诸侯以强秦，四年前自秦归魏，为魏相，力劝魏惠王事秦，惠王不听，张仪阴使秦人出兵攻魏，取曲沃（今河南三门峡西南）、平周。魏乃张仪父母之邦，尚且如此，又何爱于诸侯？是以纵横之士，朝秦暮楚，皆为个人之利，不可深信。吴起变法时，尤其注重破驰说之言纵横者，此类人皆以其三寸不烂之舌，为己牟取私利而已，实在不可深信。"

怀王说："上官大夫、子椒等人联合进言，以为联齐之策不当，应当改弦易辙，与秦好合。寡人也不知如何是好。"

屈原说："秦方败我军于函谷，此时而求与秦好合则必重赂秦，秦已虎视眈眈，求得我丹阳、汉中地，大王肯给予吗？"

怀王说："秦取我商於之地，至今不曾归还，寡人怎能无端送地与秦？"

屈原说："大王不肯割地赂秦，秦楚无由好合，靳尚所言，又怎么能听呢？"

怀王说："但齐国也并不可靠，此次合兵攻秦，齐军独后，是失信于诸侯。"

屈原说："臣早已说过，当危急之时，各国惟以本国之利害为重。齐楚合盟，并非有何特殊之关系，实因利害一致，寻求共同对付秦国之宰割。如楚不合齐，前有秦人之祸，后有齐国之患，是所谓腹背受敌也。秦不可合，齐不可绝，此为当前必行之策。"

怀王问："诸侯之兵，其众数倍于秦，为何与秦战则败北？"

屈原说："兵不在多而在精，将不在勇而在谋，犬羊虽百，见一虎狼则逃之惟恐不及。秦自商鞅变法之后，实行军功制，信赏必罚，故秦军一上战场，人人皆思立功受赏，志在必胜，两军相逢勇者胜，是所以秦兵数量虽少，而犹可敌数倍诸侯之兵也。"

怀王问："我国之兵，也可敌秦否？"

屈原说："可以，但需改革。"

怀王问："如何改革？"

屈原说："大王知道 60 年前吴起变法的故事吗？"

怀王说："知道,但不详细。"

屈原说："先君悼王,深思远虑,因时求变,力排众议,任用吴起为令尹,开楚国历史上用其他国人为令尹之先河;颁布新法,革除陈弊,不数年而国富兵强,极盛于时,诸侯不敢撄其锋芒。此岂古人与今人有异?所治之道不同而已。"

"依卿所见,楚国应当如何治理?"

"臣思之甚久,听先父所言,先君威王,曾征询过先父的意见,议及变革之事,后因商鞅车裂而终止。此事迄今又有20多年了。这些年来,国家虽无大的灾祸,但确有诸多不能令人满意之事。吴起变法,虽先于商君20余年,但行之时间不长,悼王去世之后,60年来,所行之法已大多废弃,是以积弊重重。相比之下,秦虽车裂商君,而其法依旧实行,故秦得其利。今我国大臣太重,封君太众,上逼主而下虐民的状况已重新出现,选人不由正道,受赏不由功绩,楚地虽广,又怎能满足众多无餍之求?长此以往,人无上进之心而有侥幸之想,国家如何富裕?愿大王细思之。"

屈原的话打动了怀王的心,几天以后,他单独召见屈原。

怀王说："寡人仔细考虑之后,决心改革朝政,实行变法,革除多年积弊,所以让你来好好商量一下。"

屈原听后,心里十分高兴,但他知道此事非同小可,所以还是按捺着激动的心情,问道:"实行变法,乃国之大事,不知大王是否准备和大臣们商议之后再实行?"

怀王说:"此事无须商议,你知我知即可。我已想过了,今天找你,是想让你草拟个计划,准备从那些方面进行改革,然后一步一步地实行,不一定一揽子推开,这样,可能反对者较少,也便于推行开来。"

"大王所言有理,但改革之事一经展开,总是要有各种议论的,再说这种意图,人们慢慢就能揣测得出来,到时仍需大王亲自做出决断,否则将中途而废。"屈原总觉得有些不放心,因为这件事关系太大,也包含着巨大的风险,不能不考虑。

"你尽管放心，我不做则已，做便要做到底，百折不回！"怀王有些激动地说。怀王正在兴头上，他也确实想好好干一番事业，像那些为楚国繁荣昌盛做出重大业绩的先祖一样，青史留名。他不相信，楚国有祖先留下的这份基业，为什么就不能承担起统一中国的重任。300年前先君庄王观兵周郊，问鼎中原，那是何等的气魄！只是周王孙满答以"周德虽衰，天命未改"。而今，天命已改，就看谁能争先了！当然，他也预料到随着改革的进行，议论甚至强烈的反对意见都会出现。因此，他又对屈原表明说："改革朝政之事，关系确实重大，务必保守秘密，只能你我知之，不可为他人道。"

屈原听后，连连点头，他自然是深知此事的重要性。虽然他到朝廷时间不长，但朝中大臣之间发生的一些事情，使他知道许多事并不像想象的那么简单。而且要搞改革，就必然会触及一些人的既得利益，而这些人绝不会甘愿白白遭受损失，那么，随之而来的往往就是各式各样的报复。但是，作为臣子，当然应当尽忠于国家社稷，如果国家能够得到发展壮大，因而完成统一中国的使命，使百姓能够早日过上安稳的日子，那么，就是个人遭受什么不幸，我也九死不悔！屈原心中升腾起一种神圣的使命感，全身热血在沸腾。他仿佛看到，在冥冥之中，楚国历史上那些以身许国的英雄在向自己走来，在注视着自己；夏商周历代辅国的忠直贤臣在向自己走来，投之以探询的目光。毫无疑义，现在正是到了一种重要的历史关头，自己应该能够做出最好的回答。

楚国的状况，屈原早已十分熟悉。少年时代，他曾走过千村万落，看到民众的不幸和悲哀。他也曾凭吊过楚国历史上的许多古战场，既缅怀先辈的功绩，也吸取历史上关系国家兴衰的各种经验教训。在参考和了解邻国变革经验的基础上，他很快就关系国计民生的重大问题，制定了十项改革措施，都是鼓励民众发展生产、开垦荒地、兴利除害的。由于这些改革措施并未触及什么人的现行利益，所以送上去以后怀王很快就公布施行了。

三个月后，各地普遍反映良好。怀王很高兴，于是让屈原制定第二批改革措施。这一次大多是涉及军队和郡县改革的，主要是精选士卒、淘汰老弱、奖励战功、精简机构、裁减冗员等。送上后，怀王也很快批复，并颁布实行。这回法令颁布以后，开始听到一些议论，尤其是那些吃空额的将军和将被裁减下来的人开始挑挑剔剔，以示不满。但是，他们想说的话又拿不到台面上来，所以，不满归不满，法令还是得执行。几个月后，从各地统计报来的情况看，国家的开支有了明显的下降。怀王当然也因此感到高兴，于是他在一些不同的场合都夸奖屈原的才能，他当然没有想到，这种夸奖会带来怎样的影响。

最感到不舒服的是上官大夫靳尚。在关于联齐抗秦政策问题辩论失败后，靳尚已有一种强烈的失落感。屈原从齐国回来又被提升为左徒，在诸侯会盟时出尽了风头，这一切，都使靳尚气得咬牙切齿。靳尚以前到秦国朝聘时，秦国给予很好的照顾，临回国时，还送给他大量的财物，并许诺，只要能够让楚国与秦和好，秦国将会重重地答谢他。从此，靳尚一直在暗中为秦国做事，有什么消息随时向秦人通报。秦国倒也十分慷慨，凡是得到有价值的消息，他们便给予丰厚的回报，这使得他很快就置就了一份不小的家业，并且有多余的钱可以用来收买人心，广施恩惠。他五天一小宴，十天一大宴，于是，在他身边，渐渐形成了一个小圈子，酒酣耳热之时，他们便一起议论朝政，评点和自己意见不同的大臣们。

这一天，上官大夫靳尚约了司马子椒一起喝酒，酒过三杯之后，靳尚便对子椒说："王上任用屈原，草拟了各种政令，你听到有什么意见吗？"

子椒说："头一道政令反映还可以。可是这第二道政令中，谈到军队的精简，将军们的意见可大了。"司马子椒说得并不错，裁减和淘汰老弱病残的人员，严禁吃空饷的政令下达后，一些依靠不正当手段多领粮饷的将军们抵触情绪最大，因为这一来，就断了他们的财路了。许多人感到气愤，纷纷来找司马子椒："我都带兵几十年了，还不知道兵该怎么带？军饷本来就不足，再严格清查人数，等着喝西北风不成？"

司马子椒自从管军队以来，确也看到军中的一些问题，但他认为这些都是小节问题，只要作战勇敢，会打仗就行，其他的小事，他才不愿去操那份心思。再说"水至清则无鱼，人至察则无徒"，人食五谷杂粮，怎能没有七情六欲，只要不出大事，斤斤苛求些什么？他知道，那些将军们平时进奉给他的各种礼品，靠那点军饷是挤不出来的。所以靳尚一说，子椒马上就来劲了。他一五一十地把将军们的不满和盘托出，而且还少不了添油加醋地发挥一通。

听到军队里有那么多的不满，靳尚特别高兴，因为军队关系到国家的安危，如果军队不肯出力打仗，国家就完了。对，这是一个致命的问题，只要往怀王那里一报告，他不能不考虑后果。

"大司马，你别以为就那么点小事。大王这样信任屈原，什么大事都交给他去办，三个月就发了两道政令，一道比一道严厉，你别以为到此为止。我派人打听，屈原这些日子以来，一天也没有闲着，他到左尹那里去查阅各种法律文书，还查看先王时代审理吴起死后处置的七十多家贵戚的材料，他下一步会提出些什么问题？"

"有这等事？"

"怎么没有，这是左尹邵佗亲自告诉我的。"

"这小子胆子好大！"一想起数十年前楚国宫廷中发生的那一幕惊心动魄的残酷斗争史事，子椒不禁一阵寒战。

"他当然胆大，上有大王的宠幸，下有屈氏族人的关照，自然是无所顾忌的。当然，有的话我是不该说的。"

"你又卖关子了，什么是该说的，什么是不该说的？"

"我是多操心了。这些年各国先后的变法，都是先从王室内部开始的。按理说，疏不间亲，可是，哪次变法不是造成骨肉相残？

屈原成天在那里叫要举贤任能，骨子里还不是说现在当权的人不贤不能？屈原的父亲伯庸和上柱国屈匄关系非同一般，屈匄手握重兵，号为柱国，身经百战，在军队中威望很高。原来在确定大司马人选时，有人提出由屈匄担任，有人提出由您担任，大王当时也犹豫不决，后来还是我冒险私下向大王进言，觉得在当前局势复杂的情况下，兵权还是掌握在王室手中比较稳妥，后来大王采纳了我的建议，才下决心由您出任司马，据说屈匄将军后来知道此事，颇不以为然，至今还记恨于我呢！"

"真有这事？"

"我会骗你吗？"

"行了，靳大夫无须多说了，下一步怎么办？"

"大王当前对屈原过于宠信，出入跟随左右，如左右手一般，须臾不分离。当下之计，唯有想出办法，让大王慢慢地不相信他了，这样，下一步的事情就好办了。"

"有什么办法？"

"你听过沈尹华的故事吗？"

"略知一二。"

"那就行了。只要多找些可靠的人，众口一词，积之以时日，不相信改变不了。"

"好！就这样定！"

不久，楚国朝廷中就听到各种各样的议论，有的说怀王很快就下令裁减百官的人数，降低俸禄；有的说国家很快要收回封君的土地，把他们都迁移到江南的荒野之地去垦荒；有的说，过去的爵禄都不算数了，又要重新制定等级，等等。一时人心惶惶。于是，不断有人前来向屈原询问是怎么回事。但屈原对他们所做的解释却没有什么人肯听，至于更深一层的情况，因为涉及国家机密，原来怀王约定不可泄露的问题，他当然不能多谈。结果许多人愤愤然指责屈原不肯说实话，还有说他祸乱朝政的。屈原内心十分苦恼，他第一次感到格外孤立。以前上朝时大家都对他客客气气的，而今都变得不理不睬，甚至给他脸色看。

一天上午，屈原照往常一般，在书房中思考下一步修改法令的意见，他觉得，照目前情况看，实在有必要加快改革的步子，以防一些心怀不满的人联合起来，反对改革，形成一股强大的势力。这时，突然家人来报："上官大夫靳尚来访。"

"靳尚？他说有什么事吗？"

"没说。我告诉他您正有急事在身，但他说无论如何一定要见。"

屈原皱起了眉头。他急忙披上衣服，准备出去。可是，随着一阵嘈杂的脚步声，只见靳尚已抢先带着几位同伙闯了进来，高声说道："屈大夫真是不给面子，在下有急事登门拜访，守门人就是不给引见。"

"哎呀，对不起，对不起。他们不认识靳大夫，所以没有及时来报。来，请坐。"

"屈大夫躲在家里，想必大王又有什么重要的事情交给你办了。"

"没有的事，这些天我只想在家读读书，写写字。"修改宪令的事情是不能说的，因此屈原只能托词把话支开。

"那一定又有什么好诗问世了。来，让老夫先看一眼。"说时迟，那时快，靳尚立即从座位上站了起来，翻开桌面上半掩着的帛书，几行令他心动的大字立即映入眼帘：《宪令革新草案》。他急忙把前面的几行字生背了下来。屈原没有料到靳尚竟会不经许可擅自翻动别人的东西。当他起来拦阻时，靳尚已看去几段文字了。

"靳大夫，这是还没有写定的东西，你不应看。"屈原一把将帛书拿了下来。

"我没有看什么啊！我不过以为那是屈大夫作成的新诗。既然不是，我就不看了。"靳尚因为自己已窃得秘密，却又故意装出一副老实的样子。

"靳大夫说是有急事而来，不知是什么急事。"

"我想请左徒屈驾光临寒舍，咱们一起轻松轻松啊！不知屈大夫可肯赏脸？"

"这，实在对不起了，这些天正好有事亟待处理，容日后再去叨扰吧！"屈原总觉得这背后有些什么文章，便借故推托了。

"真不肯光顾，我也就不勉强了。告辞，告辞！"他站了起来，拱了拱手，便领着那一伙人得意扬扬地走了。他觉得这次前来的目的已经达到，下一步，就该让屈原好看了。

五　遭谗被疏

靳尚来到王宫，要求晋见怀王。见到怀王之后，他又要求屏去左右，说有秘密事奏上。怀王以为有什么要紧事，便让左右侍从回避了。

"大王，外面的情形不太好，您可知道？"靳尚故弄玄虚地说。

"什么事情？"

"第二道诏令颁发后，朝廷内外，议论纷纷，人心惶惶不安呢！"

"诏令里所说的，并没有什么不好的内容，为什么要惶惶不安呢？"怀王知道，一个时期以来，靳尚在对内和对外一些政策的制定上，总是有些不同的意见，因此他并不感到意外。

"这第二道诏令，按说也确实没有不好的内容。但我听司马子椒说，军队里对精简人员这一条很有些想法，纷纷去向他反映，还说楚国疆域这么大，再减少人员，守都守不过来。"

"胡说，诏令是为提高军队的作战能力的，减少的不过是一些老弱病残的人员，怎么会有那么多事！"怀王一向不喜欢听人对他所决定了的东西提不同的看法，何况这些天他正为诏令的实行而感到得意呢！他根本就不愿听靳尚的这种说法。

"臣下也是这样跟子椒说的。其实，大王，我是十分拥护您的改革政令的，您看，还实行没有多长时间，国家收入就增加不少，照这样做下去，国富民强，指日可待。"靳尚见怀王的情绪不对，马上换了个话头。

"你真是这样想的?"

"大王，臣跟从您多年，虽是愚昧，也明白什么事对国家有利，什么事对国家不利。当今天下纷乱，臣正是期望大王能够振作有为，改革图强，与各国诸侯一争高下啊!"靳尚装出十分恳切真诚的样子，把怀王说得也有些感动了，他觉得靳尚毕竟还是对自己忠心不贰的。

"那么，你觉得下面应该怎么办?"

"依臣所见，这两道政令，已解决了多年的积弊，在楚国史上，您是一位贤明的国君，功业比得上最著名的先君，无论从疆土的广阔，还是人口的众多，哪位先君能够比得上现在? 改革已经到了这样的时候，就应该先停一停，看一看，如果不停地发诏令，很多人就会感到不安，不知下一步怎么办，这样恐怕收不到好效果。"

"这是你个人的还是多人的看法?"

"有这种想法的不仅仅是臣下一个，不过有的人不敢当面向大王说罢了。臣下想到这事关系国家社稷的安危，不敢不说。"靳尚不忘记放弃每一个可以表白自己忠心的机会。

"唔，还有点什么议论?"怀王觉得靳尚所说的事也不是没有一点道理，屈原上次提出加快颁布法令的步伐时，怀王已有几分犹豫，所以他倒也愿意多听一听不同的意见，显示出国君从谏如流的大度。

"有一件事不知微臣该不该说。"靳尚故意做出一副小心谨慎的样子来。

"有话只管说嘛!"

"大王，您是十分贤明的，亲自决定了进行这次改革，可是有的人却贪天之功据为己有啊!"

"有这样的事？"

"当然有！"

"是谁？"

"我说了您可别生气。"

"你就只管说。"

"屈原！"

"谁？"

"屈原！"

"屈原？不会吧！你是不是听错了？屈爱卿不会背着寡人干这种事的！"

"大王，我就知道您要不相信的。其实，原来我也不相信，觉得他是大王身边的人，大王对他这么好，他总会知道规矩的。可是，耳听为虚，眼见为实，他亲自在我面前一说，我就不能不信了。"

"他说些什么？"

"大王，您把革新朝政的重要任务交给屈原去做，以他的才干，自然是能够胜任的。可是他太过于自负了。每次政令一颁布，他就到处夸耀，说那些政令都是他写的，没有他别人都写不成，这不明明是贪天之功据为己有吗？当臣下的不把功劳记在大王的身上，却宣扬突出自己，这是忠贞吗？"

"你真听他当面说过。"

"臣下怎敢欺骗王上。不仅微臣听到，许多人也都听到了，不信，我举几个人出来，大王问一问便知。"说着，他把预谋好的几个人的名字报了一遍，并说："屈原夸耀的时候他们都在场，微臣也想不到他会这样。"

"也许年轻气盛吧，说话没有遮拦。"怀王压住心中的怒气，仍然尽可能语气和缓地说。边说边在屋里走来走去，不停地皱着眉头。靳尚看到怀王被说动了，十分高兴，便觉得应该趁热打铁，再加一把火，于是又说："是啊，我也觉得年轻人不知高低，还可教育教育，便拦住他的话说："'不会吧，政令该是大王亲自确定的，哪会都是你一人说了算。'大王您知道，我讲这话是想让他明白，不要再说下去了，谁知他狂妄极了，还说了更不该说的话。"

"他说了什么？"

"他十分骄傲地说：'什么，你们不肯相信？告诉你们吧，大王正让我草拟第三个宪令，这可是个十分重要的法令啊，我先读给你们听听。'说着就读了一遍。我赶紧喊住他别往下读，这才算把事情刹住了。"说着，他摇头晃脑地把在屈原书房中看到的内容背了一遍。

怀王听了，不由得大怒，双眼一瞪，双手把桌子一拍："真是岂有此理！"

"大王息怒，您不值得为这点小事生气。"

"小事？这是国家大事，怎么能够等同儿戏！"

"大王找个时间，好好教训教训他就是了，年轻人嘛，也还容许他有改过的机会。行了，臣下就此告辞。"看到怀王真动了怒火，靳尚好不得意，便假惺惺地说了几句安慰话，回家去了。

靳尚走后，屈原连续几天加班加点，终于草拟了一份全面改革朝政的宪令，再经过反复的斟酌和修改，自己终于也感到比较满意了。屈原内心充分喜悦，他憧憬着一种新的生活，期望能由此给国家带来崭新的面貌。他期望怀王能够成为一代明君，而自己也成为能够辅助君王成就大业的一代贤臣，他在《离骚》中曾这样写道：

汤禹严而求合兮，	商汤和禹诚心求贤，
挚咎繇而能调。	得到伊尹和皋陶和衷共济。
说操筑于傅岩兮，	傅说在傅岩从事版筑，
武丁用而不疑。	武丁用他毫不迟疑。
吕望之鼓刀兮，	吕望在朝歌拿着屠刀宰牛，
遭周文而得举。	遇到周文王而得荐举。

宁戚之讴歌兮，	宁戚叩击牛角而歌，
齐桓闻以该辅。	齐桓公听到了就让他辅佐自己。

　　尽管一个时期以来楚王廷出现的一些异常气氛使屈原感到某种压力，但他还是一如既往地做自己的工作，他相信自己所做的一切，都是为了使楚国尽快地摆脱多年形成的积弱地位，"国富强而法立"（《九章·惜往日》）是他此时最迫切的心情。他也相信，怀王会继续支持自己，毕竟这几年中，他已经显示了对自己很大的信任。对国家大事，商谈时屈原已经很少有什么顾虑，有时甚至超越出君臣的界限。最令屈原感激的是，有时因自己疏忽而产生一些并不经意的小过失时，怀王也从不计较。

　　屈原怀着兴奋的心情来到王宫。但是，在兴奋之中，毕竟又带有几分不安，因为这一次改革的程度和以前几次不同，这是一次将全面地涉及许多人利益的一次大的改革。他考虑的是：改革的步子，大王到底会同意走多远、迈多大。

　　屈原怎么也没有想到，怀王竟然会这样对待自己。当他把宪令送给怀王的时候，怀王只是冷漠地翻开来，看过几行之后，"哼"的一声，便把它扔到了一边，脸上完全没有了平日的微笑。

　　"大王，宪令事关大局，依臣所见，应加快颁布，以免群议纷纭，影响施行。"屈原见怀王这种态度，摸不清是什么原因，但他依然恳切地建议。

　　"群议纷纭？议从何来？屈原，寡人与你相约，起草宪令，改革朝政之事，惟寡人与你秘密进行，不得泄露，而今却弄得朝廷上下，议论纷纷，究竟是何缘故？"

　　"大王，国家大事，王上所重托，微臣怎敢不铭记于心！其间虽有人向臣打听，臣也均不敢泄露万一。但前两批法令颁布之后，已经造成较大影响，朝廷上下的议论，也是在所难免的，正由于此，臣加快草拟宪令，如能尽快施行，那时再有议论，也不怕了。"

"屈原，明明是你在外面自我炫耀，招致众人的非议，不自思过，却还要在寡人面前开脱自己，实在太不应该了。"

"大王，微臣实无此事！"

"一人之言，不足为凭，众人之言，岂能皆虚？"

"曾参杀人之事，大王难道没有听说过？昔曾参处费，鲁人有与曾参同姓名者杀人，人告其母曰：'曾参杀人'，其母神色自若，仍然在机上织布；不久，又有一人告之曰：'曾参杀人'，其母犹织不已；接着又来一人告其母'曾参杀人'，曾母于是投杼下机，逾墙而走。是已众人之言，也宜三思。"

"好吧！此事寡人还要再作调查，你先退下吧！"

屈原还想再说些事，但怀王已不耐烦地挥挥手，径自入内去了。

从宫廷返回之后，屈原心里十分痛苦。这倒并不是因为怀王对自己冷漠使他心里难受，更重要的是他担心这场政治改革的命运。从怀王的态度看，他似乎已不着意于改革，而且对自己显得很不信任，在这样的情况下，他还能下决心把改革进行下去吗？如果宪令不能颁布，也就意味着这场改革中途而废。过去的种种美好的愿望，将立即化为泡影。想到这里，他不禁感到无比的辛酸。那么，是谁在背后诬告自己呢？他想到靳尚，那天到家里来的举动就是十分怪异的，而且在不经许可的情况下偷看了宪令的草案，肯定是他到怀王面前去说了些什么。可是，听怀王话里的意思，诬告自己的并不止一个人，而是"众人"，他无法一一去猜测到底是哪些人的作为。从他个人而言，到宫廷以来，自己只知道埋头处理各种事务，内政外交，杂事纷繁，他只想一心一意把怀王交给自己的事情办好，只想尽快完成政治革新，使国家早日富强起来，因此他全不去考虑别人会怎么想。虽然朝廷中因为政策的分歧难免时时有些争论，但那也不涉及个人的恩怨，所以他也不在乎别人对自己是热情还是冷漠，也不关心别人在背后搞些什么名堂。他没有想到，一觉醒来，突然发现自己成了众人攻击的对象。

屈原在呈上宪令之后，一直期望怀王能够早日颁布施行。他觉得和怀王相处几年了，他应当能够比较深入地了解自己，不应当对谗言一听就信，难道过去自己向他说过的许多惨痛历史教训他那么快就忘记了吗？即使怀疑自己，至少不应该怀疑这场改革的动机和效果吧！他想，怀王还是会明白过来的。他曾经到王宫要求晋见怀王，再和他商谈有关改革的事宜，然而，每次都被告以"大王有事"，被拒之门外。他只能耐心地等待。

其实，怀王倒也并非不考虑进一步改革的事。在责备屈原一番之后，他也不能不考虑到是否有人夸大其词，加害于屈原。但是，有那么多人对屈原表示不满，这本身就值得思考了。至于还要不要进行改革，他打算慎重些，多召集些人一起商议一下。第一次他召集的是王室的重要成员。由于宪令中有许多条款提出限制王室的利益，因而在王室成员中引起较大的反响，司马子椒反对最为强烈，他提出："春夏秋冬，为四时之分；东西南北，为四方之分。国家之立，皆有其统，统之不继，国将不存。韩、赵、魏、齐之所以江山更姓，正是不保其统所致。秦、楚、燕，其统尚存，不可更易。楚自立国以来，皆赖王室公子、王族及其分枝子孙鼎力相扶，舍身以保社稷，所以国家自封国之初的'土不过同'，发展至今北界于河，南逾洞庭、滇池，东临大海，西至巴蜀，地方五千里，带甲百万。王室子孙虽众，而拱卫王室如巨树之有繁枝绿叶，故根深干壮。今无端而削宗室之利，是自损其枝叶也，臣以为万万不可。"子椒一带头，许多人也纷纷附和，说得怀王嘿嘿无言。

接着，怀王又召集令尹以下主要臣僚的会议。会上，除少数几个人表示赞同外，多数人也是一片反对之声。上官大夫振振有词地说："昔日吴起变法，屈宜臼曾当面斥之，曰：'吾闻善治国家者，不变故，不易常。今子将均楚国之爵而平其禄，损有余而继不足，是变其故而乱其常也。'屈氏因此而奔魏，其后而有宫廷之乱，祸及悼王。前车之鉴，不可不察。"一批昏庸无能、依靠各种关系而登上高位的大夫们唯恐宪令一实行，立即威胁到自己的地位，也大声呼喊着表示反对，朝廷上人声嘈杂，乱成一片。怀王只好宣布休会。

会后，怀王召见屈原，对他说："会上之情景，卿亲眼所见，亲耳所闻。并非寡人不愿改更，人心如此，变则恐有不测。"

屈原说："诸国之变法，均由国君独断，自上而下，移风易俗，岂是协商而成？昔日子产治郑，铸鼎刑，使都鄙有章，上下有服，田有封洫，庐井有伍；大人之忠俭者，从而与之；泰侈者因而毙之。然而其行之初，国人皆以为不便，作歌曰：'取我衣冠而褚之，取我田畴而伍之，孰杀子产，吾其与之。'其后，郑得其治，国家安宁，国人复歌曰：'我有子弟，子产诲之。我有田畴，子产殖之。子产而死，谁其嗣之？'由此可知，非常之时期必行以非常之法令。大王应力排众议，临机而断，若失其时，必遗后患。"

怀王不耐烦地说："此事目前断难推行，你今后主要关注外交方面的事务，其余要务，我将另委人处置。"

屈原明白，此时抗争已无任何意义，怀王的主意一时是改变不了的，只能等以后有机会再说了。但是，机会什么时候才能再来呢？

从此，楚怀王渐渐地疏远了屈原，国家大事，也不再找他一起商议了。王室成员和大臣们因这份流产的宪令而对屈原十分不满，处处给他难堪。

屈原感到十分委屈，于是，他写下第一首为自己辩冤的诗篇——《惜诵》，诗篇一开头就写道：

惜诵以致愍兮，	以痛惜的心情陈述我的不幸，
发愤以抒情。	满怀愤怒抒发我的心情。
所非忠而言之兮，	如果我的陈述不是出于忠信，

指苍天以为正。	请求苍天来为我做证。
令五帝以折中兮,	让五帝做出公正的判决,
戒六神与向服。	请六神明辨是非曲直。
俾山川以备御兮,	由山川之神前来陪审,
命咎繇使听直。	命公正的皋陶把真相断明。
竭忠诚以事君兮,	竭尽忠诚侍奉国君,
反离群而赘肬。	反遭孤立被当成赘瘤。
忘儇媚以背众兮,	我与众不同不肯献媚取宠,
待明君其知之。	等待明君体察此心。
言与行其可迹兮,	言论和行动可以看得一清二楚,
情与貌其不变。	表里如一我从未变更。
故相臣莫若君兮,	考察臣下只有国君最为明白,
所以证之不远。	因为证据就在他的眼前。
吾谊先君而后身兮,	先君后己是我行为的准则,
羌众人之所仇也。	想不到却成为仇恨的原因。
专惟君而无他兮,	一心为君从无他想,
又众兆之所雠也!	想不到又引起众人怨恨!

所谓《惜诵》的意思，就是痛惜于往事而陈述之。这首诗中，他想象着由天帝主宰，组成阵容庞大的法庭（有五帝、六神、山川之神和最有名望的皋陶一起），来判断自己的忠贞，倾听自己的心声。假如说，自己的行为招致众人的仇视，那还情有可原（因为在那种环境下，自己起草的宪令必然损及许多掌权者的利益，而且因为嫉妒、争宠而视自己为仇敌也在情理之中），最使他不能理解的是，曾经对自己表示最大信任的国君却也辨不清是非曲直，对自己产生怀疑从而疏远了自己。他在诗中叙述了自己内心的极大痛苦：

情沈抑而不达兮,	精神压抑难以表达,
又蔽而莫之白也。	疏离阻隔无法自明。

心郁邑余侘傺兮，	心中郁闷怅然不安，
又莫察余之中情。	谁能体察我此刻的心情！
固烦言不可结而诒兮？	反复诉说有谁愿听？
愿陈志而无路。	想陈述志节无路可行。
退静默而莫余知兮，	退而静处，谁知我心？
进呼号又莫吾闻。	进而呐喊，谁来倾听？
申侘傺之烦惑兮，	烦闷不安，心中困惑，
中闷瞀之忳忳。	六神无主，昏昏沉沉。

从极度的信任而突然被疏远，从理想的顶点猛然跌落红尘，我们可以想象屈原在遭遇到这种极大的反差之后的痛苦和失望。

变革的中途夭折，对屈原来说是一种美好理想的破灭；对楚国来说，却是一场重大的灾难。它的后果，在此后的几十年间便很快地显示出来。而作为诗人屈原，这场变故使他对怀王之是否可信产生了怀疑。在这首诗中，他写了一个梦：自己在凌云登天，然而中途却找不到横渡天河的航船。于是他向厉神求教，厉神告诉他："这说明你志向远大却缺少辅助。"然后，他借神巫之口表达了对忠君思想的怀疑：

君可思而不可恃。	国君可寄予希望却难于依靠。
故众口其铄金兮，	众人的谗言可以熔化真金，
初若是而逢殆。	你还像先前行事定逢灾殃。
惩于羹者而吹齑兮，	被热汤烫过的人见凉菜也要吹一吹，
何不变此志也？	你为什么不改变自己的行藏？
…………	…………
晋申生之孝子兮，	晋国太子申生是有名的孝子，
父信谗而不好。	他父亲听信谗言说他不好。
行婞直而不豫兮，	行为耿直刚正不阿，
鲧功用而不就。	鲧就因此功业无成。

这次的经历，也使他对楚国的社会现实有了比较清醒的认识。在诗中，他写道：

吾闻作忠以造怨兮，	我听说忠直之行必然招来仇怨，
忽谓之过言。	我一直认为这是夸大之言。
九折臂而成医兮，	多次折臂也就成了良医，
吾至今而知其信然。	我现在明白这其中的真理。
矰弋机而在上兮，	天上安置着强弓暗弩，
羿罗张而在下。	地下到处有罗网密布。
设张辟以娱君兮，	设下陷阱坑人以娱乐国君，
愿侧身而无所。	想找一块侧身之地也无处觅得。
欲儃佪以干傺兮，	留恋徘徊想寻找机会，
恐重患而离尤。	恐怕会招来更大的灾祸。
欲高飞而远集兮，	想高飞而前往远方，
君罔谓汝何之？	国君将问：你想前往何处？
欲横奔而失路兮，	想狂奔而无路可通，
盖志坚而不忍。	是因为意志坚定不忍离去。
背膺牉以交痛兮，	身心交痛胸背如裂，
心郁结而纡轸。	心情郁郁难以排遣。

这真是一个黑暗而又充满危险的社会，上有弋机、下有罗网，把陷害好人作为娱乐，正直的人又怎能找到一处安身之地？对这样的现实，诗人不能不为自己的出路考虑，他想留下却恐怕又招来更大的灾难，想离国他去又于心不忍，在万般无奈之中，他只好选择一条退路："矫兹媚以私处兮，愿曾思而远身！"也就是说，保持自己众多美好的品德，退居私处，洁身自好，远离这是非之地。

当然，这不过是他的一种愿望，诗人的一生，永远在矛盾中痛苦地徘徊和挣扎。

第三章　受命不迁生南国

向来吟《橘颂》，谁欲讨莼羹？

——唐·杜甫《与李十二白同寻范十隐居》

一　风云变幻的局势与反复无常的怀王

战国时代的风云变幻，实在令人时常有始料不及之感。五国联军攻秦失败之后，秦国开始了有计划的报复行动。前317年，秦派庶长樗里疾率军攻打三晋，破三晋联军于修鱼（今河南原阳西南），三晋国君不得已，被迫和秦国结盟。齐怒三晋之背盟，与宋联军攻魏，败魏军于观泽（今河南清丰南）。与此同时，秦派兵东出武关，攻打楚国之郿地，怀王急令大司马卓固率兵前去救援，两军交战数月，各有胜负，秦见楚军有备，且齐国也发兵助楚，再坚持下去也占不到便宜，便收兵回关。

这时，正值秦西南的蜀、苴两国相互攻打，都派使者前来向秦告急求助。秦惠王准备发兵攻蜀，又担心道路狭险难行。张仪主张伐韩，而司马错坚决主张伐蜀。司马错并对惠王说："臣闻，欲富国者务广其地，欲强兵者务富其民，欲王者务博其德，三者俱备而王随之而至。今秦地小民贫，正宜开疆拓地。蜀为西夷之国，内有桀纣之乱，以秦攻蜀，犹如驱豺狼以逐群羊，唾手可得其地，且有禁暴止乱之名。灭蜀，此其时也。得其地足以广国，取其财足以富民缮兵。王必伐蜀。"前316年，秦惠王派张仪、司马错自子午道攻蜀，十月破蜀军于葭萌（今四川剑阁东北），灭蜀。将蜀王贬爵为侯，使陈庄为蜀相。同年，又灭苴（今四川昭化东南）及巴（今重庆嘉陵江北）。秦得巴蜀，拓地千里，且据守长江上游，与楚接壤，对楚国形成极大威胁。从此，秦国更加有恃无恐，傲视关东各国。不久，秦又攻打其西面的小国义渠，得25城；攻赵，取中都（今山西平遥西南）、西阳；击魏，取焦、曲沃（均在今河南三门峡西）；伐韩，击败韩军于岸门（今河南许昌西北），韩太子仓入秦为质。这时，秦国便把下一步打击目标转向齐楚。

关东诸侯中，齐楚兵力最强，秦国平时并不太多招惹它们。但当时齐国和燕国作战，秦人觉得有机可乘，便想出兵攻齐。原来，燕居东北，一向不参与中原各国的纷争，原本是比较安定的国家。可是，燕国国君燕王哙继位之后，贪图淫逸，沉湎酒色，以朝务为累，国家大事，均由相国子之处置。子之有过人之才，且纠集一批党徒，见燕王哙不理朝务，便有篡国之心。他让同党每天都在燕王哙面前称赞子之的贤能，并大肆宣扬古代圣王尧禅于舜，舜禅于禹的故事，以说服燕王哙将王位禅让给子之。燕王哙本来就不喜欢治理朝政，果然被他们说动了，于是在燕王哙三年（前318），于国内举行禅让仪式，将国家禅让于子之，自己出居别宫。将军市被不服，前315年，起兵攻打子之，燕国大乱。齐宣王得知消息，于次年派将军匡章领兵十万伐燕，燕人痛恨子之，见齐兵入境，皆箪食壶浆，迎接齐军。齐军长驱直入，沿途没有遭到任何抵抗，仅用50天时间，便直达燕都。子之领兵与齐军作战，力竭被擒。燕人原来欢迎齐军，是认为齐军来替燕国除乱的，但匡章到燕之后，毁燕国之宗庙，尽收国库中的宝物重器，送往临淄。齐宣王得知消息，大喜过望，便想灭燕以拓展齐地。孟轲在齐为客卿，他坚请宣王实行仁政，不要俘杀燕人，为燕国立君。但齐宣王根本不听。

齐军在燕国十分残暴，燕人不服，便共立太子平为燕国国君，传檄燕国各都邑。于是，原来降齐的各地，都同时叛齐复燕，攻打齐军。匡章难以支持，只得率齐军回国。一路上，齐军四处受敌，也损失不少人马。各国诸侯对齐国灭燕的举动，也都不以为然。所以秦国想乘此机会，名正言顺地发兵攻齐。可是，齐楚纵亲，秦国担心攻打齐国的时候楚国出兵相助，使自己首尾受敌，因此秦国计议务必拆散齐楚之间的关系。

楚怀王十六年（前313），秦惠王假意对外宣称免去张仪丞相之位，给他准备了许多财物，让他前往楚国，求为楚相。张仪当时名气很大，怀王听说他来到楚国，便腾空了上等的馆舍来安置张仪，怀王对张仪说："先生辱临此僻陋之国，不知有什么可以指教我？"

张仪说："秦王最喜欢的无如大王，张仪所最愿侍奉的也无如大王。秦王最最憎恨的无如齐王，我最痛恨的也是齐王。可是大王和齐国结盟，秦王便无由结好大王，张仪也无法效力于大王。我有一个想法，不知大王是否听从。"

怀王说："请先生直说。"

张仪说："大王能听从我的意见，闭关和齐国断绝旧约，大王便可派一名使者跟从我入秦，秦将献原占楚国的商於之地六百里归还楚国，让秦国国君之女前来侍奉大王。秦嫁女而楚娶妇，两国成为兄弟之国。这是北削弱齐国而西得益于秦的好事啊！我想没有比这更好的计划了。"

怀王十分贪心，一听可以得到六百里地，立刻一口答应下来。他将相印送给张仪，天天摆酒和他一起畅饮，同时在宫中设宴庆贺，说："我又能收复商於之地了。"楚国众臣都举杯表示庆贺，唯独陈轸表示吊丧。怀王十分生气地说："寡人不兴师出兵而可得六百里地，群臣都来祝贺，你为什么独自吊丧，是何道理？"

陈轸回答道："依臣所见，张仪之言不可靠。我只怕商於之地不可得而秦齐将合盟，这样，楚国的灾难便降临了。"

怀王说："你把道理说给我听听。"

陈轸说:"现在秦人之所以重视楚国,是因为背后有齐国作为盟国。而今如果闭关断绝和齐国的盟约,那么楚国就孤立了。秦有什么必要厚待一个被诸侯所孤立的国家并送给他商於之地六百里呢?张仪一回秦国,肯定马上就背弃大王,这样就形成东面断绝与齐国的交情而西面又生出了秦国的祸患,那么,两国的军队马上就会一起来攻打楚国。我想大王目前最好的办法是私下仍保持和齐国的关系而表面上装出已绝交的模样以迷惑秦国,然后派人跟从张仪到秦国去。如果秦国给我国土地,那时才正式和齐国断交,为时不晚。如果不给土地,那么和齐国私下的交情仍然存在,这难道不是个两全其美的办法吗?"

怀王说:"陈轸,你还是早早闭嘴别再多说,看着寡人怎样把地拿到手。"

于是,怀王便闭关断绝了与齐国的盟约,并派一位将军跟随张仪前往秦国接受土地。

张仪到了秦国之后,假装不慎从马车上摔了下来,称病三个月都不去上朝。怀王接到消息说秦国还没有交给土地,便自作聪明地说:"张仪是认为寡人还没有和齐国彻底断交吧!"于是他派了几名勇士到宋国,借宋国的符节到齐国叫骂齐王。齐王大怒,便派人到秦国和秦结盟。秦齐盟约签订之后,张仪立即从床上一跃而起,前去朝见秦王。他见了随他到秦国的那位楚国将军后,装出十分吃惊的样子对他说:"将军怎么还不去接收土地?我有封邑之地六里,从某处至某处,愿意献给楚王。"

楚国的使者说:"我接受大王的命令,前来接收的是商於之地六百里,没有听说是六里。"于是,他十分气愤地回楚国向怀王复命。

怀王听说被张仪欺骗,十分愤怒,立即传令要出兵攻打秦国。陈轸说:"这次该容许我开口讲话了吧!攻打秦国决非良策。不如割让一座大些的城给秦,和秦国合兵攻齐,这样,楚虽失地于秦,却可取偿于齐,而国家也可得以保全。如今大王已和齐国绝交而又受欺于秦，是我们促成秦齐合盟而且会招引来天下之兵啊，国家必然大受损伤。"

可是这时怀王早已气昏了头，哪里听得进陈轸的话，他任命驻守西北重镇的上柱国大将军屈匄为统帅，要求他立即调集楚西北诸镇的驻军，协同作战，一定要打败秦军。

屈匄是一位有多年作战经验的老将，接到怀王的命令之后，他经过反复考虑，认为在目前的形势下，楚军不宜与秦人作战，于是，他派使者日夜兼程，把自己的意见报告给怀王：

臣接大王之命，思考再三，以为秦之所为，实在欺人太甚，我国应当对此有所回报，以示楚之不可欺侮。然则以当前之势，尚不宜与秦主动开战，其理由如是：

一者秦经多年准备，东据崤函之固，连年入侵三晋，使三晋之君与之订立城下之盟，今三晋皆为秦之与国，且秦近又与燕、齐合盟，声势愈加强大；而我国东绝于齐而西欺于秦，北有三晋，虎视眈眈，势孤而力单，以此形势论，当前开战，于我大为不利。

二者秦军连年获胜，西灭义渠，南吞巴蜀，据有江之上游，军势方盛，且无后顾之忧，可集中兵力，全力对我作战。我国北有中原诸国之忧，南有南蛮百越之扰，西临秦人东侵之患，四境设防，军力分散。倘一旦集中兵力，则防线必有疏漏，诸国合兵攻我，恐前后受敌，难以应付。

当今之计，大王宜传令四境之军，严密防守，不可疏忽。各路军队不宜轻举妄动。然后内修国政，外结强邦，存储粮秣，训练军队，一旦俟敌方有变，即可乘机出击，以此而战，十拿九稳，必可克敌制胜。倘准备不足，贸然进攻强敌，恐有不测之祸。

臣世受国恩，敢不肝脑涂地以报效国家！但事关社稷安危，臣自当知无不言，以供大王决断之参考。殷殷此情，惟大王详察！

屈匄的报告送到怀王手里以后，怀王粗略看了一下，马上对送信的人说："寡人主意已定，命令屈将军立即遵照执行，不得有误。"

屈匄接到命令，知道怀王正在气头上，难以听从直谏，军令如山，他只能服从并做出安排，尽自己的能力把事情办得好些，在可能的情况下减少一些不必要的损失。屈匄在西北边境防守多年，他对这一带的各种情况了如指掌，他知道，秦据武关，犹如东据函谷一样，在地理上占有优势，叩关攻打，显然对楚军不利。但是，秦楚之间这一仗是必然要打的。他只能下令各军，严加防范，做好与秦军作战的准备。

秦国确实没有休息，削弱楚国是秦国的既定方针，秦国绝不容忍在其身旁有强大的邻国存在，当时流行有"横则秦帝，纵则楚王"的说法，而且楚怀王也确实当了纵长，指挥六国攻秦，这笔账秦国是一直牢记不忘的。如今昔日的纵约长成了孤家寡人，而秦国又利用这段时间侵吞巴蜀，削弱三晋，攻占义渠，当年的纵约国，如今都与秦结盟，这样秦国便既无内忧又无外患，与当年六国攻秦时的局面来了个大翻转，倒是楚国成了孤家寡人，此时不攻楚，更待何时！于是，秦惠王命令庶长章率军二十万，出武关，进攻楚之丹阳。

丹阳是楚西北军事重镇，这里虽一向驻有十万军队，但分布在很长的一条边境线上，以这些军队对抗二十万秦军，显然是不够的。屈匄早已派人前往汉中命令景鲤将十万军队调往丹阳，以便统一指挥与秦作战。但是左等右等，就是不见景鲤的军队到达。原来，景鲤接到命令之后，并不想将军队带往丹阳，他担心一旦开战，军力受损。但是不去丹阳，是违反帅令的，于是他便听了苏厉的计谋，派人到郢都向怀王谎报军情，说："捉到秦国的奸细，说秦军即将出兵汉中，所以军队不敢离开汉中。"怀王听到报告后，便答应了景鲤的请求。所以尽管屈匄三番五次地派人催促，景鲤毫不理会。

20万秦军在庶长章的率领下，有如饿虎扑食，直逼丹阳，大有横扫一切之势。屈匄带领守军，奋勇抵抗，并再次急令景鲤立即前来增援，然而，坚守一个多月时间，依然不见援军到来。倒是得知韩魏两国又分别带领军队前来增援秦军，三国军队合在一起，声势更大，把丹阳城围得里三层外三层。秦军封锁了所有通道，城内饮食均成问题。屈匄只得率军突围，与秦军展开正面作战。这场战争打得异常惨烈，屈匄身先士卒，连连向封锁道路的敌军主动冲击，并斩杀了许多秦军的将校。可是秦军有如群蜂一样簇拥而来，杀退一层，又围上一层。此时的屈匄已是50多岁的老将了，在反复冲杀之后，终于精疲力竭，身上多处刀伤和箭伤，但他依然一边挥舞利剑，一边奋力擂动战鼓，激励大家，直至昏迷了过去。这时，右骖战马被砍死，战车无法前进了，于是秦军蜂拥而上，争抢着要去俘虏他。屈匄从昏迷中醒来，一见秦军已拥上前来，自知不免，便大喝一声，引剑自刎了。楚军见主帅阵亡，个个吼声如雷，拼命和秦军展开肉搏。战场上，到处是战马的悲鸣声、刀枪的砍杀声和将士们的喊叫声，秦楚两军都伤亡惨重，尸横遍野，鲜血染红了丹水。由于众寡悬殊，楚军虽然奋勇作战，最后仍然不免于失败。于是，丹阳被秦军占领。接着，秦军在后续部队的增援下，挟其余威转而攻打汉中。景鲤听说丹阳失守，早已心惊胆战，当听到秦军来攻汉中的消息，他急忙带领军队南逃，六百里汉中之地，立即被秦军所占领，秦当即在这里设立了汉中郡。

丹阳之战，是楚历史上最惨烈的一场战争，《史记·楚世家》载："（怀王）十七年（前312）春，与秦战丹阳，秦大败我军，斩甲士八万，虏我大将军屈匄、裨将军逢侯丑等七十余人，遂取汉中之郡。"

景鲤回郢都向怀王报告了楚军惨败的消息，并大言不惭地说：

"微臣奋力抗击秦军，因力拙而退出汉中，但为大王保存了十万大军。"

怀王得到屈匄阵亡，丹阳、汉中均被秦军占领的报告，顿时怒火冲天。他并不打听丹阳为什么败和汉中如何被占领的情况，还十分高兴于景鲤的军队没有受到太大损伤，当即封他为上柱国，执圭。同时，任命他为统帅攻秦，并向全国各地调集军队，共得30万人，号称50万人。景鲤临阵脱逃，不但没有受到惩罚，反而加官晋爵，心中十分得意，接受任命以后，他便带着这支人马浩浩荡荡，经由汉中过蓝田关（今湖北钟祥西北），进入秦境内。秦楚两军在蓝田相遇，秦军以逸待劳，并已占据了有利地形，兼之又是在本国作战，得地利人和。楚军是临时从各地调集而来，没有经过严格训练，将帅之间在指挥上并不协调，加上景鲤上次占了便宜，这次预先已存侥幸之心，只想靠人多势众，到秦国走一圈，虚张声势之后马上回转楚国，以便再次邀功受赏，所以并未作打大仗的准备。两军相遇之后，秦军个个如狼似虎，朝楚军猛攻；楚军将卒不相统领，地形又不熟悉，只是被动地挨打，30万大军，一部分被杀、一部分被俘，还有跑得快的急急忙忙往楚国逃。秦军在后面紧追不舍。

韩国和魏国上次助秦攻打丹阳之后，也尝到了甜头：战后，秦国派庶长樗里疾帮助韩国攻打齐国，秦将到蒲领兵帮助魏国攻打燕国，都得到了一些土地。这次，两国听到楚军兵败蓝田的消息，又一起发兵南侵楚国，直至邓城。怀王接到各路告急文书，实在无可奈何，只得一面派人前往秦军议和，答应再割让两城给秦，一面再次调兵北上，做好防御秦兵继续入侵的准备。秦国既已连连使楚国损兵折将，又凭空得了许多土地，目前尚无穷追猛打的准备，这时也就乐于得放手时且放手。在楚国交割了两座城池之后，秦军便奏着凯歌回去了。

二 临淄赋《橘颂》

当秦楚大战发生的时候，屈原一直不在楚国国内。在齐国和楚国断交之前，屈原奉怀王之命，作为正常礼节，朝聘于齐，他很想借这个机会，再次做些工作，进一步加强齐楚之间的关系。可是，谁想到他到齐不久，就接到了齐楚断交的消息，昔日的盟国一时成了敌国。屈原心急如焚，真想一步就赶回楚国，劝谏楚王。可是，由于两国关系紧张，齐国限制楚国使者的活动。屈原虽然在齐国有不少朋友，想请他们疏通关系，但在向宣王报告后，得到的回答是："非常时期，不得不如此。"不久，又传来楚派勇士辱骂齐王的事件，齐楚所有交往完全断绝，屈原虽然着急，但齐国还是不肯放人。

其实，齐宣王是十分欣赏屈原的才华的，他得知屈原在楚国已被怀王疏远的消息，十分替他惋惜，他派人去劝说屈原，请他干脆就留在齐国，齐王将任他为客卿。屈原十分坚决地说："此事断难从命。"

齐宣王于是摆下宴席，宴请屈原。席间，屈原再次提出返回楚国的要求。齐宣王说："屈大夫，齐之临淄，亦犹楚之郢都也！难道先生有什么感觉不便之处吗？是饮食不习惯吗？是居处不合适吗？寡人当命人代为解除烦忧。"

屈原说："承蒙大王厚爱，屈原来至齐国，处处感受到大王的真切关怀。然而屈原至齐，原本就是奉命使齐楚之交更为牢固，想不到如今发生不幸之事，屈原回国，将何以复命？此屈原所以惴惴不安之故。"

齐宣王说："大夫来至敝邑，终日为两国交好而奔忙，寡人何尝不知。但今日之事，岂大夫事前所能预知？我想，贵国大王也绝不会责怪于你。"

屈原说："屈原之不安，岂在于个人之受责与否，实为社稷之安危而深感不安啊！所以想尽早回国，劝谏君王，重修齐楚之盟，区区此心，惟大王怜之。”

宣王说："大夫所说，寡人何尝不知，但贵国当前之情状，岂屈大夫所能扭转。倘有言语冲突，只怕还会产生不虞之祸。寡人实在喜爱大夫过人之才，以此殷殷相留，也是为大夫着想啊！寡人之国虽僻陋，也还有容身之所。稷下学宫诸先生大多来自齐国之外，其中如环渊先生，也是贵国之人嘛！"

屈原说："大王求贤若渴，所以四方贤士毕集于临淄，屈原何尝不知？但屈原以为，留居齐国，屈原未必能有多少作为，如能回国重修齐楚之盟，共同对付暴秦，也许能够更多地报答大王呢！"

宣王说："大夫不肯屈居敝邑，寡人也不会勉强，只是方今交通断绝，关津锁闭，道路不安全。大夫要回贵国，也须待情况有所转变，然后动身不迟。"

屈原说："感谢大王真心相爱，屈原牢记不忘，天长地久，后报有期。"

于是齐王君臣和屈原欢饮起来。齐宣王又说："寡人昔日在楚宫时，亲耳听过大夫所作之《九歌》，以为堪称当今之绝妙好诗，不知大夫近来有何佳作，能容寡人一览否？"

屈原见问，沉吟片刻，说道："微臣临离郢都之时，见院中几株橘树果实累累，色彩斑斓，心有所思，曾写《橘颂》小诗一首，不敢呈献大王。"

宣王听了忙说："太好了，请立即书写，让寡人一饱眼福。"

侍从们立即送来笔墨，屈原离席再拜，飞快地在一方帛上将诗篇抄就，恭敬地呈与齐王。齐王一看，原来是一首四言咏物诗，不觉边看边吟出声来，诗中写道：

后皇嘉树，　　　　　皇天后土的嘉美之树，
橘徕服兮。　　　　　橘降临到了这里。

受命不迁，	禀受天意不可迁离，
生南国兮。	长生于江南之地。
深固难徙，	根深蒂固，难以移徙，
更壹志兮。	志向坚定，一心一意。
绿叶素荣，	片片绿叶，朵朵白花，
纷其可喜兮。	纷繁茂盛，令人欣喜。
曾枝剡棘，	繁枝层层，布满棘刺，
圆果抟兮。	圆果团团，挂满树枝。
青黄杂糅，	绿色与黄色杂糅，
文章烂兮！	多么绚丽多姿！
精色内白，	皮色精纯，果肉洁美，
类任道兮。	有如君子，表里如一。
纷缊宜修？	郁郁葱葱，修饰合宜，
姱而不丑兮。	出类拔萃，美妙无比。
嗟尔幼志，	幼立奇志，令人赞誉，
有以异兮。	与众不同，品质优异。
独立不迁，	超然独立，不改志趣，
岂不可喜兮。	情真意切，使人爱喜。
深固难徙，	根深本固，不可变易，
廓其无求兮。	胸怀宽阔，无求无欲。
苏世独立，	远离浊世，独立不倚，
横而不流兮。	横立自重，不随波流徙。
闭心自慎，	闭心去欲，谨慎自持，
终不失过兮。	善始善终，毫无过失。
秉德无私，	保持美德，大公无私，
参天地兮。	品行高尚，参配天地。
愿岁并谢，	同心并志，一起成长，
与长友兮。	此心不改，长保友谊。
淑离不淫，	既善且美，不受淫惑，

梗其有理兮。	主干正直，纹理明晰。
年岁虽少，	年岁虽少，行有法则，
可师长兮。	可为师长，事之不渝。
行比伯夷，	品行过人，可比伯夷，
置以为像兮。	树为榜样，终生学习。

宣王读罢，不禁感慨地说道："诗以言志，读屈大夫此诗，便知其为人行事，寡人不复多言了。一旦边境安宁，寡人即派人送你回国。"于是，宣王将屈原之诗传示席上宾客，众人皆赞叹不已。孟轲在座，读诗毕，便说："王者之迹熄而诗亡，屈大夫之作，实继三百篇之绪而发扬光大之也。"于是，南北方的宾客，欢聚于一堂，谈天说地，议论风生。

过了一些时间，秦国使者至齐，请求齐国派兵共同攻打楚国。齐国君臣对出兵与否，争论不决。屈原听到消息，连忙前去求见宣王，并对他说："敝国君王前此为秦人所欺骗，所为有辱贵国，致两国失和，实为不幸。今敝国君王必已醒悟。依外臣愚见，齐楚纵亲，联合抗秦，方是长远之策，愿大王无听秦国之言，外臣将尽快赶回国内，劝谏君王，尽速重修旧好。愿大王三思。"

听了屈原的话后，宣王一面派人告诉秦国使者，说不日就出兵攻楚，请他回去告诉秦王。一面对屈原说："寡人听从大夫之说，愿与楚长续交谊。"屈原十分高兴，立刻备好行装，在齐军的护送下，连忙赶回郢都。

屈原回到郢都之后，不禁大吃一惊，他觉得自己仿佛来到了一个陌生的地方。这里昔日的和平宁静气氛已不见了，人们一片慌乱。许多人家都在为死者治丧而披麻戴孝，哭号之声不绝于耳。

屈原马上前往王宫向怀王复命，并说明在齐国耽搁的这段时间里所经历的各种事情，同时也转达了齐愿与楚修好的打算。怀王此时确已十分后悔自己所办的事，十分愿意和齐国恢复关系，他很高兴地向屈原炫耀说："秦国欺我太甚，我已命令景鲤领兵伐秦，誓将报此深仇，以雪国耻。"

屈原说："丹阳之败，国人震恐，正宜休养生息，待机而动。大王怎可不顾国情，贸然派兵入秦？且秦人欺诈多端，稍不注意，恐有不测。"

怀王说："国之大耻，不报不足以泄心中之恨，且将为天下人所笑。"

屈原说："君子报仇，十年不迟。越王勾践十年生聚，十年教训，大王难道不知吗？况且既初败之后，应有十分把握，方可再战。否则，岂不更为人所笑？"

怀王说："兵已出发，难以改更。景鲤一向小心从事，应当不会发生意外。"

屈原怀着沉痛的心情回到府中。丹阳之败，对他产生了十分强烈而深刻的刺激，因为一方面丹阳曾经是楚国始祖披荆斩棘，最先立国之地。祖业为立根之本。丹阳的丢失，将对国家和民族的心理产生难以估量的影响。另一方面，丹阳也是父亲曾经作战过的地方。在入仕郢都之前，父亲曾经让他去过丹阳，并体验过前线的气氛与生活。那时，屈匄将军给予亲切热情的接待。他十分喜欢屈原并领着屈原参观了各处军事要塞，讲述作战的基本知识。屈原还曾经在此参加过小规模的作战，并因而产生了留居前线、为国立功的想法。屈匄将军认为国家还有更重要的事情需要他去做，坚决把他送回去，并对他说："好好努力吧！屈氏家族子弟不愁没有在战场上冲锋陷阵的机会！"临别时，屈匄还送给屈原一把装饰精美的宝剑。后来，这把宝剑一直佩在屈原的身上，时刻不离。这次去丹阳，回想起来也不过发生在十年前，然而如今丹阳已陷入秦人之手，他所崇敬的屈匄将军也已为国捐躯了，这是多么痛苦的回忆啊！他听到从前线侥幸逃回的将士们叙述了屈匄将军如何与敌军英勇作战直至流尽最后一滴血的感人经历之后，觉得自己应当把将士们勇赴国难、献身疆场的英雄事迹写下来，既为悼念死者，也为激励后人！他怀着崇敬和沉痛的心情，写成了短诗《国殇》：

执吴戈兮被犀甲，	手执吴戈呵身披犀甲，
车错毂兮短兵接。	车毂撞击呵短兵相接。
旌蔽日兮敌若云，	旌旗蔽日呵敌众如云，
矢交坠兮士争先。	飞矢纷坠呵勇士争先。
凌余阵兮躐余行，	侵我战阵呵乱我队形，
左骖殪兮右刃伤。	左骖倒毙呵右服重伤。
霾两轮兮絷四马，	深陷两轮呵绊住四马，
援玉枹兮击鸣鼓。	高举玉槌呵擂响战鼓。
天时怼兮威灵怒，	天崩地裂呵神灵震怒，
严杀尽兮弃原野。	鏖战惨烈呵尸横遍野。
出不入兮往不反，	将士一去呵不求生还，
平原忽兮路超远。	平原无际呵征途遥远。
带长剑兮挟秦弓，	腰佩长剑呵挟带秦弓，
首身离兮心不惩。	身首分离呵雄心不变。
诚既勇兮又以武，	英雄忠勇呵武力高超，
终刚强兮不可凌。	刚直坚强呵不可冒犯。
身既死兮神以灵，	身躯虽死呵英灵永在，
魂魄毅兮为鬼雄。	魂魄刚毅呵化为鬼雄。

　　不久，前线果然传来兵败蓝田的消息，举国上下，陷入深深的悲痛之中。为了追悼死难的将士，安抚他们的亲人，怀王决定在郢都北郊举行盛大的祭礼，而撰写悼词的任务，自然落到屈原的头上，于是屈原便将这篇《国殇》写入了悼词之中。在祭礼大会上，当读完《国殇》时，全场庄严肃穆，只有复仇的怒吼声和凄厉的哭泣声不停地撞击着人们的耳膜，牵动着千万人的心。

三　张仪再次欺楚

楚怀王十八年（前311）春，怀王派屈原为特使，再次出使齐国，以重修齐楚之盟。怀王亲自写信给齐宣王，表示歉意，并嘱咐屈原广交朋友，使齐楚之交更为牢固。屈原第三次踏上了前往临淄的道路。他知道，内政与外交，是国家政策之两轮，自己虽然已不参与内部政事，但他愿意尽力去做好外交方面的事务，为国家的生存争取一个比较好的环境，然后再等待有合适的时机，进行内政的革新。他对怀王，虽然很感失望，但并没有放弃最后的希望，他仍然期望随着时间的推移，随着现实的教育与事态的发展，怀王能够比较清醒地认识楚国的状况，从而下决心进行一次大的革新。

齐楚复交的消息很快传到秦国，秦国君臣大为不安，因为他们明白：只要齐楚联盟这一轴心存在，它便很容易将三晋也拉入纵约国，重新形成关东六国联合对付秦国的被动局面。为了避免出现这种状况，秦惠文王提出：将近年来夺得的楚国汉中之地分出一半还给楚国，秦楚重新结盟。他立即派出使者前往楚国传达消息。

楚怀王听完秦国使者的来意后，十分恼怨地说："都是张仪这个坏蛋从中破坏，寡人恨不能食其肉而寝其皮。你可回去告诉秦国国君，楚国不愿得地，只要得到张仪就甘心了。"

秦国使者如实把情况回报给了惠文王。惠文王听到只要张仪去楚国就有可能不给汉中地，自然是很愿意这样做的，但是他又不便说出来，因为他知道怀王十分恼恨张仪。张仪此去，肯定没有好果子吃，因此他只是用眼瞅着张仪。

张仪看出了秦惠文王的心思，便不急不慌地说："请大王让我前往楚国。以张仪一身便可保住汉中之地，这是多么大的好事啊！"

惠王说："楚怀王正恼恨你当初欺骗他商於之地的事，你这样前去，岂不是自投罗网。"

张仪说："大王不必担心。目前秦强而楚弱，臣奉大王之节前往楚国，楚国怎么敢轻易杀臣呢？况且秦楚之间，前些时候因为我的关系，没有按照约定交给楚国商於之地，使两国发生大战，这件事是我造成的，如果我不前往当面谢罪，这个结就解不开。臣和怀王的近臣靳尚有私交，靳尚又受到怀王的宠姬郑袖的信赖，只要郑袖开口，怀王没有不肯听从的事，所以大王不用为臣担心。况且如果杀了张仪而有利于国家，那我也是心甘情愿的啊！"于是，张仪带着许多贵重的礼物，以秦国使者的名义前往楚国。

怀王得知张仪来到楚国，不肯见他，命令人立即将张仪囚禁起来，准备杀了他。张仪让人送一份重礼给靳尚，并托靳尚将秦国从别国掠夺来的一些珠宝转送给郑袖。于是靳尚就去替张仪说情，见了怀王后他说："大王拘禁了张仪，秦王知道以后必然发怒，各国诸侯见楚得罪秦国，肯定都一齐来攻打楚国，那时楚国就危险了。"说得怀王也很是不安。

靳尚又将张仪送的礼物转交给郑袖，对她说："张仪一向十分敬慕夫人，他从秦国来时，专门带了这些珍宝要送给夫人，可是一来就被大王派人给关了起来，所以只得托我转交给夫人。"

郑袖是怀王的宠姬，在宫中以能歌善舞和年轻貌美而深得怀王的宠幸。但她又是嫉妒心非常强烈的女人，总是害怕有朝一日比她更年轻貌美的女人取代她的地位，自己被怀王冷落，所以最怕听到怀王要再和别国联婚的消息。一有机会，她就要除掉对自己可能造成的威胁。怀王当纵约长的时候，魏襄王曾经给怀王送来魏国的美女，怀王见后，十分喜爱。郑袖看出怀王的心意，便装出一副非常喜欢魏美人的样子。各种衣服、装饰品，只要魏美人喜欢的，她就千方百计给魏美人弄来。宫室卧具，也选择最高档的进行布置，让人觉得她比怀王更喜欢魏美人。怀王观察了一段时间，便高兴地说："妇人能够用来侍奉自己丈夫的是靠她的姿色。因此，嫉妒比自己有姿色的女人，也是情理中的事情。如今郑袖知道寡人喜爱新来的魏美人，可是她却比寡人更加喜爱她，这就像孝子侍奉双亲，忠臣侍奉国君那样行事，她真是个豁达的女人啊！"

郑袖知道怀王已经不怀疑自己有嫉妒之心以后，便对魏美人说："大王很喜欢你，总是夸奖你长得很美丽动人。可是，他跟我说就是讨厌你的鼻子长得难看。你以后见大王时，就把鼻子捂起来。"从此以后，魏美人果然一见怀王，赶快捂紧自己的鼻子。

怀王觉得非常奇怪，就问郑袖说："怎么这段时间魏美人一见寡人，就赶紧捂着鼻子，是什么原因？"

郑袖说："我略知一点原因。"

怀王说："不要隐瞒，就是难听的话也要告诉我。"

郑袖说："她好像说不喜欢闻大王身上的一股臭味。"

怀王大怒，便说："真是个可恶的女人。"于是，他立即传令，对魏美人施以劓刑（即割掉鼻子）。自然，此后也就不会再喜欢这个魏美人了。

靳尚完全了解郑袖的为人和她的心理。长期以来，他总是寻找各种机会接近她，给她送她所喜爱的礼品，千方百计地讨好她，从而赢得她的欢心。他随时能从郑袖那里听到各种消息，遇到麻烦时郑袖也总是会帮他的忙。当然，这次张仪所带来的珍宝非同寻常之物，郑袖见了以后爱不释手，反复赏玩，并对靳尚说："那你就代我谢谢张仪先生了。"

靳尚说："张先生让我带一句要紧的话给您呢！"

郑袖忙问："什么话？"

靳尚说："张先生很替您担心，怕您的地位要保不住了。"

郑袖说："为什么？"

靳尚说："秦王十分信赖张仪，这您是知道的。这次他代表秦国出使楚国，可是大王却不仅不见，还把他关了起来，两国相争，不斩来使，这本来是人所共知的规矩啊。秦王得知消息后，很是着急，他派人带信给张先生说，秦国准备把上庸的六县交还给楚国，并挑选出美人送给怀王，把宫中一批能歌善舞的女子作为陪嫁。您想，大王喜欢土地，那么秦美人又有秦国作为后盾，地位必然显贵，您现有的地位还能保得住吗？"

郑袖听后，果然十分惊慌，忙向靳尚说："你赶快替我想个办法，挡住这件事。"

靳尚说："办法倒很简单，夫人只要到大王面前说说情，把张仪放出来，并仍以使者的礼节对待他，秦王就不会把秦国的美人送来，夫人还有什么可以担心的呢？"

郑袖想了想，便说："既然这样，为我转告张先生，我自当尽力救他。"

靳尚很高兴地将郑袖的话告诉张仪。张仪大喜。其实，张仪也并非头一次知道郑袖。当张仪还没有被诸侯所重用时，曾经由魏至楚，想说动楚王，为之所用。可是怀王并不怎么欣赏他。此时张仪十分贫困，连衣服都穿得陈旧不堪。当时，郑袖已经受宠于怀王，并颇有嫉妒之名。张仪便想了个办法。他求见怀王，可是，没谈多长时间，怀王就表示出不耐烦的样子。张仪说："大王既然没有需要用臣的地方，臣请求前往拜见魏国之君。"

怀王说："好！"

张仪问："大王有什么事有求于魏国之君吗？仪将代为转达。"

怀王说："黄金珠宝，犀角象牙，无不出于楚国，寡人无求于魏国。"

张仪说："大王难道不喜欢美女吗？"

怀王问："你说的是什么意思？"

张仪说："那些郑国、周国一带的美女，肌肤雪白如玉，鬓发浓黑似云，站立于街巷大道之间时，不知情况的外来人一看，都吃惊得以为神女下凡呢！"

楚怀王是个好色之徒，听张仪一说，口水都要流下来了，忙说："楚国是个僻居南方的国家，我确实没有见过像中国这样美貌的女子啊！寡人怎么会不喜欢美女呢！"于是便让侍从取来不少珠玉送给张仪，让他代为寻求北方的美人。

张仪和怀王的这番对话很快传入楚国王宫之中，郑袖得知以后，十分害怕，立即找人对张仪说："夫人听说将军准备回魏国去，特地准备黄金千斤，以小助旅途之需。"

张仪当然明白郑袖的目的。他临离楚国之前，向怀王告辞，表现出十分留恋的样子，对怀王说："方今天下四分五裂，沿途关塞重重，这次一别，不知何日才能相见，希望大王能赐我一杯酒喝。"

怀王说："好！"于是便令人摆下宴席，为张仪饯行。

酒酣时，张仪再次拜谢怀王的盛情，并请求说："这里没有什么旁人，张仪斗胆请求大王召宫中能歌善舞的女子前来，让小臣见识见识南方之乐舞，不知大王肯给我这点面子吗？"

怀王说："行。"于是便让人招来郑袖和一班舞女。并由郑袖给张仪敬酒。

张仪欣赏了一会歌舞，并仔细看了看郑袖，然后装出十分吃惊的样子，跪倒在怀王面前说道："张仪有死罪，请求大王宽恕。"

怀王说："什么事？"

张仪答："张仪走遍天下，还从来没有见过像郑夫人这样美丽的女子。可是张仪原来曾经向大王夸口说要替大王寻求北方美人，这不是欺骗大王吗？"

怀王大笑起来，说："张先生不必如此，寡人不怪罪于你。我原来就说过，天下再没有比郑夫人更美的女人了。"

这样，张仪毫不费力地得了一大笔财物，这些成为他后来游说诸侯的资本。

这一次也是如此，不几日，张仪很快便被放了出来，依然被送到高雅的国宾馆中接受丰盛的招待。原来，靳尚一走，郑袖就跑到怀王那里一把鼻涕一把眼泪地哭了起来。怀王很奇怪，问她："是谁欺负你了，哭得这么伤心。"

郑袖说："我是为国家担心啊！"

怀王说："担心什么？"

郑袖说："人臣各为其主，这您是知道的。而今张仪受秦王派遣出使我国，这也是看重大王您啊！可是大王不按礼节接待他，还想把他杀掉，秦王肯定大怒并且派兵攻打楚国。楚国连连失败之后，士气不振，怎么能经受得起再打大仗。我正是为此而心惊胆战，大王不如先让贱妾母子迁居江南，免得异日被秦人所折磨。"

怀王见郑袖哭得像个泪人儿，心中不觉十分怜惜，想想觉得郑袖所说的也还是有一定道理的。于是赶忙让人把张仪给放了，按照使节之礼来招待他。

张仪被释放后，十分高兴地想：这次我总算和楚国了结了一笔旧账了。原来，张仪学了纵横术后，先到楚国进行游说。有一次，他到楚令尹昭阳家里参加宴会。席间，昭阳向宾客们炫耀自己刚刚得到一块上等的玉璧，并拿出来让大家传看。谁知传来传去，玉璧竟然不知去向了。昭阳的门人怀疑是张仪给藏起来的，他们说："张仪穷愁潦倒，过去又一向品行不端，肯定是盗璧之贼。"于是便把张仪抓起来拷打。当时张仪确实并未盗取玉璧，所以尽管被打得遍体鳞伤，也不肯承认。众人只得把他给放了。

回去以后，张仪的妻子又是心痛又是生气，便对他说："哎呀，你当初要不是去读什么纵横家书，游说诸侯，怎么会受到这样的屈辱呢？"

张仪张开口，对妻子说："你看我的舌头还在吗？"

妻子说："在呀！"

张仪说："这就行了，只要有这三寸不烂之舌，我就能靠它来报仇雪恨，猎取富贵。"

当张仪游秦并成为秦相之后，他曾写信给昭阳说："当日我无端被诬为盗璧之贼，受到拷打和侮辱。而今请你看好楚国的城池，否则我将盗以归秦。"张仪始终记住这笔旧账，他欺骗楚王，既为秦国，也是为报一己之私仇。

怀王设宴招待张仪。席间，张仪对怀王说："张仪昔日虽曾获罪于大王，但我还是为楚国着想的，我准备归国了，有几句话想告诉大王，不知您还愿不愿听？"

怀王表现出一副豁达大度的样子，说："张先生有话只管说。"

张仪说："臣当时劝秦楚结盟之事，并没有什么不当的地方。大王想，如今秦国已半有天下，兵威震于四邻，山川险峻，四塞以为固。虎贲之士百万，车千乘，骑万匹，积粟如丘山。法令严明，士卒勇赴国难、乐死疆场。主上贤明而威严，将士多智而勇武。北据常山之险，雄视天下，后服者必先亡，其势不可阻挡矣！而所倡合纵之论，无异于驱群羊而攻猛虎，虎之与羊，岂能相斗？如今大王不与猛虎为友而与群羊相交，臣私下以为大王计虑不周啊。"

"如今天下之强国，非秦即楚，非楚即秦。楚与秦交争，其势不两立，犹如两虎相搏也。今纵约已解，韩魏均为秦之盟国，而楚则孤立无援，楚与秦战，秦攻楚之西，韩魏攻楚之北，社稷怎能不危？大王不了解敌情而轻率发动战争，国家贫困而屡次起兵作战，是危亡之道啊！臣闻之，兵不如人之强者不可挑战，粟不如人之多者不可持久，愿大王熟思之。"

"况且秦西有巴蜀，大船浮江而下，水路至楚三千余里。里数虽多，然顺水而下，日行三百余里，不到十日即可抵达扞关（楚长江最西头的关隘），扞关失，则东部之城皆难以守住，黔中、巫郡立即非王所有。其北秦军陆路出武关，南而伐楚，则楚南北交通断绝。秦兵攻楚，危难在三月之内即至，而楚等诸侯之救兵，则需半年之后方可到达。大王恃弱国远道救援，忘强秦近在眉睫之祸患，这也是臣替大王担忧之处啊！"

"大王如能听臣之言，与秦结盟，则楚无后顾之忧。大王尽举楚国之兵以攻宋，不过数月而宋国可灭，灭宋而挥师向东，则泗上十二诸侯之地也尽为大王所有。何利何弊，大王应当能够分辨得一清二楚。"

怀王听完张仪的一番花言巧语，不觉大喜，说："张先生此言，令寡人茅塞顿开。行，请为寡人告诉秦王，楚与秦永结盟好。"于是，他令人拿来许多财物送给张仪和秦王。张仪便喜气洋洋地回秦国复命去了。

屈原从齐国回到楚都，听说了张仪来楚国后又回秦国之事，十分生气地对怀王说："以前大王被张仪欺骗，致使两国交兵，地削而兵败。张仪此次来楚，臣以为大王必定烹而杀之。如今即使不忍心杀死他，也不应又听信他的邪说呀！"

怀王说："我已经答应了张仪，而且将会得到黔中之地，这是多么好的事情。我已答应了他，再改变主意不好。"

"大王，张仪是个势利小人，他连自己的国家都不顾，只求个人的富贵荣华。楚国受了这么大的损失，大王还听信他的胡言乱语，继续和秦国结盟，难道大王就不怕为人耻笑？难道大王就不担心其他国家将对我国失去信任？"屈原越说越激动。

"你怎么总是用这样的口气和我说话？朝中大臣这么多，你总是觉得比别人高明。你知道别人是怎么评论你的吗？不合群、高傲、自以为是。你难道还不应该自我检点检点？"怀王显然恼怒了。

"大王，我这是为国家着想啊！国君的一举一动，无不干系着国家的安危。臣世受国恩，敢不竭忠尽智以报效国家？所以冒死进谏，无非希望大王吸取教训，以免重蹈覆辙啊！"屈原依然耐心地解释说。

"行了，你回去吧！寡人自会考虑的。"

屈原见怀王十分不耐烦的样子，只得离宫返府。

四　出任三闾大夫

几天以后，怀王改任屈原为三闾大夫。按照王逸的解释，三间大夫的职务是执掌王族的三姓：昭、屈、景的有关事务，"序其谱属，率其贤良，以厉国士。"（《离骚序》）其中一项重要的工作就是教育王族子弟。这项工作不能说不重要，因为如前所说，在楚国，一向十分重视贵族子弟，尤其是王族子弟的培养。这是因为，在楚国的政治生活中，从建国之初起，国家政权的核心一直是掌握在王族的手中。因此，教育好这些贵族子弟，也就意味着教育培养了楚国国家政权中的核心人物。但是，和左徒比起来，三闾大夫的职务，显然已经远离了国家政权的核心。

屈原对于担任三闾大夫的职务倒并没有什么不高兴的，他明显感觉到，怀王已经被一群谗人所包围。这批人靠阿谀奉承来博取荣华富贵，在他们心目中，根本没有什么国家利益可言，有的只是个人如何往上爬，因此，他们千方百计想办法取得怀王以及郑袖的欢心，而对正直大臣的劝谏，怀王早已不愿听从。陈轸十分生气地对屈原叙述过当时争议的情况，并且十分灰心地说想到别的国家去，只是由于屈原的再三劝阻，他才暂时放弃这个打算。

屈原还有一个原因，那就是父亲生前也曾经担任过这个职务，他培育出的一批人才，后来成为楚国重要的文武臣僚，令尹昭阳就一向十分钦佩屈伯庸的为人。威王时期的重要官员，很少不是经屈伯庸教育过的。既然自己在朝廷暂时发挥不了什么作用，不如退而从事教育，培育出一批于国家有用的人才，依靠他们的力量，来改变楚国这个社会的状况。他总结过去的教训，认为自己之所以失败，是因为只是把希望寄托到怀王一人身上，缺少能够和自己志同道合的一批人，所以自己总感到孤独。如果能够有一批人一起努力，那么又将是另外的一种局面了。屈原在《离骚》中曾经写下自己的这种想法：

余既滋兰之九畹兮，　　　　我已栽下九畹的香兰，
又树蕙之百亩。　　　　　　又种上百亩的蕙草。
畦留夷与揭车兮，　　　　　培植了大片的留夷和揭车，

杂杜衡与芳芷。	又增加了杜衡和香芷。
冀枝叶之峻茂兮,	期盼着众芳长得枝叶茂盛,
愿俟时乎吾将刈。	到时候我将有好的收获。

这里所说的兰、蕙、留夷、揭车、杜衡、芳芷，都是香花香草的名称，屈原代指自己教育的一大批贤士，准备把他们培养成才，而自己到时候就将进行收获。正是怀着这样美好的信念，他埋头于教育，像辛勤的园丁，细心地培植、浇灌，希望这些贤才快快成长。屈原在三闾大夫这个职位上待了多长时间，史无明确记载，但从他出使齐国回来到怀王末年这十余年的大多数时间里，他显然一直是担任着这个职务。

在屈原的学生中，有怀王宠爱的小儿子子兰。子兰是郑袖所生，爱屋及乌，子兰自然也格外受怀王的宠爱。当然，子兰幼年时也是颇为聪明并招人喜爱的，否则屈原就不会对他寄予很大的希望，至于后来子兰竟然背叛屈原并成为迫害老师的祸首，这倒是屈原怎么也想象不到的事。此外，在屈原之后出现的楚国著名辞赋家宋玉、唐勒、景差，也都是他的学生。宋玉原是宋国的公子，因为发生内乱而逃到楚国来的。学生中也有些是楚附庸国的王子，如罗子国太子罗锐，曾国太子曾随等。屈原对他们一视同仁，认真加以教育，深得学生的爱戴。

在楚国，屈原的才华和学问是人所共知的，所以，尽管他已不受怀王的重用，却不妨碍那些达官贵人把自己的子女送去就读，从《离骚》诗中，我们已经可以体会到当时学校的盛况。假如屈原在其后半生不在政治上依然倾注那么高的热情的话，以他的才识，原本可以成为一位大思想家、大教育家的。我们只需看他在《天问》中提出的那么多问题，可以想见他老先生的思维是如何惊人的发达。当然，这样的话，他也就不至于遭受一次又一次的政治迫害。不过，我们因此将少读了许多光耀千古的诗篇。

从怀王二十年（前309）到怀王三十年（前299），是楚怀王执政的最后十年，在复杂多变的时局面前，缺少主心骨的怀王已难以有一套应付局势的办法，他的外交政策就像一位得了恶性疟疾的病人一样，不停地在大寒大热之间来回摆动。而楚国，也就在这来回摆动中经受折磨和苦难。

大人物的变化时常决定着小人物的命运变化，当然，也影响整个国家政策的变化。封建时代的国君之更替，更是如此，所以中国有"一朝天子一朝臣"的俗语。当年秦孝公一死，商鞅便被车裂；楚悼王刚咽气，吴起便受围攻，乱箭穿身而亡。这回，命运之神开始光顾张仪了。

张仪凭他三寸不烂之舌，竟然化解了秦楚矛盾，并说服怀王连横合秦，他好不高兴，便借此机会，想再说服各诸侯国都和秦国结盟。于是，他东至齐，北至燕赵，再经韩魏，借助各种欺诈的骗术，竟然把这些国君都给说服了，答应与秦会盟，共同事秦。他心里好是得意，便准备以此回秦邀功。谁知还未到秦国，就听到秦惠文王病故，太子荡立为国君（秦武王）的消息，不觉心里冷了半截。

原来，太子荡是位很有个性的人。他性格刚直，勇猛有力，自小就成天和秦国的力士们混在一起比赛力气，以此作为戏耍。他最讨厌那些说客们，认为他们是靠欺诈手段为个人捞取好处，不是什么真本领，因此，平时就对张仪等十分讨厌。立为国君后，那些平时很嫉妒张仪受宠的人便纷纷在武王面前攻击张仪，武王自然也就都听进了，只是还没有想好如何处置他。张仪对此早有觉察，回秦后，他担心自己也落得个商鞅的命运，他知道武王很想并吞中原，便对武王说："臣有愚计，愿献于大王。"

武王问："先生有何良策？"

张仪说："我听说齐王十分恼恨微臣，并声言哪国收容微臣，齐国就要出兵去讨伐。因此臣希望面辞大王，东往大梁。齐知臣在大梁，必出兵讨伐，只要两国交战不解，大王便可出兵攻韩，打通三川以窥视周室，这是帝王之业啊！"

武王听了，果然十分高兴，因为一者有机会进攻中原，二者正好把张仪送出秦国。于是他命人立即准备了革车三十乘，送张仪前往魏国。魏襄王便任命张仪为相国。

齐宣王知道魏任用张仪，果然十分恼怒，立即下令起兵伐魏。原来，张仪去游说齐王与秦会盟时，欺骗齐王说，所有诸侯都一致和秦结盟了，如果齐国不参与，秦将率领各诸侯国的军队共同伐齐。齐宣王无奈，只好听从张仪的亲秦之计。可是后来齐宣王得到消息，原来张仪是先说通齐国之后再去游说其他诸侯国的，齐宣王大怒，觉得是受了张仪的欺骗，因此准备报复他。

魏国军队自然不是齐的对手，魏襄王很怕和齐国交战。张仪便对襄王说："大王不必担心，臣有一计，可退齐兵。"

张仪立即派他的门客名叫冯喜的，装扮成楚国的客人，前往求见齐宣王，并对他说："我听人说大王十分痛恨张仪，已准备发兵攻魏，不知是否真的？"

齐王说："正是！"

冯喜说："大王如果恨张仪，就不要派兵攻魏。"

齐王说："为什么？"

冯喜说："臣刚从咸阳来，听秦人说，张仪离开秦国时，和秦王约定，说是'齐王十分恼恨张仪，张仪所在的国家，齐国就要派兵攻打'。所以秦王准备了车马送他到魏国，目的是挑起齐魏两国的争斗。齐魏战争一旦爆发，秦国就乘机出兵中原。大王如今出兵攻魏，岂非正中张仪的计谋。大王不如不出兵，那么秦国就将不相信张仪的说法，这样张仪虽然在魏国，也就难有什么作为了。"

齐宣王听了冯喜的话后，也觉得有理，便停止了攻打魏国的计划。魏襄王十分高兴，更加信任张仪。不过，张仪这次到魏国后，不到一年便一病不起，呜呼哀哉了。由他一手策划的连横之策，也就束之高阁了。

齐国自从灭燕之后，军威大震。后来虽然燕昭王复国，齐军退走，但燕国在很长一段时间内一直唯齐国之命是听。关东六国诸侯中，楚国新近连连遭受惨败，元气大伤，三晋则折中于齐秦之间，唯有齐国最强。齐宣王见秦国日强，恐怕以后危及齐国，于是决意再搞一次合纵攻秦的行动。他派人送了一封信给怀王，信中说：

> 寡人十分担心楚国不自珍重尊名。如今秦惠王已死，武王继立，张仪出走至魏，樗里疾、公孙衍受到秦王重用，而楚国却想和秦交好。樗里疾偏爱韩国，公孙衍偏向于魏国，这您是知道的。楚一定要和秦结交的话，韩魏必然害怕，他们就将通过这两人以求和秦结盟，那么，燕赵也肯定要交好秦国。这四国争先恐后地结盟秦国，那么，用不了多少时间，楚国就将成为秦国的郡县了。大王何不和寡人一起，合力以争取韩、魏、燕、赵四国。和他们一起合纵，共同尊重周室，以偃兵息民，号令天下，谁敢不乐于听从？这样，大王的威名就自然形成了。大王率领天下诸侯共同讨伐，必然能打败秦国。到时候，大王取武关、巴蜀、汉中之地，据有吴越之富而独占江海之利；韩、魏取上党，西逼函谷，那时楚国就强于现在百万了。况且大王曾受欺于张仪，失去汉中之地，兵败于蓝田，天下人无不替大王发怒。而今想不到大王却争先要去侍奉秦国！愿大王细细加以计虑。

怀王本来还想继续执行他的联秦计划，接到齐宣王的信后，犹豫不决，便将这封信传示给大臣们。昭睢说："秦之欺我已甚，纵一时难以报仇，总不能带头侍奉秦国，这实在是奇耻大辱，大王一定要三思而行！"

屈原说："大王不可失此良机，应重新振作精神，联合关东诸侯，共同抗秦，使秦人不敢轻易出关，以恢复楚国之威望。"

一些有正义感的大臣也纷纷表示支持合纵的做法，怀王这才决心听从齐宣王的建议，合纵抗秦。从怀王二十年（前309）到二十三年（前306），怀王执行的是合纵的政策。这时，秦国一直由武王当政。武王一心要打通中原之路，他在继位之初就对左丞相甘茂说："寡人长于西戎，未曾目睹中原之盛，寡人要使车道直通三川，以窥周室。如能实现这一愿望，死而无憾！"于是，几年间，秦国一直执行的是东进中原的政策，并为此而做了一系列的部署。对于楚国，秦人只求南线无战事，而不愿去触动它，因此楚国得到几年的喘息时机。

为了打通三川，首先必须占领韩国的宜阳（今河南宜阳西）。宜阳是韩国的大郡，设有重兵守卫，要攻占宜阳必然有一番旷日持久的苦战，而且还必须使各国诸侯不来救援。为此，甘茂先派人说服魏国，让它在这场战争中保持中立。接着秦又对楚国说，如果楚国不发兵救韩，秦将归还楚国的汉中。经过了这一番的安排部署，宜阳之战终于打响了。果如甘茂所料，这场攻城之战打了五个月还未取胜。期间，韩国派人向楚魏求救，两国均口头上表示应许而实则按兵不动，坐看两国龙争虎斗。后来，秦增派援兵奋力进攻，终于攻占宜阳，斩首六万。韩国受了重创，十分恐慌，韩襄王只好派相国公仲侈带着宝器前往秦国谢罪，请求构和。秦国答应了韩国的要求。

于是，秦武王经三川直入雒阳，以观周室。周赧王派使者郊迎秦武王，为具宾主之礼。秦武王在周时，前往太庙观看九鼎，见到所铸的雍州之鼎，便和力士举鼎以比较气力。鼎重千钧，武王失手而折断右足，血流如注，卒死于周。

秦武王一死，秦国政局又发生了一次大的变动。秦武王无子，其异弟昭襄王稷立。秦昭王的母亲是楚人，姓芈氏，号宣太后。当时，秦昭王年幼，由宣太后亲自主政，宣太后的异母弟魏冉为将军，执掌秦国的军权。昭王二年（前305），秦国发生内乱，秦武王的弟弟公子壮（又称庶长壮、季君）图谋争夺王位。魏冉领兵平乱，杀庶长壮、公子雍和大臣、贵族多人，从此威震秦国。

宣太后和魏冉因都是楚人，所以执政伊始，就派向寿到楚国表示通好。其实，一方面固然由于宣太后是楚人，和楚有亲缘关系；另一方面也由于昭王初立，秦国内局势并不安定，如庶长壮等并不服气，蠢蠢欲动，所以宣太后此时也需显示有一个强有力的外援，因而秦厚赂于楚，并频频派使者南下楚国以示友好。怀王二十四年（前305），楚秦约为婚姻，楚国前往秦国迎妇。怀王二十五年（前304），秦楚两国关系密切到了顶点，这一年，怀王和秦昭王在黄棘（今河南南阳南）会盟，秦国将原楚国的上庸（今湖北竹山西南）之地还给了楚国。

怀王又开始利令智昏了。他以为有了秦国为后盾，可以高枕无忧了，于是，出兵攻打韩国，围雍氏，以报复秦国攻楚丹阳时韩魏合兵伐邓之仇。韩国向秦求救，秦国原不想出兵，韩国相国公仲侈通过甘茂对秦昭王说："韩国自宜阳之后，已委身事秦。今韩有难而秦不救，韩将以国南合于楚。楚韩合一，魏国不敢不听，那么三国伐秦的形势也就形成了。不知是坐而待人来攻有利还是出兵进攻他国有利？"秦昭王觉得有理，于是下令出兵救韩，楚兵退去。

按说，既然担任了三闾大夫之职，屈原完全可以避免在一些重大政治问题上发表意见了，这样也可以减去许多麻烦。可是，国家的命运总是时刻萦绕在他的心头。蓝田之战后，怀王一度有所悔悟，也决心重整精神，好好治理一下国家。所以他也比较多地征求屈原对一些问题的看法。在秦武王一心经营中原的几年里，怀王采纳了大臣们的意见，在北方一时没有战事的情况下，致力于经营东南方，他派卓滑到百越的余部中作内奸，造成其内部的纷争，当他们闹得不可开交时，楚乘机出兵，一举而歼灭其有生力量，残余的越人纷纷南下，窜入山林之中，楚国从此可免去这一后顾之忧。可是，不久秦楚结盟，这对于楚国来说，原也不是什么坏事，因为此时的秦昭王需要利用楚国，但是秦国却提出条件，楚国必须和中原各诸侯国断交，这就是个无理的要求。屈原多次劝谏，怀王还是听从秦人的主张，黄棘之盟前，屈原坚决反对楚国再与秦结成婚姻，可怀王却固执己见，认为这样可加固关系，于楚国有利。在激烈的争执之后，屈原提出要请长假，到汉北去休息一段时间。怀王也不挽留，便同意他离开朝廷。

五　汉北之行

从怀王二十五年（前304）的黄棘之盟到怀王二十八（前301）年四国联合攻楚为止，屈原一直留居汉北。那么，他到汉北到底想干什么？有人认为他是到前线去观察秦楚双方的军事部署的；也有人说汉北是屈氏的始封地，屈原是回屈氏的祖居地去的；也有人认为他是在汉北承担一些地方官员职责。总之，屈原的"汉北情结"，是许多研究者迷惑不解的课题。

屈原的汉北之行，在他的一生中是很重要的一段经历，尽管时间并不很长。

毫无疑义，屈原这次离开郢都，确实是愤而出走的，他对怀王深感失望，虽然还没有到绝望的地步！本来蓝田之战后，屈原以为怀王还能吸取教训，利用有利时机，重整楚国的朝政，可是怀王只顾眼前的利益，并无长远的打算。屈原希望怀王把改革朝政的计划继续付诸实行，但每次屈原提出计划的时候，怀王总是避而不答，名副其实的顾左右而言他。后来楚灭百越残部，设郡江东，怀王更加沾沾自喜。秦主动派向寿到楚，要求结盟，怀王自然十分得意。黄棘之盟后，得到秦归还的上庸之地，他更设宴庆贺，由此更听不进屈原等贤臣的进谏，所以屈原决意暂时离开郢都。

屈原离开郢都，前往汉北，本意是想寻找一个地方，好好清理清理自己的情绪，让心情能够逐渐平静下来。然而，他发现自己做不到这一点。

正是秋风萧瑟的季节，屈原或独对孤灯，或仰视苍穹，一种孤独之感时时袭上心来。从遥远的地方到达郢都，怀着美好的理想和愿望，走进楚国朝廷，当初自己是何等雄心勃勃，何等信心百倍！然而，时间一年年地过去，他发觉自己离当初选定的目标不是越来越近，而是越来越远。是个人的命运，是国家的命运？他曾多次检点自己，可是他没有觉得自己有什么不够谨慎的地方。无限忧思郁结心头，他实在感到不吐不快，于是，他在灯下写出了到汉北后的第一首诗——《抽思》。《抽思》的篇名取自篇中的《少歌》："与美人抽思兮。"据王逸的解释是："为君陈道，拔恨意也。"但结合全诗的内容，比较完整的解释是把郁结于内心的愁绪抒写出来。屈原在作品中，往往以香草美人，比喻国君，如称国君为"荪""荃"，为"美人"，为"灵修"等。这首诗明显分为两个部分，时间不同，叙述的重点也不同。前半部分是写给怀王的，"结微情以陈词兮，矫以遗夫美人。"写作的时间是秋天，所以有"悲秋风之动容兮，何回极之浮浮"的景象描写；"倡"以后的下半部分是叙述自己的感觉的，"道思作颂，聊以自救"。写作时间是第二年的夏天，因而有"望孟夏之短夜兮，何晦明之若岁"的景象描写。

《抽思》的一开头，便直写创作的缘由：长夜和秋风更增添内心的愁思，因而他要将真情写出，以寄赠美人（怀王）：

心郁郁之忧思兮，	心情郁结愁满怀，
独永叹乎增伤。	独自长叹更忧伤。
思蹇产之不释兮，	思绪纷乱难排解，
曼遭夜之方长。	更遇秋夜长又长。
悲秋风之动容兮，	悲叹秋风摧草木，
何回极之浮浮。	回旋往复来振荡。
数惟荪之多怒兮，	君王信谗频发怒，
伤余心之忧忧。	使我忧愁又心伤。
愿摇起而横奔兮，	想要离国走四方，

览民尤以自镇。	人民受难心怎安？
结微情以陈词兮，	结续妙思献辞赋，
矫以遗夫美人。	将此呈送给君王。

接着，他回忆了自己从政十几年来与怀王的关系，责备怀王中途改变主张：

昔君与我成言兮，	当初和我曾约定，
曰"黄昏以为期"。	"黄昏时候来见面"。
羌中道而回畔兮，	谁知中途改主意，
反既有此他志。	反和别人去缠绵。
憍吾以其美好兮，	夸示自己多美好，
览余以其修姱。	炫耀自己多窈窕。
与余言而不信兮，	对我不能守诺言，
盖为余而造怒。	反倒发怒说短长。
愿承间而自察兮，	本想寻机作解释，
心震悼而不敢。	心里害怕又不敢。
悲夷犹而冀进兮，	要想进见心犹豫，
心怛伤之憺憺。	忧伤不宁肝肠断。
兹历情以陈辞兮，	将此真情来诉说，
荪详聋而不闻。	你装聋作哑听不见。

他愤慨地陈述了自己对国家的一片真心：

初吾所陈之耿著兮，	当初我的陈述清楚又明白，
岂至今其庸亡？	难道您现在都已遗忘？
何独乐斯之謇謇兮，	我何尝喜欢忠言直谏，
愿荪美之可完。	只希望您完美毫无缺陷。
望三王以为像兮，	以三皇五帝作为您的榜样，

94

指彭咸以为仪。	我将忠直的彭咸来效仿。
夫何极而不至兮，	我不相信有做不到的事情，
故远闻而难亏。	我要让美名传遍四方。
善不由外来兮，	善不能自外而来，
名不可以虚作。	名不能虚假取得。
孰无施而有报兮？	怎能不施惠就想得回报？
孰不实而有获？	怎能不播种就想要收获？

诗篇的后半部分中，他描写了自己来到汉北后在孤独的环境中痛苦的心情：

有鸟自南兮，	有鸟从南方飞来，
来集汉北。	停留在汉水的北域。
好姱佳丽兮，	毛羽多么美丽啊，
牉独处此异域？	为什么独自留居异地？
既茕独而不群兮，	孤单无依却不肯合群，
又无良媒在其侧？	哪里找良媒转达心意？
道卓远而日忘兮，	道路遥远日久淡忘，
愿自申而不得。	想自我申诉却怎能实现。
望北山而流涕兮，	望北山而涕流满面，
临流水而太息！	临流水而悲哀长叹！

他十分想念郢都，以致终夜难眠：

望孟夏之短夜兮，	分明是初夏的短夜，
何晦明之若岁？	为什么觉得像一年那么长？
惟郢路之辽远兮，	去郢都的道路是那样遥远，
魂一夕而九逝。	梦魂在一夜里却走了九趟。
曾不知路之曲直兮，	梦魂不知道路之曲直，

南指月与列星。	以明月和列星指路南进。
愿径逝而未得兮,	寻求捷径却难以获得,
魂识路之营营。	只能让梦魂繁忙穿行。

诗的结尾,屈原明确地表示,自己的创作是"道思作颂,聊以自救兮。忧心不遂,斯言谁告兮(中道愁思而作此颂,姑且用它自我宽慰。忧心忡忡难以排解,肺腑之言向谁倾诉)?"从诗中我们看到的是一颗孤独的心在发出痛苦的呼喊!

汉北是楚的发祥地,屈原的汉北之行,也是想通过对祖先足迹的调查与了解,重新认识楚国的过去与现在,他希望能够思考出一条民族复兴的道路。他忧心忡忡,彷徨于山泽、奔走于荒原、问道于樵夫、求教于野老,许许多多的问题,在他的脑海中不停地盘绕。屈原是相信有天命、天意的,但这个天是无私的、公正的,它主宰着世间的一切,执掌着赏罚的大权。他相信"皇天无亲,惟德是辅"(《尚书·蔡仲之命》)的说法,他在《离骚》中写道:"皇天无私阿兮,览民德焉错辅。"然而现实中的大量事实,又让他感到难以理解,善人是否就得到善报,恶人是否就得到惩罚?是与非、善与恶,难道就能分得那么清?为什么自己的一片赤诚之心,却招来君王的误解、谗人的憎恨?他时常想着想着,想得头痛,也难以寻到确切的答案。

汉北建有楚国的历代先王庙宇和公卿祠堂,逢到重要节日,王室要准备各种祭祀的礼品隆重地前来祭祀。屈原一直想前来拜谒,但过去没有机会。这次,屈原怀着虔诚的心情,专程前来拜谒,他希望能够从中得到某种启示,使自己对一些问题能够有所领悟。

先王的庙宇建得颇为华美壮观,宫殿式的建筑,宽阔而高大。庙宇按照昭穆之序分别排列,鳞次栉比,形成规模宏大的建筑群。大殿的墙壁上,大幅的彩绘画出历代先王的容貌。鱼油灯日夜不停地点燃着,照亮了殿堂的每个角落。香烟缭绕,殿中静寂无声,显得格外庄严肃穆。屈原恭恭敬敬地举行了祭拜仪式,逐一认真地审视历代君王的画像和反映他们主要业绩的画面。

看完历代先王之后,屈原又拜谒历代著名公卿的祠堂,他特别崇敬的楚国先贤令尹子文、孙叔敖还有申包胥等的祠堂,他看得格外仔细,此外,屈氏的祖先屈瑕和稍晚的屈完的祠堂,他看了很长的时间。拜谒之后,他觉得一部楚国的历史,仿佛在自己脑中活了起来。

在这一建筑群中,有一座特殊的宫殿,它比其他殿堂都高,有穹庐状的圆形屋顶,高高的顶柱,宫殿雕梁画栋,格外引人注目。这里原是楚王祭天的地方,穹庐顶上,是一幅天象图,描绘着日月星辰,四方五帝之像。大殿的四壁,也绘满了许许多多的壁画。这些壁画按照时间的先后顺序排列起来,从远古的天地未形的混沌状态,到女娲炼石补天、抟泥土造人;共工振蹈洪水,鲧、禹治水,后羿射日、嫦娥奔月等等,将传说中的天地、自然、人类起源的神话直到夏、商、周三代历史及英雄人物传说的故事,都通过精巧的想象加以表现。屈原津津有味地观看着、思考着,自己曾经反复考虑过的许许多多问题成串地出现在脑海之中,形成了条理清晰的众多问题链。这些问题又仿佛要聚集在胸中,憋得他难受,非得一吐为快,于是,他命人取来笔墨,凝神思索之后,有如行云流水,一口气写下了名传千古的诗篇《天问》:

曰:遂古之初,	远古天地之初的情形,
谁传道之?	是谁把它流传下来的?
上下未形,	当时天地还未形成,
何由考之?	又怎么能够加以证明?
冥昭瞢暗,	忽明忽暗,混沌一片,
谁能极之?	谁能知其本原?
冯翼惟象,	元气鸿蒙,惟象无形,
何由识之?	如何才能认清?

《天问》在中国诗歌史上是一首十分奇特的诗篇。通篇以这种一句一问或两句一问或四句一问的形式接连不断地写下来，一直问了170多个问题，实在让后人觉得惊异。因为这些所提的问题，范围十分广阔，举凡当时人所能想到的事情，无不涉及。例如关于天象的问题：

圜则九重，	天圆而有九重，
孰营度之？	是谁加以测量？
惟兹何功，	靠的是什么样的功力，
孰初作之？	由谁开始营造？
斡维焉系？	旋转的四维，何处可系？
天极焉加？	天之八极，何处可加？
八柱何当？	八柱擎天，置于何方？
东南何亏？	东南大地，何以倾陷？
九天之际，	九天的边界，
安放安属？	如何安放连接？
隔限多有，	天地之间角落众多，
谁知其数？	谁能确知它的数目？
天何所沓？	天地在何处接合？
十二焉分？	十二辰怎样划分？
日月安属？	日月怎样悬在空中？
列星安陈？	列星谁来把它安放？
出自汤谷，	太阳从汤谷升起，
次于蒙汜，	傍晚时分到达蒙汜，
自明及晦，	从黎明直至傍晚，
所行几里？	一共走过多少里程？
夜光何德，	月亮有何美德，
死则又育？	竟能死而复活？

厥利维何,	究竟有什么样的好处,
而顾菟在腹?	让玉兔留居腹中?
…………	…………
何阖而晦?	为什么天门一关就天黑?
何开而明?	为什么天门一开就天亮?
角宿未旦,	东方未明之前,
曜灵安藏?	太阳藏在什么地方?

和世界各民族相同,中国远古有关于大地遭受洪水泛滥的传说,只是在传说中,中国人不是躲在诺亚方舟里,而是出现了一代又一代的治水英雄。尧帝让鲧去治理洪水,胆大的鲧从天帝那里盗取息壤,使陆地长高,民众有了安身之所,可是由于他采取堵截的办法,水排不出去,结果被杀头。在屈原看来,这是很不公正的,但是,鲧并不就此干休,他不死的尸身里竟然又生出了伯禹,禹继承父业,顺地之势,导九河使洪水东流入海,从而取得成功。屈原在《天问》中,追述了这一传说,并愤然地责问道:

顺欲成功,	鲧顺应民心治理洪水,
帝何刑焉?	帝尧为什么要处以极刑?
永遏在羽山,	尸首永弃于羽山之野,
夫何三年不施?	为什么三年还不腐烂?
伯禹腹鲧,	伯禹从鲧的腹中生出,
夫何以变化?	怎么会有这种变化?

好人不得好报,坏人却可以逍遥自在,这是屈原最感恼怒的事情,舜的弟弟象是个有名的恶棍,多次想谋害舜,然而却没有遭到报应,屈原生气地问道:

舜服厥弟,	舜样样顺从他的弟弟,

终然为害。	终于还是受到谋害。
何肆犬体，	为什么狼心狗肺的家伙，
而厥身不危败？	自身却没有受到损害？
眩弟并淫，	混蛋的弟弟与人合谋，
危害厥兄。	想要害死他的哥哥。
何变化以作诈，	为什么这样诡计多端的家伙，
后嗣而逢长？	他的后代却长期兴旺？

当写到历代兴亡史的时候，屈原对于忠贤获罪、谗谀得志的史实格外敏感，当写到贤人受难而恶人当道时，他的笔下仿佛喷出一团团的怒火：

彼纣王之躬，	那位纣王自身，
孰使乱惑？	是谁使他失去理性？
何恶辅弼，	为什么厌恶正直的辅臣，
谗谀是服？	惟谗谀之言是听？
比干何逆，	比干怎样触怒了纣王，
而抑沉之？	终于被剖腹挖心？
雷开何顺，	雷开怎样讨好纣王，
而赐封之？	得到大量的奖赏？
何圣人一德，	圣人具有共同的美德，
卒其异方？	为什么结果却不一样？
梅伯受醢，	梅伯被剁成肉酱，
箕子详狂。	箕子却披发佯狂。

于是，他对于传统的天命观，发出了强烈的质问：

天命反侧，	天命变幻无常，
何罚何佑？	惩罚什么保佑什么？

齐桓九合，ㅤ	九合诸侯的齐桓王，
卒然身杀。ㅤ	竟然自身被人所杀。

　　屈原所生活的战国时期，虽然已出现百家争鸣的局面，但毕竟距今两千多年，当时科学技术并不发达，许多问题难以做出科学的解释。因而，在许多地方和众多的场合，愚昧无知的宗教迷信盛行，多数人对此深信不疑。传说楚怀王就曾请巫降神，乞求能够保佑楚国，击退秦军。而秦国也到处祭河，以玉璧白马为祭品，写成《诅楚文》，寻求神的佑护，打败楚国。可知真正能够作理性思考的人并不多。楚国尤其是巫风盛行的国家，要冲破传统的束缚，进行理性的思考也并非易事。而《天问》是一篇充满理性光辉的诗篇。屈原处于艰难的逆境中，身心十分痛苦。他从自身的不公正的遭遇中，进而联想到有关天地的、神话的、历史的各种传说及记载中众多难以解释的问题，倾泻而出，发为问难，体现了在他身上旧信仰的崩溃。鲁迅说这首诗"怀疑自遂古之初，直至百物之琐末，放言无惮，为前人所不敢言"（《摩罗诗力说》）。"天问"也就是"问天"，既然天是主宰一切的，那么，一切难以确知的事，一切想不通的问题，都可以一股脑儿向天提问。在两千多年前的那种时代氛围中，屈原不仅向天提出问题，而且明确表示怀疑和不满，这需要何等的勇气和力量！王逸说，屈原写《天问》，是因为他遭到放逐之后，"忧心愁悴，彷徨山泽，经历陵陆。嗟号昊旻，仰天叹息。见楚有先王之庙及公卿祠堂，图画天地山川神灵，琦玮僪佹，及古贤圣怪物行事，周流罢倦，休息其下，仰见图画，因书其壁，呵而问之，以渫愤懑，舒泻愁思。楚人哀惜屈原，因共论述，故其文义不次序云尔。"（《楚辞章句》）不少人对"呵壁之作"的说法表示怀疑，以为先秦时代，不可能有那么大的壁画，但这一怀疑并没有什么根据，因为从出土的许多楚墓中，我们看到了绘制得十分精美的漆画、帛画，而且有玉雕、木雕，其中的人物、鸟兽、花草，无不栩栩如生。汉

代保存下来的古阙上的雕刻，也是非常生动传神的。汉人王延寿写有《鲁灵光殿赋》，描写到灵光殿中壁画的丰富内容："图画天地，品类群生，杂物奇怪，山神海灵。……上纪开辟，遂古之初，五龙比翼，人皇九头。伏羲鳞身，女娲蛇躯。……下及三后，淫妃乱主，忠臣孝子，烈士贞女，贤愚成败，靡不载叙。"这里所叙述的内容，已经包含了《天问》中的所有方面。汉代壁画之盛，已为出土文物所证实，稍有地位的人古墓室中都要绘有壁画，更不用说在宫室之中了。汉代的这种风气，承袭了春秋战国以来的传统。

《天问》不仅结构奇特，语言运用上也极有特色，明人黄文焕专门对其句式做过研究，并指出："（《天问》）通篇一百七十一问，以何字、胡字、焉字、几字、谁字、孰字、安字，为字法之变；以一句两问，一句一问，三句一问，四句一问，为句法之变；以或于所已问者复问焉，或于正论本论中，忽然错综他语而杂问焉，或于已问之顺序者，复而逆问焉，以此为段法之变。"（《楚辞听直》）但是，由于《天问》所涉及的均为上古的各种神话、英雄人物传说的内容，许多史事后代已经失传，而诗歌用字简洁，往往几个字、十几个字便要表述一件历史事件或神话传说故事，所以有不少内容后人难以确解，影响了对这篇作品的理解和评价。随着研究的深入，《天问》中丰富的内容大多已被今人所认知，它不仅是诗歌史上的著名篇章，而且也是研究战国时代自然观、宇宙观以及社会思潮的重要资料，并引起各学科研究者的重视。

《天问》虽然以写古事为主，但屈原并没有忘记当前的现实，诗篇中有几句被认为是屈原写自己与怀王的关系的：

薄暮雷电，	黄昏时刻雷鸣电闪，
归何忧？	将欲归去有何不安？
厥严不奉，	自律不严招致灾难，
帝何求？	祈求上帝又能怎样？

伏匿穴处，	藏身洞穴苟且度日，
爰何云？	如此境地有何可讲？
荆勋作师，	贪图功劳贸然兴师，
夫何长？	如此国运怎能久长？
悟过改更，	倘若觉醒改弦更张，
我又何言？	皆大欢喜又有何言？

屈原并没有一味责备天的不公正，他认为正是怀王的所作所为给楚国带来不应有的灾难，即使祈求上帝也不能摆脱。不应立足于求天，而是立足于正己，这是正确的结论。而"悟过改更"，正是他对怀王的热切愿望。

又是一年过去了，屈原在汉北已经待了三年时间，仍然没有接到怀王要他入朝的消息。他虽然身在汉北，但仍时时关注天下大事。这几年，最使他感兴趣的是赵国的兴起。三晋之中，赵国原来并不强。中山在其腹心，北有燕，东有东胡，西有林胡、楼烦、秦，南有魏韩，四面皆有敌情。赵武灵王十九年（前307），他下令全国胡服骑射，尽管受到大多数人的反对，但他却毫不退缩。在大臣肥义的大力支持下，他终于说服了公子成，移风易俗，实行改革，不到几年时间，连续战胜中山，拓地北至燕代，西至云中（今内蒙古大青山以南、黄河南岸及长城以北地区）、九原（今内蒙古包头西北），国威大振。赵武灵王有感于秦国连年东出函关，侵扰中原，便打算带领赵国军队从云中、九原径直南下进攻秦国，于是他装扮成使者前往秦国，沿途相视地形，考虑进攻的计划，并观察秦昭王的为人。到咸阳以后，他以使者的身份朝见秦昭王。昭王开始一点也没有觉察，可是朝见之后，秦昭王越想越觉得不对头，因为这位赵国的使者，不仅相貌堂堂，而且其气度、礼节也不像一位普通使者。秦昭王急忙派人想扣留这位使者，但一问，赵国使者已经离开咸阳，派人追赶也追不上了。后来秦昭王才知道，来人竟然就是大名鼎鼎的赵武灵王。

屈原十分钦佩赵武灵王变革的决心。当赵国决定变革之后，赵武灵王曾派使者前往各国说明情况，其中王贲是被派到楚国的使者，屈原曾经拜见过他，并详细询问变革的过程。他多么希望怀王能够振作起来，像赵武灵王一样，认认真真地推行一次改革。他相信，尽管楚国吃过亏，上过当，但只要下决心改弦易辙，还是可以重新强大起来的。他曾经当面向怀王谈过自己的看法，提醒他不要错过良机，但怀王正陶醉在和秦国结亲的蜜月里，形势一派大好，他觉得实在没有什么可以担忧的理由。

屈原并不相信秦国会始终和楚国结盟，吞并六国是秦国长期的既定国策，只要能够达到目的，秦国可以使用各种各样的手段。卧榻之旁，岂容他人鼾睡？因而即使秦国短时间内和楚国结盟，也只能是一种暂时的需要。屈原利用在汉北的这段时间，多次到前线观察地形、了解情况，并设计进攻秦国的方案。他把自己的想法写进《思美人》一诗中。

《思美人》是屈原在汉北写的最后一首诗。所谓"美人"，和《抽思》一样，指的是国君。由于长期在外，他十分想念国家，期望能够早日返回朝廷，但是怀王依然没有动作，这使他感到十分忧虑和痛苦，为了表达自己的心情，他写下这首诗。诗篇开门见山地写出了对怀王的思念，当然也是对国家大计的关切。封建时代，"朕即国家"，国君理所当然是国家的代表。

思美人兮，	思念那位佳人，
揽涕而伫眙。	擦干泪水我长久伫立。
媒绝路阻兮，	媒介断绝而道路险阻，
言不可结而诒？	真心的话怎样告诉你？
蹇蹇之烦冤兮，	正直的劝谏却被人冤枉，
陷滞而不发。	就像陷入泥潭难以奋起。
申旦以舒中情兮，	天天想陈述我的真情，
志沈菀而莫达？	内心郁结如何言语？

他希望"寄言浮云","因归鸟而致辞",但都因受阻而未能实现,而改变志节又是他所不愿做的。这样,他只能"独历年而离愍",也就是说,长久孤独地承受着苦难。但是,灾难并不能使他消沉下去,诗人写道:

知前辙之不遂兮,	明知以前的道路走不通,
未改此度。	我还是坚持我的志度。
车既覆而马颠兮,	车虽倾覆马也颠仆,
蹇独怀此异路。	我依然走我认定的道路。
勒骐骥而更驾兮,	驾好骏马我继续前进,
造父为我操之。	请造父替我执辔操持。
迁逡次而勿驱兮,	从从容容不急不躁,
聊假日以须时。	姑且逍遥等候时机。
指嶓冢之西隈兮,	径直指向嶓冢山之西,
与纁黄以为期。	黄昏时刻将到达那里。

屈原是以一种坚定的信念在指导自己的行动,他勇敢地宣布,虽然已经失败过一次(车覆马颠),但我要套上更好的马(骐骥为良马之名),从容地走自己的路。值得注意的是"指嶓冢之西隈"一句。嶓冢山是汉水的源头,在今陕西沔县西,当时自然是属秦,屈原想象中与怀王在嶓冢之西会面,这里当然隐含着明显的政治意图。王夫之认为这里是屈原对秦"深谋定虑以西捣其穴,至于嶓冢。虽未可卒图,而黄昏不为迟暮,此与岳鹏举直捣黄龙之志同"。当然,这只能是屈原的一方心愿。在本篇的结语中,他有"广遂前画"之句,"广遂前画"就是屈原仍然希望有一天能够全部地实现自己原来向怀王提出的一系列改革朝政、复兴国家的计策。可悲的是怀王的召令迟迟没有来到,在无可奈何之中,诗人只有通过自我排遣来减轻心中的痛苦。因此《思美人》的下半部

分，诗人想象在春天到来的时候，"吾将荡志而愉乐兮，遵江夏以娱忧（我将纵情欢乐，沿着江水和夏水，在漫游中消忧解愁）。"当然，这种消忧解愁只能是一时的，回到现实的时候，他必然又陷于痛苦之中，所以结语的调子又是低沉的：

命则处幽吾将罢兮，　命运摆布使我疲惫不堪，
愿及白日之未暮也。　只希望在黄昏前还会改变。
独茕茕而南行兮，　　孤独无依向南行走，
思彭咸之故也。　　　只因心中有彭咸作为榜样。

怀王的诏令终于来到。因为楚国和秦国的蜜月结束了，代之而来的又是一场噩梦，楚国再次尝到被"弱肉强食"的滋味。怀王又想到忠言直谏的屈原，希望他能回来出点主意。不能说怀王这时候没有悔悟之意，虽然这种悔悟来得实在太晚！

第四章 魂兮归来

殷后乱天纪，楚怀亦已昏。

夷羊满中野，菉葹盈高门。

比干谏而死，屈平窜湘源。

虎口何婉娈，女媭空婵媛。

彭咸久沦没，此意与谁论。

——唐·李白《古风五十九首》之五十一

一 劝阻怀王入秦

在屈原留居汉北之时，楚国和周围邻国之间又发生了几次大的战争。

齐宣王十分恼怒楚国联秦而背叛合纵之约，便于怀王二十六年（前303），联合韩魏以攻楚。楚国东线、北线同时告急，怀王只得派人向秦求救，怀王让太子横入质于秦，秦兵乃出，三国军队退走。

可是，怀王二十七年（前302），楚太子横在秦国只待了一年就发生了意外，他因事和秦国大夫有私相斗，太子横杀了有私，触犯了秦国的法律，只得逃回楚国。秦王大怒，秦楚之交因而断绝。这样，楚国再次陷入十分孤立的境地。

秦国看准了时机，便约同齐、魏、韩，四国联军共同宰割楚。怀王二十八年（前301），秦庶长奂会同齐将章子、韩将暴鸢、魏将公孙喜共同伐楚。秦攻打楚之新城。而齐、韩、魏三国军队攻打楚国的方城。怀王急令大将唐昧领兵拒敌，由于三国联军不知沘水之深浅，不敢贸然渡河，因此，两军夹水相拒六个月之久。齐王派周最前来催促章子速战。章子于是向樵夫问路。樵夫说："水的深浅是很清楚的，凡是楚国重兵守卫的，就是水浅的地方。防守兵力很少的，就是水深的地方。"章子派人一一做了标记。随后，他选出了精锐的部队在夜间从水浅的地方偷袭楚营，大败楚军，杀楚将唐昧，这便是史书上常提起的垂沙之战。这一仗，楚国损兵折将，又丢失了宛、叶以北的大片土地。

秦国自然不肯落后，在连续多次进攻之后，秦国终于在怀王二十九年（前300）攻下新城，楚军两万人死于战场，楚将景缺被杀。新城是楚国在北方的军事重镇，其地在今河南的襄城，这里有楚灵王时代即已建立的西不羹，楚灵王当时曾自豪地说，楚之"大城陈、蔡、不羹，赋皆千乘"，垂沙之战的惨败和新城的丢失，使楚人从此失去向北发展的机会。

秦军获得新城之战的胜利后，又再次约齐国一同攻楚，瓜分楚国。楚怀王十分恐惧，只得派人向齐国谢罪，以六城送给齐国，并让太子横到齐国为质。齐国正值宣王去世，湣王初立，军事上并不想有大的动作，在得到楚国的六城之后，也就乐于顺水推舟，答应和楚国结盟，因为这毕竟又多了一个同盟国而少去一个敌国，于齐国只有好处。

秦国一方则毫不松手。怀王三十年（前299），秦又派兵攻楚，取八城而去。秦国见楚已无还手之力，便想出了一个更加险恶的阴谋。秦昭王派人送了一封信给怀王，信中说：

原先寡人与大王约为兄弟，会盟于黄棘，太子相互为质，这是两国的幸事。但太子横杀害寡人之重臣，竟然不谢罪而私自逃走，欺秦之甚。因此寡人不胜恼怒，派兵入侵君王之边境。而今我听说大王又让太子入质于齐以求交合。然而秦楚两国国土交接，又一向互为婚姻，历经长久而不绝。如今秦楚失和，就难以号令诸侯。寡人愿和大王在武关会面，当面相约，结为盟国，这是寡人最大的愿望。敢以此闻于大王。

怀王接到昭王的国书之后，十分伤脑筋。他已经多次吃了秦人的亏了，知道秦人狡诈多变，因此，如果前往，他担心再次受骗。可是不去的话，又怕会进一步触怒秦王，让秦国有借口再度加兵于楚。于是，他将昭王来信交给大臣们讨论。

昭睢说："秦人多诈，无所不用其极，大王不可轻往，只需传令各边境之军，严加防守。秦一向有吞并诸侯之心，大王不可轻易相信。"

屈原力谏说："秦是虎狼之国，大王千万不可听信。"

但怀王的幼子子兰却说："秦楚交欢，原是事实。秦楚中途失和，其曲在楚。如今秦王亲自送信来邀大王前往，这正是秦楚重修旧好的千载良机，大王不前去，就将给秦人再找到借口，那时，楚将无以自明。"

靳尚也在一旁鼓动说："子兰公子言之有理，秦既有此诚意，我国不应推拒不往。臣愿随同大王前往，以保护大王。"

大臣们你一言我一语，在朝廷上争论不休。怀王只得宣布退朝。

当天晚上，子兰、靳尚串通郑袖再度竭力怂恿怀王一定要赴秦国之约。

怀王原来就一直犹豫不决，经这么一边倒的劝说，便下决心亲往武关。

第二天一早，怀王即传令备好车马，带着靳尚等几位侍臣，向武关进发了。等屈原听到消息时，车马已行去甚久。屈原十分焦急，当即令人备车，沿途追赶，一直追到丹水之旁的小山冈，才算把怀王的车马追上了。

屈原将车挡住怀王的去路，自己跳下车来，参见怀王。怀王见屈原风尘仆仆，满身是汗地拦住车驾，忙问："屈平，如此匆忙赶来，有何急事？"

屈原道："大王，请原谅微臣挡驾之罪。臣听说大王已起驾前来武关，不得不匆匆赶来。大王千万不可入秦，自投于虎狼之口啊！"

怀王经过了这么多年的风风雨雨，经受了许多的挫折，已渐入老年，也感觉到屈原虽然经常冲撞自己，但对自己还是一片忠心的，因此也有许多悔意，这时，他只好解释说："屈平，寡人并非不知此去有险。但国事如此，难有万全之策，倘秦人信守诺言，两国结盟，暂息兵戈，也是楚国的一大好事。"

屈原说："大王，秦人从来不守信用，大王此去凶多吉少，万一不测，国家重任，谁能承担？大王千万以社稷为重，回车复路，不要再前进了。"

靳尚见屈原拦路，已是十分不快，这时他脸一板，生气地说："屈原，大王此去和秦结盟，为国家寻求和平之策，你故出此不祥之言，还不赶快让开道路，否则，等回国时将治你的犯上之罪。"

屈原十分生气地说："靳尚，你多次怂恿大王和秦国结盟，让楚国连连遭受损失，你不思悔改，还再次鼓动大王入秦，倘有不测，惟你是问。"

靳尚被屈原说得十分恼怒，便命令侍从们准备强行将屈原和他的车马拉到一旁。怀王见状，喝令停手，并对屈原说："屈卿，你先让出一条路来，让靳大夫的车马先走，寡人与你尚有话说。"听怀王这么一说，屈原便让出一条路来，靳尚令人急忙夺路而走。

怀王见靳尚走出一段路了，便回头对屈原说："屈爱卿，寡人并非不知你的一片忠心，但此事寡人也反复思量，实无万全之策。卿既前来，寡人正有要事托付于你。这是寡人临行时写下的密旨一封，倘若此去一切顺利，自是社稷之福。万一有不测之事，卿可与昭睢令尹照此密旨行事，勿负寡人之托。"说着，将密旨从怀中掏出，交与屈原。

屈原接过密旨，恭敬地对怀王说："但愿大王此去一路平安，臣等恭候大王返回郢都。嘱托之事，臣虽肝脑涂地，当依旨而行。"于是他拱手侍立于路旁。

怀王一挥手，立即车辚马啸，卷起一路灰尘，往西而去。屈原眼睁睁地望着西去的车驾，心中总有一种驱之不去的不祥之感。他伤心地举起了双手望着天空悲怆地说："苍天啊！楚国难道就是这样下去了吗？"他命从人整理好车马，忧心忡忡地沿着通往郢都的大路往回走。从此，屈原阻拦怀王入秦的这座山冈被当地人称为屈原冈。

屈原坐在马车上，眼光又落到自北南流的丹水中，无限的愁思一起袭上心来。是啊，望见丹水，他就想到丹阳，这里的风貌，自己过去是十分熟悉的，而今，丹阳难以到达了，那里已被秦人占领。太阳已经西斜，西边的天际片片红霞，把丹水映得通红通红，恍惚间，他依稀看到丹水流的是鲜红鲜红的血，他仿佛见到，自己所尊敬的屈匄将军就躺在这奔淌的血流中，呜咽的江水，为他唱着一支永远没有尽头的哀歌！

二 楚宫廷的争端

屈原还没有回到郢都，北方已经传来令人震惊的消息，所谓两国国君会面的说法不过是秦人设下的圈套。当怀王的人马到达武关时，武关哪里有秦昭王的影子，等候在那里的是秦国的将军，他装扮成昭王的模样在关外迎接怀王，等怀王人马一到，他便指挥埋伏的军队将怀王一行人强行裹胁入关，然后对怀王说："秦王因病不能前来，十分抱歉，只好委屈大王到咸阳去一趟，敝国国君恭候大王的光临。"

退路已被截断，不容你愿意不愿意，怀王终于走上了一条不得归来的道路。

怀王被胁迫入咸阳的消息是由靳尚带回的。到了咸阳之后，秦昭王倒是在章台宫中接待了楚怀王，可是，秦昭王完全不是把怀王当成和秦国同等的国君来对待。而是将楚国当成秦的属国，以附属国诸侯的礼节对待怀王。秦昭王大大咧咧地高坐在大殿上，等候楚怀王的参见。在秦王看来，怀王这时已是阶下之囚，不容你不低头，因而和怀王见面时，待之以藩臣之礼。

　　怀王自被劫持入秦后，心中十分愤怒。但他原来还以为秦人会念一点旧情，不至于把自己怎样，加上靳尚还不停夸口说能找来关系进行疏通，让楚君臣赶快回国，所以并不十分在意。现在秦王这样对待他，他无论如何也想不到。怀王在位三十年，在诸侯中还是比较有影响而且比较受尊重的，试想当初六国联军抗秦时，众诸侯公推他为纵约长，既是因为楚国的地位、国力关系，也显示了他在诸侯中的威信，想不到如今却受到比自己年轻得多的秦国国君如此无礼的对待。抚今追昔，他怎么能咽得下这口气。秦昭王不肯起来迎接，怀王也不肯上前拜见，殿堂上一片紧张的气氛，两国国君就这样对视着。但毕竟秦昭王坐在大殿上，怀王站在殿下，形势十分不利。怀王见昭王毫无礼让的样子，便生气地掉转头就要出宫。可是，秦王宫不是随意可以进出的，早有一班宫中武士上前挡住去路，这时怀王真是进不得而又退不得，气得直咬牙。秦昭王也不理会这一切，他想，你既然来到咸阳，不怕你飞上天去。他不急于当面和怀王理论，而是让人把怀王一行人看管起来，他要先挫怀王的锐气，然后再谈条件。

　　秦王将怀王安置在馆舍，派上重兵把守，严防怀王出逃。怀王就像被关在铁笼中的猛兽一样，日夜坐卧不安。他要求秦王履行诺言，和楚国订立盟约，然后放他回国。可是秦昭王置之不理。这时，靳尚开始活动了。从内心讲，靳尚也没有想到会是这样的结局，他一直对秦国怀有好感，这时便想靠着以前建立的关系打通关节。最后，秦昭王终于让靳尚捎话给怀王："只要将楚国的巫郡、黔中郡送给秦国，秦国马上可以放怀王回楚。"

112

怀王不听则已，一听更加生气，他说："秦还算是个国家吗？还讲一点信义吗？先用诡计来诈骗我，如今还想强要我的土地！真是白日做梦，你去告诉他，我宁可留在咸阳，也绝不会送土地给他。"

靳尚在一边忙规劝说："大王，不要这样动怒，现在我们在他们手中，这样僵持下去，事情就不好办了。"

怀王问："依你的看法，应该怎么办？"

靳尚说："依臣愚见，不如先应许了他，等回去以后，我们还可以想办法再夺回来。"

怀王说："谈何容易！巫和黔中两郡，至关重要。失去巫郡，则失去西部屏障。黔中盛产铜、金。当初开辟这两郡，是何等不易。况且庄蹻入滇，全靠通过巫、黔中与国内联系，失去巫与黔中，归路断绝。寡人深知秦对此两郡垂涎已久，今秦已据有巴蜀、汉中，再得巫、黔中，其西部和西南便连成一片，这是秦国打了多年的如意算盘。此事寡人断然不能答应。"

靳尚说："大王，暂时失去土地，以后还可以想办法从别的地方取得补偿嘛！"

怀王想了想，说："不能，绝对不能！连续多年，寡人已丧失了大片土地。丹阳丢失，寡人已愧对列祖列宗，如今因受诈骗就轻易再把大片土地送给秦国，纵然得回楚国，寡人又有何面目再入郢都！"

靳尚说："大王，舍此已无他法可想了！大王还是忍痛割爱吧！"

怀王神色庄重地说："靳尚，以前寡人多次听从你们的意见，可是，此次断断不能。你难道不记得先君文王时大阍鬻拳之事吗？"

听怀王提起鬻拳，靳尚就不敢再说话了。原来，当年楚文王出兵与巴人作战，被巴人败于津地，当他带着残兵败将准备返回国都时，大阍鬻拳守住城门不许他进城。文王深感耻辱，便整顿好队伍，再次出征，大败黄国军队，这才领兵准备回郢都，但行至湫地时，因突发疾病而逝。鬻拳悲伤地将文王送葬后，便在文王墓前自杀，人们将他葬于文王的墓门之前。这段往事，在楚国君臣中都是很清楚的，世世代代作为训诫的内容而保留下来，以教育后人。显然，在入秦之后的这段时间，怀王思考了不少的事情。

秦王多次派人来找怀王，让他答应秦国的条件，但怀王始终不予理睬。怀王提出：我是应秦王的邀请来此会盟的，秦国应当先履行自己的诺言，结盟之后，再谈其他事情。可是秦昭王也不肯让步，提出只有楚国先给土地，然后秦国才会考虑和楚国结盟的事情。结果，每次秦王的使者和怀王谈过之后，双方总是不欢而散。

为了打破这一僵局，秦王决定放一名怀王的侍臣回楚，转达秦国的要求。靳尚自然成为他们的首选对象。离秦回楚之前，因为担心路上被盘查，怀王让靳尚回国后再次传达他的口谕："立即立太子为君。"

怀王入秦时，国事交由令尹昭睢处置。怀王被劫持入关后，昭睢已感情况有变，因此立即令与秦国接壤的各处关隘严加戒备，以防不测。昭睢在楚国还是比较有影响有威望的大臣，头脑比较清楚，处理问题也比较果断，曾在与秦作战中多次打败秦人，因此秦国比较忌惮他，并多次使用反间计使怀王对他产生怀疑而离开重要职务，只是在国家十分危急的情况下，怀王痛定思痛，任命他为令尹，同时召回屈原。

秦国将怀王劫持入关之后，曾一度以为怀王既不在国内，国中无主，一定会出现混乱，因此，在几个秦楚边界上发动试探性的进攻，没想到受到楚国军队的迎头痛击。秦国见无懈可击，只得专意于想从怀王那里捞取好处，他们也想不到怀王竟然如此固执，不肯做出妥协，所以又想出让靳尚回国，逼楚国的执政者答应秦人的条件。

靳尚带来的消息在楚朝廷中引起很大震动。围绕是否割地和立国君的问题，朝臣们意见纷纭。

知道靳尚已从秦国回来的消息后，屈原立即带着怀王的密旨，前来找昭睢商议。昭睢说："既是大王亲自嘱托于你，事关重大，明日我当召集百官共同商议，至时可当众宣读。靳尚昨日见我，也说带有大王口谕，问他是什么，却支支吾吾说要当众人的面再讲。"

次日，楚国朝中重臣均聚集于宫廷，商议国家面临的状况和处置意见。靳尚绘声绘色地叙说自己如何英勇保护怀王的业绩，以至于秦人不敢侵凌他，并放他回楚。但众臣均知晓靳尚的为人和他一贯的亲秦立场，因而尽管心中嗤笑，却也不打断他。倒是昭睢不耐烦了，让他赶快把此行的任务说清楚。

靳尚有意卖了卖关子，清了清沙哑的嗓子说道："靳尚回国，任务有二，一是商议割地之事……"

"割地，割哪里的地？"昭睢问。

"割巫和黔中两郡。秦昭王说，只要将两郡割与秦国，秦即放大王回楚。"

"大王是何想法？"屈原问。

"大王自然是不肯答应，所以一直被秦人拘禁。但我以为，国君遭难，臣子应当急大王之所急，赎回大王，是当今的要事。"

昭睢说："割地之事，应当留给大王去处置。大王就在秦国，如果愿意割地，只要签字就可以了，何需由我们来作主张。况且秦人以欺诈手段将大王劫持秦国，正是想达到这一目的，如今我们按照秦人要求去办，岂非正中下怀，也自甘示弱于人。大王虽暂留在秦国，只要不给地，秦人也无可奈何。传扬出去，诸侯皆知秦人之诈，秦既外有恶名而内无所得，也许倒会考虑送归大王。否则，秦刚一开口，我国即将土地奉上，以秦王之贪婪，楚有多少土地方能填其欲壑？此事就不必争论了。再说第二件事。"

靳尚见众人都是如此态度，也就不再争论了，以免被人指为代秦人说客。他停了停，说道："既然不割地，大王也就回不了楚。我临行时，大王嘱咐，国不可一日无君，需立即商议立君之事。"

说到立君，朝臣们马上纷纷议论起来，有人认为，立君虽是怀王的口谕，但怀王健在，虽然目前还在秦国，但过些时间如能通过其他渠道进行交涉，也许还有返回的可能。如果现在就再立新君，将来岂不变成一国两君了？屈原说："再立新君是大王的旨意，大王所虑极是，国不可一日无君。如今大王被秦人扣留，何日返回，并无准期。秦见楚国内无君，必然索价很高，大王更难返回。如国内更立新君，秦人必定大失所望，那时大王方才有可能回国。至于将来的情况，应当由大王去考虑。赵国武灵王体格健壮，也已传位于惠文王，自己称主父，一心一意经营西北的胡地。"屈原一说，大家都没有再争执下去。

其次是既要立新君，立的是谁？昭睢问靳尚："大王让立新君，可是立太子横？"

靳尚犹豫了一会，支支吾吾地说："大王只是关照回来告知更立新君之事，至于立的哪一位，都是大王的骨肉，大家商议立哪位都行。"

"子兰在国内，可立为君。"

"对，就立子兰，他可是大王的爱子。"马上就有好几个人在下面嚷开了。

靳尚说："令尹，我也觉得立子兰公子比较合适，子兰公子一向为大王所喜爱，而且聪敏过人，立为国君，应当符合大王的心意。"

客卿陈轸说："太子久立，今为质于齐，也是为国家分忧。另立新君，恐非大王之意。"

屈原见状，便说："废长立少，废嫡立庶，并非不可，但应事出有因。如今大王在秦未归，太子就质于齐，擅作主张，另立国君，恐是招祸之道。此事不可不慎。"屈原说完，立即有几位大臣表示赞成。

靳尚说："太子在齐，我往迎之为君，齐人是否别有所求。齐人对我东国之地垂涎已久，如果趁此机会索地于我，是给还是不给？所以我反复考虑，不如立子兰为君，于国有利。"

群臣议论纷纷，争执不下。突然门外传来一阵嘈杂声，门卫慌忙来报："郑袖夫人到。"

还没等报完，郑袖已是大步踏入门来。她径直走进屋内，大大咧咧地坐下，斜睨了众臣一眼，然后直问昭睢："令尹聚集众臣，商议何事？"

昭睢说："更立新君之事。"

郑袖说："这样重大事情，如何不报与我知道？"

昭睢说："所议众事，皆秉大王之旨意，商定之后，正想告知夫人。"

郑袖问："怎样商定的？立谁为君？"

昭睢说："大王不在，自然应立太子为君。"

郑袖说："太子也不在国内呀！"

昭睢说："正准备派人去齐国接太子回来。"

郑袖说："子兰公子也是大王的亲生骨肉，大王向来十分喜爱他，难道诸位大臣就没有想到这一点吗？靳尚大夫，你不是说大王在秦国还念念不忘子兰公子吗？"

靳尚赶忙说："啊，是啊，大王是很想念夫人和公子的。"

昭睢说："可是大王并没有说要立子兰公子为君啊！"

郑袖说："靳尚大夫，你好好想想，难道是大王没有说清楚吗？还是你没有想起来？"

靳尚说："哎呀，这个……臣糊涂，没有记清楚。"

郑袖说："令尹，你听清楚了吧！不是大王没有讲清楚，是靳尚大夫没有记清楚。既然大王还念念不忘子兰公子，自然也就希望立他为君，这事还不明摆着的吗？诸位大臣，你们务必以社稷为重，早一天立子兰公子为君，也就早一天断了秦人的念头。这既是国事，也是大王的家事！"郑袖摆出一副王位非子兰莫属的架势来。有郑袖出场，几位靳尚和子兰的知己也就顿时气壮了许多，纷纷大声叫喊："对，马上就立子兰公子为王！"

昭睢并不着急，他见这些人闹得差不多了，不慌不忙地说："既是众口难断，看来也只有以大王的旨意为准了。屈大夫，请宣读大王诏书！"

"诏书？大王有什么诏书？"郑袖一听，不禁心里发慌了，她说，"我从未听说大王有什么诏书，莫非有假？"

昭睢冷冷一笑，说："事关大局，确实容不得一点假！来，请大司马、左尹、右尹、屈大夫、子兰公子共同审视此诏令之真假。"

屈原捧出怀王的密旨，交与昭睢。昭睢即传示众人。只见诏书封闭严密，封印上怀王的大红印篆保存完整，它的真实性和权威性是不容置疑的，子兰看后也不敢吱声。

靳尚忙问："诏书从何而来？"

屈原回答说："靳尚大夫健忘，大王临出武关前在途中亲自交与屈原的。"靳尚一听，也不敢再问了。于是，屈原当众打开诏书，宣读道：

　　　寡人前往武关与秦会盟，倘有不测，朝中众臣即宜立太子为王，不可令国中一日无君，不得有违！

屈原读毕，昭睢环视众人，厉声说道："诸位，听清楚了吗？大王严令在此，谁敢不听从，以抗旨论斩！"

靳尚见状，连忙大声喊道："令尹，我想起来了，大王临行时，正是让立太子为王的，哎呀，我这记性，真是老糊涂了。"

靳尚的话音未落，满朝大臣们一片哗然。许多人都纷纷指责他。

屈原说："靳大夫，当初都是你竭力怂恿大王去秦国会盟，所

118

以招致今日的后果，你怎么现在还装聋作哑，一会记得清楚，一会记不清楚的。"

靳尚狡辩道："我是记不清楚了，大王口述的时候，我也不能做记录呀。"

陈轸说："可你今天是怎样传达大王口谕的，大家不是都听得一清二楚吗？"

昭睢说："靳尚，当初都是你们一帮人在大王面前说三道四，硬是把大王骗到秦国去了，使国家面临两难的境地，你再这样支支吾吾，我一定要追究这个责任。"于是，他喝令身边的侍卫："先把靳大夫看管起来，不能由他胡说八道。我一定要好好治治他误国欺君之罪。"

一群武士们聚拢上来，准备把靳尚拘押起来。靳尚大喊："郑夫人，救救我。"

郑袖道："我怎么救你？"

靳尚说："让大王去秦国的事，是您和公子子兰一起让我去劝大王的。"

郑袖说："胡说八道，我什么时候这样说过？"

靳尚说："夫人，夫人，我可是听您的话的呀！"

郑袖站了起来，把袖子一甩，十分生气地说："一派胡言。令尹，可别听信他的胡说。"说完，便带着她的随从悻悻地走了。

原来，靳尚刚从秦国回来，正想去向昭睢报告情况，当时他还不敢歪曲怀王的意思。可是郑袖听说他回来以后，马上让人把靳尚连夜接到宫中，详细询问了怀王入秦后的情况。当听到怀王要立太子为君的旨意后，郑袖十分不高兴，她把靳尚臭骂了一顿，说："这样重要的事情，不先向我报告，却先要去告诉别人，连个里外亲疏都分不清。"靳尚一向十分害怕郑袖，总是千方百计地讨好她，唯恐她在怀王面前说自己的坏话。如今虽说怀王不在国内，但郑袖的淫威还在，他对她还是心存戒惧的。

郑袖问："大王在秦国，难道没有提到我们母子的事？"

靳尚说："提到了，他很想念夫人和公子啊！"靳尚不敢说实话。其实，怀王这次十分后悔没有听从屈原和昭睢的劝告，对郑袖和子兰劝他入秦十分恼怒，所以这次靳尚回国，并没有带什么话给郑袖，而要求他立即面见令尹，传达自己的口谕。

"哼，他既想到我们母子，为什么不立子兰为国君？上次太子在秦国与人私斗，杀了人逃回来的时候，大王恼得要命，恨不得当时就要把他废了，要不是我在一旁相劝，早就不知太子是谁了。"郑袖的这番话里，有真也有假，真的是当初怀王十分生气，认为太子太不争气，以后怎么能够承担国家重任，并气呼呼地说如果再不检点，做出别的不好的事来，就要废了他。郑袖当时确也虚情假意地劝解了几句，心里其实十分高兴，她知道，如果废了太子，能够继承的便是自己的儿子公子子兰，她巴不得能有那么一天，到那时，母以子贵，就像秦国的宣太后一样，自己就可以主宰楚国的大局了。

"那倒是的，大王一向是十分喜爱公子子兰的。"靳尚连忙附和道。

"靳大夫，太子不在国内，你就不能想办法说服大家，拥立公子子兰为君吗？"

"这事恐怕不容易，夫人何不去找令尹呢？现在是他主持国政啊！"

"昭睢这个倔老头，不找还好，一找准多事。你就不能想个办法吗？"

"我实在想不出别的办法。"

"提议啊！国内无君，先立者为王，各国也都有这种情况。何况如今又是非常时期，秦国扣住大王想要地，谁能担保齐国不会扣住太子也要地呢！"郑袖生气地说。

"说得有理。明天朝臣共议拥立新王的事情，我试着提议提议。"

"可不是，只要能说成，自然不会亏待你，昭睢那个令尹也该当到头了。"郑袖这才露出笑容。

"不过，立太子为王可是我带回来的旨意啊!"靳尚又显得犹豫起来。

"你真是死脑筋，又没有文字，不是凭口头说的嘛，改个口就是了。"

经郑袖这么一鼓动，靳尚也就满口答应了，毕竟，令尹的梦在等待他，而且还是很诱人的。

这也就是为什么会出现刚才的一幕。可惜他们的如意算盘没有打好，不一会就被众人驳得难以回答，在这种情况下，靳尚只得派人通报郑袖，于是郑夫人便破门而入。

郑袖原以为凭她的那份威严，还是能把群臣镇住的。虽然她心目中有几分忌惮昭睢和屈原等人，但关键时刻，也难顾及那么多，只能孤注一掷了。没想到事情不仅没有办成，众大臣还要追究怀王入秦的责任，再待下去只能引火烧身了，她不得不悻悻然离开了。现在，只有退而求其次了，她在策划新的办法，那就是想办法阻止太子回国。

昭睢见已无人再说二话，便说:"当此国家危难时刻，众臣自当一心勤劳王事。眼下最重要的事就是立即派人前往齐国迎接太子回国，此事责任重大，不知哪位大夫前去?"说着，他把眼光注视着屈原，众人均知此事非屈大夫不可，便都等着屈原说话。

屈原说:"大王临行，既托以国之大事，屈原愿亲往齐国，定将太子平安护送回国。"

昭睢说:"大夫愿往，吾无忧矣!"

二人相视，会心地笑了笑。屈原急忙回府，准备行装，择日赴齐。

三 再赴齐国

昭睢准备了鸡骇之犀、夜光之璧、郢地所产之精美丝绸锦绣等众多宝物，载以百车，由屈原为使，以怀王病故于秦为由，带着讣告，前往齐国迎立太子。屈原知道，这项使命也不是很轻松的事，虽然自己过去多次使齐，有些关系可以利用，但一者国君已经更换，自己和齐宣王比较熟悉，也算有一定的交情，和齐湣王则从未打过交道，听说湣王雄心勃勃，大有称霸中原的架势，他如何处置这件事，自己心中无底；二者齐国朝臣中，这些年也更换了一大批，许多人自己并不认识，因此到齐国之后，还需再和齐国当权者多方沟通才行；三者楚齐当前的形势迥然不同，楚王连续受挫之后，国势不振，且由于怀王多次反反复复，使诸侯对楚大失信任。不过，齐楚毕竟目前仍然结盟，从长远上看，两国间仍有许多相互需要的地方，因此，只要努力做好工作，还是有可能比较顺利地将太子迎回国内的。当然，说起太子横来，屈原确实也并非十分满意。他从小缺乏严格的教育，喜欢结交一帮游手好闲的人一起田猎、戏耍、酗酒闹事，为此颇令怀王烦恼，迟迟不立太子。倒是子兰从小聪明好学，机敏过人，颇有其母的遗传，怀王十分宠爱他。但他未免聪明过分，总想着为个人捞取好处，有时还能编些假话，并恃宠欺负别人，在学校时就经常欺负比他小的同学，鬼点子不少。这些孩子玩的小点子，自然骗不过大人，怀王为此常感不快，所以最后还是确定立长子横为太子。他让太子质秦、质齐，也是想让他出去见识见识，经历些磨炼，没有想到刚去秦国就惹出杀人大祸，怀王几乎想将他废去，后来还是在众臣的规劝下，答应让他好好自我思过，以免重犯。到齐国为质时，还特地派了两位大夫去辅佐他，以防出现别的情况。据说在齐这段时间，他比以前规矩多了，怀王听到报告以后颇为欣慰，所以这次确定立太子为王。

当时齐国的相国是有名的战国四公子之一的孟尝君。屈原深知孟尝君重义气，便登门拜访。孟尝君久闻屈原大名，而屈原也早就知道孟尝君的好客与礼士，因此，虽是初次见面，但相见如故。谈话间，两人纵论天下之事，所见大致相同，因而谈得十分投合，大有相见恨晚之感。屈原因致礼于孟尝君，请他再向齐湣王说情，早日遣送太子回国。孟尝君问："贵国大王入秦，我早已知之，但不知何时病故？"

屈原说："实不相瞒，敝国大王尚在秦国，只是恐别生枝节，故以讣告求归太子。愿相国勿泄。"

孟尝君说："大夫如此以诚相告，田文自当为先生守密。归太子之事，请先生勿忧。"

次日，孟尝君见齐湣王。齐湣王将楚国派使者报丧并请求遣返太子横的事告诉了他。

孟尝君问："大王答应了吗？"

齐湣王说："寡人原已准备告知相国后遣其回国。但昨日章子告诉我说，怀王并未病故，并让我留下太子以求楚割给东国之地，此事我正拿不定主意，不知相国以为如何？"

孟尝君说："怀王被骗入秦，并至今未能返国，此事世所共知。楚派使者告我，拟立太子横为君，这也是实情，既然如此，又何须计较其他枝节问题呢？"

湣王问："相国的意思是……"

孟尝君说："秦以欺诈手段骗怀王入秦，而求楚以巫及黔中之地为交换条件，天下诸侯皆以为秦不讲信用，秦至今也未得到楚国之地。大王留下楚太子，以交换土地为条件，那么，齐国和秦国又有什么两样呢？况且齐楚既为盟国，乘人之危，求人之地，于理不当。"

湣王问："可是有这么好的机会向楚国提出要求，请其为报，应当也不过分吧！"

孟尝君说："大王所言，是小利也。齐楚如能因此而加深关系，相互支持，是大利也。大王请想，秦留下怀王，至今无地可得。齐留下太子，难道就能保证得到土地吗？怀王并非只有一子。我国留下楚太子，楚人以地来赎，固然可得一分土地。如果楚人更立他人为君，我国岂非空留一个质子而遗世人以恶名？况且楚太子在齐，大王待之以礼，其返国之后，必然深感大王之德，倘有缓急之时，楚必为用，这岂非齐国之大利？"

湣王说："章子告诉我，如果楚人另立新君，则可以太子为要挟，楚君必然担心太子回去争国，这时求楚以东国地为交换，我杀楚太子，此计是否可行？"

孟尝君说："章子将陷大王于不义，愿大王切不可听。"

齐湣王沉思了一会，说："就依相国之言，礼送楚太子回国吧！"

临行之前，屈原再次登门拜谢孟尝君。孟尝君便将有人劝说齐湣王想留太子以求东国之地的事情告诉了他。屈原深谢了孟尝君之德。他哪里知道，在他到齐之前，郑袖和子兰已经派人携带重礼送给章子，让他去湣王面前说些话，把楚太子留在齐国，这样，子兰就有机会立为国君，只是因为孟尝君的缘故，太子横才得以顺利归国。

楚太子横的车队一路快马加鞭，急匆匆赶回楚国。临近郢都，大约还有五十里的路程时，只见前面有一路人马列队两旁，彩旗招展。当车驾到达跟前时，钟鼓齐鸣，笙竽参差，好不热闹，定睛看时，原来是子兰带着一帮人，在此等候迎接太子归国。

这时，子兰站在路旁，对着太子的车驾拜礼，并说："哥哥一路辛苦了，小弟奉母亲之命，在此等候哥哥多时了。"

太子离国一年多，见到弟弟专门来到这么远的地方迎候自己，心里不免为之感动。他还了礼后，便挥手让子兰也坐上自己的车，兄弟俩并排坐在一起，进入了郢都。

说实在的，太子横对于这位比自己年轻许多的弟弟，谈不上有什么好感，但确也没有什么恶感。自己的母亲去世较早，所以他从小缺乏母爱，也缺乏严格的管教，这使他养成了喜欢在外游逛的习惯，并不太在意宫中的事情。郑袖虽然一心想要儿子继承王位，但她做事向来是在暗中进行，况且当子兰年幼时她也并不着急，只要怀王一直保持着对自己的宠幸，早晚有机会说话，所以平时她对太子也保持大面子上过得去，还时不时地关心一番，使太子对她也有几分好感乃至感激之情。这当然也是郑袖所以能够让怀王深信不疑、始终宠幸有加的原因之一。至于上次大闹朝宫，对她来说，实在是一种失态，这也是因为情急无奈，她才不得不破门而入。既然如今已成事实，她就有另一套对付的办法。子兰的话说得并不错，是郑袖在打听到太子即将到达的消息后，立即让子兰带了人远道迎候，从而在太子心目中留下了一个最美好和最深刻的印象。

回到宫中，一切都早已安排就绪。作为宫中的主人，郑袖早已吩咐宫人将宫中打扫得洁净而整齐，所有应当考虑到的问题，郑袖都早已想到。她用谦恭的但又落落大方的礼节迎候太子的到来，殷勤地嘘寒问暖，并关照太子，只要有什么不合适的，就告诉她，她明白地让太子感觉到，既然父亲不在家了，她就是这一家之主，她会认真地履行母亲的责任。临告别时，她又让人领来几位经她专门挑选好的年轻貌美的女子，当着太子的面关照她们要细心侍奉太子，不得有一丝一毫的闪失。太子横自从母亲去世之后，还从来没人如此精心地照料过自己，他从郑袖的身上，感到一种深情的母爱，禁不住眼眶发酸，他觉得自己也确实需要有这样一位能够时时处处关心、爱护自己的母亲。

黄道吉日早已选定，举行过一应的庆典之后，楚太子横登上了楚王的宝座，这便是历史上有名的顷襄王。

楚国派出了使臣向各国报告新王登基的消息，靳尚自告奋勇要求去秦国，他说他要去向怀王复命，以示自己忠实地执行了怀王的旨意。当日昭睢让武士们把靳尚看押起来，并不是真心要整治他，不过是要恐吓他一下，不让他搅乱了整个秩序，也是杀鸡给郑袖这个母猴看的。所以郑袖走后便立即放了他。不过有一阵子靳尚似乎也老实点，不太那么喜欢出头露面了。虽然，他还时不时地奉召进入宫中，和郑袖密议对策，但往往都选择在不太引人注目的时候才秘密前往。

靳尚到达秦国之后，立即前往朝见秦昭王。昭王问："靳大夫，寡人让你回楚国商议割地以释放楚王之事，如何一去不复返了？"

靳尚说："臣遵从大王之命回国通报，但此事非臣所能做得了主的。请大王明察。"

昭王问："那么，你今番前来，有何喜事报与寡人？"

靳尚说："臣此次前来，正是奉楚王之命，前来通报消息的。"

昭王一听，哈哈大笑说："什么？楚王之命，你家楚王还在寡人的咸阳城中，何处又来一个楚王？"

靳尚说："赖社稷神灵，楚国已立新君了。"

昭王一愣，不相信地问："什么？已立新君了？"

靳尚说："正是。"

昭王问："立的是哪一位？"

靳尚说："楚太子横。"

昭王一听，不觉大怒，说道："好啊！立这小子为君，他还欠着寡人的一笔账呢！靳尚，你既来向寡人报告新君继位，总该送来一点见面礼吧，寡人上次所说的事，你国君臣商议的结果如何？"

靳尚说："不干小臣事。小臣竭力劝告，转达大王之意，但昭睢当政，不肯听从。屈原还说，秦国还欠着楚国的土地，怎么还倒过来向楚国要地？"

昭王问："秦国怎么欠楚国土地了？"

靳尚说："屈原讲，张仪去楚时，曾应许楚国说，只要齐楚不纵亲，秦国愿还给楚国汉中六百里土地，后来秦国欺骗了楚国，所以说秦还欠着楚国的旧账。"

秦昭王听了，恼羞成怒，他想，自己白费了一番心机，虽然把怀王骗到秦国来，但没有能因此得到楚国的一寸土地，在外面倒听到各国诸侯说了许多秦国的不是。他越想越恼，便说："好吧，巫、黔中早晚归秦国所有。你家不肯给地，寡人自有办法取之，我要先教训教训熊横这小子。"于是，秦昭王下令，由白起为将军，蒙骜为副将，领兵十万，出武关，直逼楚之宛。秦昭王九年（前298），秦军攻下楚国的析（今河南西峡）地，取16城而去。

四 顷襄初年

顷襄王初立，国家大事仍由昭睢主持，大局稳定。屈原多么希望乘此机会劝告顷襄王改革朝政，使楚国重新振作起来。由于昭睢和屈原是怀王时期的老臣，而且从齐国迎立自己回楚，因此顷襄王开始时对昭屈二人还是比较敬重的。然而，过不了多久，顷襄王就不耐烦了，每次上朝，他总觉得是在受气。昭睢处置国事，总是自以为是，不大肯听从自己的意见。而屈原，也总是滔滔不绝地提他的建议。他也不看这是什么时候，改革朝政啊，端正风气呀，说得倒容易，老父亲执政三十年，楚国到底比他继位时强还是弱？就这副烂摊子，能维持下去就不错了。顷襄王根本就不想那么长远的事。他并不是一无所知，为质的几年，到过秦国又到过齐国。秦国的势头，自然是没法比的，齐国自败燕之后，一直成为中原诸侯的首领，一声号令，各国尽皆响应。而楚国，怀王至今还留秦不得归来，屈原天天在那里说什么要发愤图强，报仇雪耻，但口头说说可以，真正做起来谈何容易。这些事，顷襄王不是不想，有时越想越烦恼，不知该怎么理出个头绪来。索性出去打打猎，散散心，也还能消愁解闷。可是，屈原却连这事也要管，什么要以国事为重呀，不可贪图淫逸呀，实在令人心烦！倒是郑袖，成天围着自己转，总是说治理国事太累人，经常想着法子让他高兴高兴。小兄弟子兰，也还知情知趣，陪着自己下棋打猎，喝酒听歌，要没有他们，该多没劲。

一天，齐国送来紧急文书，约请楚国和韩、魏、齐一同攻秦。顷襄王听后，十分为难。他召集群臣议论此事。

昭睢说："齐楚纵亲，当秦楚构难之时，齐与楚方便，送太子回国，今既有约，自当出兵助战。"

靳尚说："万万不可，大王至今还在秦国，我国出兵，必将激怒秦王，恐于大王不利。"

屈原说："如能合诸侯之兵以败秦，当可加速大王归来。否则秦将以大王为人质，要挟我国。"

子兰这时已是大夫，马上接口说："诸侯之兵，犹如乌合之众，不堪一击，以此击秦，有如以卵击石。往年六国共攻秦，尚且一无所成，如今秦之国势，又盛于当年，更无取胜的希望。"

子椒在一旁插话说："据我所知，齐国此次合兵攻秦，不过是田文（即孟尝君）欲报私仇，我国何须为人火中取栗。"

屈原说："田文受辱于秦，回齐即能发兵复仇，如能挫削秦国之威，于中原各国也尽为幸事，何为公，何为私？且大王受辱于秦，此国之大耻，我国至今不敢雪万一之耻，恐为天下所笑！"

襄王听听这个觉得有理，听听那个也觉得有理，一时拿不定主意。

退朝之后，子兰照例已备好一桌宴席，给哥哥消愁。并请来靳尚和子椒作陪。席间很自然地，又说起了齐国约同发兵之事。

子椒说："令尹只想发兵，也不考虑国家连续失败之后，士气不振，这时发兵，再受损失，国力就大受影响了。"

靳尚说："是啊，保存实力为上策，几国联合攻秦，明摆着是去自找没趣。"

襄王说："可是，昭睢坚持要出兵。"

子兰说："大王不点头，他也不能自作主张。"

襄王说："令尹主持国事，总还是要听听他的意见。"

靳尚说："昭睢倚老卖老，总是在下面讲一些对大王不利的话。"

襄王一惊，问："讲的什么？"

靳尚说："他总讲大王年轻，办事不稳当，非得他才能治好

128

楚国。"

子兰说："真是狂妄至极，竟敢如此蔑视大王，是可忍，孰不可忍！"

子椒说："我还听说他总讲大王是他立起来的，一副居功自傲的样子。"

子兰说："太放肆，论起立大王的事来，靳尚大夫应当是头功，是他带来父王的旨意，他不得不执行，不然，他巴不得推迟立王之事，好独掌朝廷大政。"

你一句我一句，句句都听进了襄王的耳朵里，自己平时也对昭睢的许多作为很是不满，现在这些事一件件都记得特别清楚，他觉得，昭睢总是大权独揽，把自己当成小孩子似的，这种状况再也不能继续下去了。看到襄王在沉思不语，靳尚觉得时机已到，便装出十分忠诚的样子对襄王说："大王，臣强则主弱，长期这样下去，将有损于大王的威严，大王总得想个办法才是。"

襄王见众人正说到自己的心里，便说："昭睢已经几次说要辞去令尹职务，寡人只是觉得他经验丰富，有声望，因此迟迟没有下决心，既如此，等他再提出要求，寡人便准了他便了。只是令尹职务，谁能承担？"

众人听到要免去昭睢职务，好不高兴。靳尚立即接口说："大王有什么可以过虑的？令尹不是现成放着一个人吗？"

襄王问："你说的是谁？"

靳尚说："楚国历史上，总是有许多令尹是从王室里产生的，这大王是知道的。毕竟同根所生，血脉所系，能够倾尽全力维护王室。公子子兰精明能干，正是精力充沛的时候，大王何不委以重任。"

襄王想了想，问道："子兰倒也可以考虑，但不知能不能服群臣之心？"

子椒说："只要大王发令，谁敢不遵从？这事大王倒不必多虑。赵惠文王继位，不也让他的弟弟赵胜为相国吗？"

第二天上朝时，围绕出兵问题再次争论起来，襄王这次也不等大家多说，便明确宣布：楚国不出兵。昭睢见襄王不等大家议论就自作主张，十分生气，立即提出要求辞职。襄王假惺惺地劝慰了一阵，也不多说。几天之后，突然宣布，免去昭睢令尹之职，由公子子兰为令尹。朝廷中一片哗然，屈原急忙劝谏说："大王，方今正是危难之时，令尹深孚众望，还是留任一段时间为好。"

顷襄王说："我也劝过，可是令尹多次要求辞职，寡人挽留不住啊！"屈原见顷襄王只管推托，也就没法多说了。

于是，顷襄王让子兰给齐国写了封国书，以怀王在秦，出兵恐招致秦人的报复为由，婉转地表示了意见，孟尝君觉得也不必勉强。于是，他带着齐国的军队，会集韩、魏联军，共同攻打秦国的函谷关。

孟尝君田文这次之所以奋力攻秦，当然也有他个人的"私愤"在内。本来田文在齐国为相，将齐国治理得井井有条，因而声名大振。秦昭王听说了田文的贤能之后，很是倾慕，感叹道："秦如得此人为相，乃社稷之福。"于是，他让自己的弟弟泾阳君到齐国为质子，因以会见孟尝君，并向齐湣王转告秦昭王的倾慕之情，请求让孟尝君入秦为相。齐大臣匡章嫉妒孟尝君的贤能，巴不得能让他离开齐国，因而说服了齐湣王，以车礼送田文入秦。

秦昭王会见田文之后，十分高兴，准备任用他为丞相。可是，秦国原丞相樗里疾唯恐一旦秦昭王任用田文，将夺去自己的大权，于是他让旁人出面对秦昭王说："田文是齐国的王族，大王要任用他为相，他肯定先考虑齐国的利益而后再想到秦国。以田文之贤能，出谋划策，百算百中，其宾客又人数众多，且均有奇能，如果他利用秦国给他的大权而替齐国打算，那么秦国就危险了！"

秦昭王把这个人说的话告诉樗里疾，并问他："丞相以为如何？"

樗里疾忙接话说："所言极是！"

秦昭王说："既然如此，寡人就打发他回国去算了。"

樗里疾说："不可。田文在秦已居住一个多月，随从宾客一千多人，秦国的情况，事无巨细，都已被了解得一清二楚，如果让他返齐，必为秦国的祸害，大王不如杀了他。"

秦昭王被樗里疾说动了，就派人把田文幽禁在馆舍中。

泾阳君在齐国时和田文关系十分密切，见田文被囚禁，很不以为然，便暗中将有关情况告诉田文，田文以白璧一双和其宾客从秦人国库中偷出的白狐裘一件托泾阳君送给秦昭王最宠爱的燕姬，让她说通秦王，放田文回齐。秦昭王果然听了燕姬的话。田文急忙领着随从出了秦国国门，可是行至函谷关时，正值半夜时分，关门紧闭。田文担心秦王后悔并派兵追赶，十分焦急。其宾客中有人善于学鸡鸣，他一鸣叫，群鸡也齐鸣。关吏以为天色已明，就开关放他们东归。这便是历史上有名的"鸡鸣狗盗"的故事。秦王后来果然后悔，并派兵来追，但田文的人马已经远去，追之不及。

孟尝君返回齐国以后，齐湣王仍委任他为相国。孟尝君十分恼恨秦国的无礼，于是，约合魏、韩、楚，准备联军攻秦。可惜楚国害怕秦国，不敢派兵参与。

由于孟尝君在入关及出关前后，详尽考察了函谷关的地形风貌，对攻打函谷关事先已做好了计划，因而这次联军攻秦，秦军始终占不了便宜。孟尝君在关前历数秦人的种种罪行。楚国虽然没有派兵参与，但田文却替楚国提出要秦人立即释放怀王回国的要求，指责秦国的不讲信义。他精心组织联军对秦作战，多次挫败秦军的攻势，联军士气高涨，越战越勇。秦军前线连连告急。

秦昭王十分不安，便重新起用魏冉为相。魏冉一面组织军队抵抗联军的进攻，一面安抚楚国。他对秦昭王说："联军攻势迅猛，非昔日可比。臣当前最可忧虑的，莫过于楚国，如楚从南面发动攻势，我将南北受敌，难于应付了，因此，必须先稳住楚国，方无后顾之忧。"

秦昭王问："有何办法？是否先放怀王回国？"

魏冉说："万万不可，怀王对我恨之入骨，此时放他回去，犹如放虎归山。楚将倾其全国之兵与我作战，则秦国危矣！"

昭王问："依相国所见，计将安出？"

魏冉说："臣闻楚年岁不丰，大王可送去些许粮食，以示抚慰，则楚将感大王之德，必不与秦为敌。"

昭王说："就依相国所言。"

于是，秦国派人送粟米五万石给楚。子兰好不得意，他对顷襄王说："还是大王当日决策英明，倘若当时听从齐人一起出兵，这时不仅耗费资财，且师劳而无功。"顷襄王心里也十分高兴。

正议论间，屈原前来面见顷襄王，他对襄王说："大王，我接到消息，三国联军多次在函谷关挫败秦军。大王此时应下令派一支精兵，从南面发起攻势，必可恢复武关外之失地。"

襄王说："秦国刚刚派人送来粟米五万石，以示友好。此时出兵攻秦，实不合时宜。"

屈原说："大王以为秦人真对楚国格外垂顾吗？多年来，秦每次表示亲近之时，往往皆有求于楚。现今秦与诸侯联军战于函谷，形势危急，害怕我军从南部出击，使其首尾不能相顾，所以才来表示亲近，这不过是黄鼠狼给鸡拜年，大王不可信以为真。"

子兰忙说："不管怎样，人家这时送礼前来，我总不宜乘人之危，出兵相威胁吧！"

屈原说："秦国真愿和楚国息兵和好，就应当将怀王释放回国，两国签订盟誓。如今秦仍拘禁怀王，却以区区一点粮食来表示亲近，大王不可就此相信秦人。若非诸侯之兵叩关攻秦，秦人绝对不会想起送粮与我。大王初承王位之时，秦人如何不送粮前来，反而夺去我析地 16 城（今河南西峡一带）。大王如要感谢的话，还应当感谢诸侯联军。"

子兰说："此一时而彼一时，人既以善意待我，我也自当以善意相报，这点道理，你总该是知道的。"

屈原说："秦楚交争多年，秦人何曾有什么善意，大王至今被

132

拘于秦，大片土地被秦人所占，你既身为令尹，承担国家重任，就应当考虑如何恢复失地，救先大王回国，不应总是以小失大，不图进取。良机易失啊！"

顷襄王见屈原越说越气愤，急忙出来打圆场，说："屈大夫所说，寡人当认真考虑就是，不必生气。"

屈原知道多说也无用，生气地离开了王宫。

大概由于秦楚关系的缓和，也由于诸侯联军的进攻使秦人忙于应付，他们对楚怀王的看管逐渐放松了，也允许他可以出外活动活动。秦人相信，楚怀王就是长有三头六臂，也难以逃出秦国。试想当年身为秦国丞相的商鞅尚且逃不出函谷关，楚怀王有什么能耐逃走呢？

可是，楚怀王曾经执政三十年，他在秦国也有一定的关系，他利用这种关系，用重金买通了关节，得到秦国颁发的通行证，于是，他利用秦人防守的疏忽，逃离咸阳，准备返回楚国。怀王选择了一条秦人没有估计到的路线，他知道南行的道路肯定走不通，秦人一发现怀王失踪，必然在南行的各处关口严加把守，仔细盘查，那么想回楚根本就不可能。往东更不行，秦军和诸侯联军正在相互对峙，往来的行人都走不过去，更何况怀王。往西到处是秦人控制区，唯一的办法是往北，越过秦的边界到赵国，然后借道回楚，他和赵武灵王会盟时见过面，觉得他还是能够帮自己的忙的。

怀王的计划进行得很周密，他竟然从秦人的鼻子底下逃了出来。当秦人发现怀王失踪之后，立即严令在往东和往南的各处关卡严密盘查过往的行人，不得漏过一个可疑的人。可是奇怪的是竟然没有发现一点踪迹，当他们最后搞清情况时，怀王已越过秦国国界，来到赵国的城下。

楚怀王被拘禁于秦国的事情在当时各诸侯国中都是十分清楚的，因此，当怀王出现在赵国时，赵国的守将十分震惊。由于事情关系重大，谁也不敢擅作主张。于是，他们先让怀王在城下等候，然后飞速把消息送到国都。怀王实在是不走运，赵武灵王一年前刚把王位让给儿子惠文王，自己称为主父，专门负责对胡地用兵之事，这时，他不在国都，而在代郡。赵惠文王和大臣们商议之后，都觉得这事不好办，如果因为接纳楚怀王而激怒秦人，秦国移兵攻赵，祸就大了，反复计议之后，决定不接纳怀王，要他另投他国。

怀王在赵国羁留了好些时间，却得到这样的一个答复，心里很不是滋味，但事到临头，也无办法了，只好改道往魏，希望能从魏回楚。就在这延误的过程中，秦军终于得到怀王的准确消息，派军队沿途堵截。怀王还未到达魏国，已经被秦军截断了去路。怀王费尽九牛二虎之力，眼看归国有期，却想不到重入虎口，他痛苦地仰天长叹道："苍天有眼，如何使我有国难回！"

回到咸阳以后，怀王已经绝望之极。这一次，秦人吸取了教训，再次加强监督，逃回国的希望已经不再存在。函谷关的那场战争仍在继续，怀王原以为楚国也会加入这场战争，虽然不能保证联军一定会打胜，但至少不应当示弱于人。他听到昭雎去职，子兰为令尹，楚国却没有一点新气象，心里很不是滋味。他想起自己执政三十年，楚国不仅没有发展壮大，反而一再受挫，兵败地削，这一切，到底是怎么发生的？他心情十分压抑，时常自言自语，自怨自艾，很快便生起病来。秦人倒也给他请医看病，可是医生说，怀王得的是心病，外疾入侵人体，尚有可治之道；内疾攻心，非药石可愈。

五 《离骚》

怀王出逃未成，又落入秦人之手的消息传到楚国，顷襄王兄弟却似乎什么事情也没有发生，依然在那里该玩就玩，该打猎就打猎。屈原实在忍不住了，他再次上朝催促顷襄王兴兵伐秦，并说："先大王被拘禁数年，秦人至今不放其回国，大王正宜以此为由，兴兵伐秦，要求秦将先大王送回国，这是个合适的机会啊！纵然秦国不肯放先大王回国，我国也可利用秦人与诸侯联军作战的机会，收复失去的北方领土。秦人主力在函谷关，我军乘其无力南顾，集中精锐攻其南端，必能一举收复丹阳汉中，既可声援诸侯联军，又可使秦人遭受重创，从此不敢轻视我国。"

子兰没等听完，便说："你总是口口声声催促大王兴兵伐秦，怎么不想那诸侯联军和秦人打了两年，至今还分不出胜负？我军出兵，你就有那么大的把握？万一出师不利，岂不雪上加霜？"

屈原听了子兰的这番话，心里好不气恼，就大声地说："令尹想是让秦人吓破了胆，怎么未出一兵一卒，先自想到出师不利。楚国列祖列宗，倘若都不思进取，怎能有今日的大片河山！"

子兰也生起气来，回答道："你怎么总是口口声声教训别人，全不把大王放在眼里，好像楚国就你最关心江山社稷，实在太自以为是了！"

楚国的群臣，见子兰和屈原的争论后，那些正直的人，都觉得在这种情况下，讲也无用，不如不讲。那些胆小的，干脆躲在一旁。倒是靳尚之流一个个十分活跃，都出来指责屈原自以为是，眼看议论全是一边倒了。子兰好生得意地说："屈大夫，你也该听听大家是怎么讲的，总不能就你是明白人，别人都是糊涂虫吧！"

屈原见顷襄王坐在那里只是不说话，知道他也不会听从自己的意见，心里十分生气，但面对这样的兄弟俩，他还能说什么呢？

顷襄王并不是一根木头，他此时心态其实是十分复杂的。他和子兰还是有所不同，从内心讲，他也想试一试，和秦人打上一仗，也未必就一定失败。但是，他心里还想到的是另一件事，那就是父亲要真是回来了，是不是就有好处？他已经习惯了自己当家做主，享受一切的滋味，如果父亲回来了，自己还能这样随心所欲吗？谁能担保还会出现什么样的事情呢？当然，这些都只能想，不能说，所以他不动声色地坐在那里，让他们去争个不休，他想：争累了自然也就不争了。

看到顷襄兄弟的这种态度，屈原伤心极了，想到国家的前途与命运，想到入秦不归的怀王，想到不思振作的顷襄王与令尹子兰，强烈的失望情绪使他感到极端痛苦。他拿起笔，开始写起长篇抒情诗《离骚》。"离骚"的意思，按照司马迁和班固的解释是"遭忧"，这是释"离"为"罹"，释"骚"为"忧"。说明屈原内心极为忧愤。王逸则解释："离，别也；骚，愁也。……言己放逐离别，中心愁思。"（《楚辞章句》）两说皆可通。

《离骚》是中国古代最长的一首抒情诗，全诗长达 373 句，近 2500 字。它是一种全新的诗体，打破了《诗经》以四言为主的体制，采用楚国地方民间音乐——巫音的曲调和格式，进行大胆的创新，从而成为先秦诗歌中与《诗经》并列的另一种诗歌形式——《楚辞》体诗。由于《离骚》是楚辞的典型之作，故后世也将楚辞体诗歌称为骚体诗，如同以《诗经》中的风诗代称《诗经》一样。中国历代文学评论中常用"风骚"来指称中国诗歌的源头，也就是指《诗经》与《楚辞》。

《离骚》中，屈原全面回顾了自己从出生以来的大半生的经历。前半部分，大约占全诗的三分之一篇幅，他采用自传的形式直叙其生平、抱负、道德修养与政治理想，以及自己为实现"美政"理想而进行的顽强的斗争，是后人了解屈原生平的最重要的资料。

诗篇的开头，作者即以宏大的气势，追溯自己的世系、生辰、命名的经过：

帝高阳之苗裔兮，　　我是高阳帝的苗裔，
朕皇考曰伯庸。　　　伯庸是我的父亲。
摄提贞于孟陬兮，　　摄提在寅的那年正月，
惟庚寅吾以降。　　　庚寅的时分我降生。
皇览揆余初度兮，　　父亲审察了这吉祥的时刻，
肇锡余以嘉名。　　　赐给我相应的美名。

| 名余曰正则兮， | 将我命名为正则， |
| 字余曰灵均。 | 又给我取字叫灵均。 |

"灵均"是屈原给予诗中主人公的名字，他既是屈原的化身，但又是屈原理想的人物，与屈原有所不同，诗中的灵均可以上天入地，这当然不是现实中诗人所能做到的。接着，他用简洁的八行诗，描写自己在成长过程中如何注重品格的修养：

纷吾既有此内美兮，	我既秉承天地之正美，
又重之以修能。	又注重于后天的修养。
扈江蓠与辟芷兮，	披着江蓠和香芷，
纫秋兰以为佩。	联结秋兰为佩饰。
汩余若将不及兮，	岁月如此疾速地流逝，
恐年岁之不吾与。	担心年岁易过时不我待。
朝搴阰之木兰兮，	晨取山上之木兰，
夕揽洲之宿莽。	暮采洲中之宿莽。

当知识的积累，品格的锤炼达到成熟的程度之后，他开始进入政坛，为国家的命运而奔忙：

日月忽其不淹兮，	日月匆匆不可淹留，
春与秋其代序。	春去秋来轮回替代。
惟草木之零落兮，	只见草木飘飞已经散落，
恐美人之迟暮。	我担心美人已行将迟暮。
不抚壮而弃秽兮，	趁着壮年赶快抛弃污秽，
何不改乎此度？	为什么至今不肯更改？
乘骐骥以驰骋兮，	跨上骏马奋力驰骋，
来吾导夫先路！	来吧！我为你把道路来开！

这里的"美人",当指国王,也就是楚怀王。屈原担心岁月的飞速流逝,使功业无成,转瞬已至迟暮的老年,所以他曾希望怀王趁其壮年精力旺盛之时,抛弃那些丑恶的行为而实行美政,干出一番大事业,而自己则愿意在这一过程中充当先导者,为实现理想而一马当先去冲锋陷阵。然而,事实并不像他想象的那样简单,历史上有名的圣王尧舜是走正道的,而昏庸的国君却总要走邪僻的小路:

彼尧舜之耿介兮,	那尧舜是这样光明正大,
既遵道而得路。	他们遵循正道畅行无阻。
何桀纣之猖披兮,	为什么桀纣那样狂乱无知,
夫惟捷径以窘步。	想走捷径却难行寸步。

屈原见到当时朝中一批"党人",也就是那些结党营私,把持政权的楚国贵族集团只求苟且偷安,正在把国家引导到一条危险的道路上,他不禁十分担心国家的前途与命运:

惟夫党人之偷乐兮,	这些党人只想苟且偷安,
路幽昧以险隘。	他们的道路黑暗而又狭隘。
岂余身之惮殃兮,	我岂是害怕自身遭受祸殃,
恐皇舆之败绩。	担心的是国家遭到惨败。

为此,他希望通过自己的努力,使国君能够继承前代圣王的业绩。但是,他的所作所为,并没有得到国君的理解:

忽奔走以先后兮,	我匆匆忙忙奔走先后,
及前王之踵武。	希望你沿着先王足迹行走。
荃不察余之中情兮,	君王不体察我的一片真情,
反信谗而齌怒。	反而听信谗言勃然大怒。

荃和荪一样都是香草名，屈原在诗歌中常用以代指国君也就是怀王。他不仅不体察屈原的苦心，反而听信谗言而勃然大怒。楚怀王确实是位无能的国君，他分不清是非，专门听信谗言，而当时楚国宫廷中，又充斥着一堆争名逐利、不顾国家安危的奸党。这批党人经常在怀王的面前攻击那些忠心耿耿、为国效力的贤臣，而怀王缺乏判断是非的本领，缺乏主见，因而别人一说什么他就信以为真，不加详察，不辨忠奸，从而招致国家陷于危险境地。屈原并不是不知道忠贞直言往往会招来灾难，他在诗中写道：

余固知謇謇之为患兮，　　我当然知道耿直将带来灾难，
忍而不能舍也。　　　　　只是忍耐痛苦难以离舍。
指九天以为正兮，　　　　指天为誓，为我做证，
夫惟灵修之故也。　　　　这一切都是为君王的缘故。

对自己的一片真诚，怀王不能体察，这从个人来说，并没有什么，但是最让屈原感到痛心的，是那中途夭折的改革计划。早在《抽思》中他已写道：

昔君与我成言兮，　　　　当初君王和我曾约定，
曰"黄昏以为期。"　　　　"黄昏时候前来见面。"
羌中道而回畔兮，　　　　谁知您中途改了主意，
反既有此他志。　　　　　反和别人厮混缠绵。
…………　　　　　　　　…………
与余言而不信兮，　　　　对我不能信守诺言，
盖为余而造怒。　　　　　反倒发怒说长道短。

《离骚》中他再一次写道：

曰黄昏以为期兮，	说黄昏的时候来见面，
羌中道而改路？	为什么中途却改变行程？
初既与余成言兮，	当初既然和我有过约定，
后悔遁而有他。	后来却反悔有了二心。
余既不难夫离别兮，	我并不难和您离别，
伤灵修之数化。	只是悲伤您的屡次变更。

这里，屈原对怀王的违背诺言（"成言"），中道变更主意的做法表示了极大的不满。但是没有明确写出"成言"的内容，而是用"曰黄昏以为期"这种男女之约来比喻，是一种委婉的修辞手法，留给人们以想象的余地。但是，可以肯定屈原为的是国家的大事，这个谜底是直到他临终前写的《惜往日》诗中才做了明确的说明的。《惜往日》一开头就写道：

惜往日之曾信兮，	我痛惜往日曾受到信任，
受命诏以昭时。	亲受诏令让世道光明。
奉先功以照下兮，	承宣祖业以昭示民众，
明法度之嫌疑。	明定法度将是非分清。
国富强而法立兮，	国家富强应依法治理，
属贞臣而日娭。	委政忠良使天下太平。
秘密事之载心兮，	秘密大事心中牢记，
虽过失而弗治。	虽有过失并不追寻。
心纯庞而不泄兮，	秉性敦厚不泄机密，
遭谗人而嫉之。	却遭谗人嫉妒在心。

"明法度之嫌疑"正是当初怀王交给屈原的任务，其目的是达到"国富强而法立"，这是件十分重要而秘密进行的工作，然而由于怀王的变卦（"中道回畔""后悔遁而有他"），使这样重要的计划破产。屈原自然是以十分痛苦和惋惜的心情来回顾这一段历史

的。他当然不能原谅怀王所造成的如此严重的失误和给楚国带来的深重的灾难，所以他又在《离骚》诗中写下了自己的怨恨：

> 怨灵修之浩荡兮，　　我抱怨君王这样缺少思考，
> 终不察夫民心。　　　竟然不知体察人心的善恶。

后世的班固曾经指责屈原："责数怀王，怨恶椒兰，愁神苦思，强非其人，忿怼不容，沈江而死。"（班固《离骚序》）即是由此而起。"浩荡"，一释为"放荡"，一释为"荒唐"，皆可通。这时的怀王，给自己一生将画上句号了，正是由于他的荒唐和不明智，导致楚国由盛而衰，他本人也被骗入关，成为秦人的阶下之囚，最后身死于秦而为天下笑，其下场也足够可悲的了。

　　当然，屈原最为痛恨的还是那些占据楚国朝廷、不顾国家利益、一味争权夺利的谗人，他们结成朋党，专以诬陷和攻击刚正之士为务，靠阿谀奉承和吹牛拍马爬上高位。屈原在诗中揭露了党人的贪婪、永远填不平的欲壑以及对他人成就的嫉妒：

> 众皆竞进以贪婪兮，　　群小争名逐利贪婪无比，
> 凭不厌乎求索。　　　　欲壑难填四处捞取。
> 羌内恕己以量人兮，　　宽恕自己却猜忌别人，
> 各兴心而嫉妒。　　　　心生恶念将贤人嫉妒。

在《离骚》的后半部分，屈原还用形象的语言来描写党人的是非颠倒：

> 世幽昧以眩曜兮，　　世道阴暗而混乱，
> 孰云察余之善恶？　　谁能体察其中的善恶？
> 民好恶其不同兮，　　人们的爱憎虽然不同，
> 惟此党人其独异。　　这些党人却独异于众。

户服艾以盈要兮，	他们把艾草塞满腰间，
谓幽兰其不可佩。	却说幽兰不可佩用。
览察草木其犹未得兮，	他们连草木都分不清好坏，
岂珵美之能当？	要辨别美玉怎能妥当？
苏粪壤以充帏兮，	拾取粪土充填荷包，
谓申椒其不芳。	却说申椒一点不香。

在他后来所写的多篇作品中，他都对这伙党人进行了无情的揭露与鞭挞。当然，令他感到痛心的，除了国王的昏庸、党人的谗言与嫉妒外，还有自己所曾经培育过并以为可以信赖的一批人的变质。他曾经下决心为楚国培育一批人才，前面写了"余既滋兰之九畹兮，又树蕙之百亩。畦留夷与揭车兮，杂杜衡与芳芷。冀枝叶之峻茂兮，愿俟时乎吾将刈。"可是，这些群芳并没有经受住时间考验，没有等到收获却已变节了，所以屈原十分伤心地写道：

虽萎绝其亦何伤兮？	虽枯萎又何必哀伤？
哀众芳之芜秽！	只怜惜众芳都受了污染！

在《离骚》的后半部分，屈原还有一段诗具体描写这种变节的行为：

时缤纷其变易兮，	时俗纷纷变幻无常，
又何可以淹留？	我又有什么值得留恋？
兰芷变而不芳兮，	兰芷变得失去芳香，
荃蕙化而为茅。	荃蕙化为普通丝茅。
何昔日之芳草兮，	为什么往日的芳草，
今直为此萧艾也？	如今成了低贱的萧艾？
岂其有他故兮？	难道有其他的缘故？
莫好修之害也！	实在是不好修的祸害！

余以兰为可恃兮，	我以为香兰还可依靠，
羌无实而容长。	想不到华而不实徒有其表。
委厥美以从俗兮，	抛弃美质而随从时俗，
苟得列乎众芳？	又怎能列名于众芳？
椒专佞以慢慆兮，	椒精于谄媚而傲慢，
樧又欲充夫佩帏。	樧又急于充实荷包，
既干进而务入兮，	人人都争名逐利志在必得，
又何芳之能祇？	又有哪种香草能洁身自好？
固时俗之从流兮，	既然是时俗都随波逐流，
又孰能无变化？	又有谁能够不发生变化？
览椒兰其若兹兮，	看到椒兰尚且如此，
又况揭车与江蓠？	更何况揭车和江蓠？

在屈原诗中，兰、芷、蕙、椒、揭车、江蓠都是芳草之名，这里代指贤才。在楚国朝野上下都弥漫着腐败庸俗的风气之下，许多屈原以为可作为依靠力量的人也纷纷变节，加入敌对的阵营中去。屈原认为，世俗之人本来就是随波逐流的，在这种坏风气之下，这些人的变化也就在所难免。当然，这是客观的原因，主观上还有他们"莫好修之害"，即不严格要求自己、不注重个人的品德修养，所以也就难免"委厥美以从俗"了。

面对这样的环境，屈原可以有几种选择：一是改变志节，随波逐流，与党人们沆瀣一气。这当然是屈原所不愿的。他要保持自己的志节，不屑于和群小一起追名逐利，诗中写道：

忽驰骛以追逐兮，	急匆匆追求名利，
非余心之所急。	不是我寻求的东西。
老冉冉其将至兮，	岁月流逝老之将至，
恐修名之不立。	只恐怕美名不立。

为此，他时时刻刻提醒自己：

朝饮木兰之坠露兮，	朝饮木兰之清露，
夕餐秋菊之落英。	暮食秋菊之华英。
…………	…………
汩余若将不及兮，	岁月如此疾速地流逝，
恐年岁之不吾与。	担心时光易逝时不我待。
朝搴阰之木兰兮，	晨取山上之木兰，
夕揽洲之宿莽。	暮采洲中之宿莽。

第二条道路是抗争。在当时的楚国，不参与党人的小圈子，就必然成为他们的眼中钉。孤军作战，要想获胜是很难做到的。屈原并非没有抗争过，然而其结果是遇到党人一致的攻击。屈原也体会到这一点，所以他总希望能够有一群志同道合的同僚，一起去拼搏，他在诗中写道：

昔三后之纯粹兮，	古代的三王尽善尽美，
固众芳之所在。	所以众贤能够济济一堂。
杂申椒与菌桂兮，	杂用那申椒和菌桂，
岂维纫夫蕙茞！	又岂止将蕙芷一同佩戴！

"三后"一般认为指的是夏禹、商汤、周文这三朝开国之君。屈原认为各朝贤君所以能够成就大业，就在于有一群贤臣（众芳）的辅佐，而自己在朝中却是孤立无援。屈原的作品中，大量描写自己孤独、寂寞的情景与感受，许多诗篇中都大量使用了"独"这一词语，如《离骚》中的"民生各有所乐兮，余独好修以为常""忳郁邑余侘傺兮，吾独穷困乎此时也"！不仅他自己是这样表述自己的感受，别人也是这样看待他，请看《离骚》中女嬃的一段话：

女嬃之婵媛兮，	阿姊为我忧心忡忡，
申申其詈予。	她反反复复将我劝诫。
曰：鲧婞直以亡身兮，	说：鲧性情刚直不顾自身，
终然殀乎羽之野。	终于早死在羽山之野。
汝何博謇而好修兮，	你为什么要好学前贤自我修洁，
纷独有此姱节。	孤高自爱以保此志节？
薋菉葹以盈室兮，	家家把菉葹塞满房屋，
判独离而不服？	你为什么偏偏不肯采撷？
众不可户说兮，	不能挨家挨户向众人解说，
孰云察余之中情？	谁能体察这拳拳之心？
世并举而好朋兮，	世人都喜好结为朋党，
夫何茕独而不予听？	为什么不听我劝告，孑然一身？

短短的一段话中，连用3个"独"字，而且"茕独"连用，使用频率不可谓不高。

虽然如此，屈原仍然顽强地抗争着，他明知自己孤立，也要不断地进谏，提出自己的看法，在诗中，他写道：

余固知謇謇之为患兮，	我当然知道耿直将带来灾难，
忍而不能舍也。	只是强忍痛苦难以抛舍。
…………	…………
謇吾法夫前修兮，	我诚心地效法前贤，
非世俗之所服？	世俗的人怎能喜欢？
虽不周于今之人兮，	尽管不合今人的口味，
愿依彭咸之遗则。	我愿将彭咸作为样板。

尽管忠直刚正会招来祸害，自己还是要继续抗争下去。彭咸是殷纣时的大夫，他多次进谏，不被采纳，后来投水而死。屈原作品

145

中多次提到他，把他作为自己的楷模。他明白地感受到自己的这种作为会带来什么样的后果，但他在作品中多次表明了以死抗争到底的决心：

亦余心之所善兮，	既然是我内心所崇尚的，
虽九死其犹未悔！	即使九死也决不后悔！
…………	…………
宁溘死以流亡兮，	宁可速死随水漂去，
余不忍为此态也！	我也不愿做出这样的丑态！
…………	…………
伏清白以死直兮，	保持清白而死于忠直，
固前圣之所厚。	本就为古代圣贤所嘉许。
…………	…………
虽体解吾犹未变兮，	纵然是粉身碎骨初志不变，
岂余心之可惩。	难道我的心可受创而更改。
…………	…………
阽余身而危死兮，	我正言危行时临危亡，
览余初其犹未悔。	回顾初志我依然不悔。
…………	…………

"流亡"即躯体随水漂流而逝，当为彭咸的死法；"体解"应即当时所实行的车裂之酷刑，又叫五马分尸，商鞅即死于此法；"菹醢"即将人剁为肉酱的酷刑，古代忠臣龙逢、梅伯即遭此酷刑。从这里可以看出，屈原是把各种最坏的结果都估计到了，但他还是要和恶势力去抗争，就是"九死"也不后悔。人只能有一次生命，因此也就只有"一死"，但屈原却是做好了"九死"的准备，其决心之坚定，由是可知。

当然，他还有可供选择的另外两条路。一是退隐，这条路他也不是没有考虑过。楚国多隐士，这是有古籍记载的，孔子游楚，便遇到过长沮、桀溺和楚狂接舆，都是当时的隐士，屈原在《渔父》篇中写到的那位渔父，也是一位避俗而居的隐士，因此退隐本来也不是不能选择的一条道路。屈原在《离骚》中也这样表述过自己的想法：

悔相道之不察兮，	我悔恨没有看清道路，
延伫乎吾将反。	久久伫立我决心回返。
回朕车以复路兮，	掉转车头重回故道，
及行迷之未远。	幸亏歧路上行之未远。
步余马于兰皋兮，	让我的马车在兰皋上漫步，
驰椒丘且焉止息。	到达椒丘时暂且歇息。
进不入以离尤兮，	不纳忠言反遭祸端，
退将复修吾初服。	我将退隐重着旧装。
制芰荷以为衣兮，	缝制荷叶为上衣，
集芙蓉以为裳。	拼合莲花做下裳。
不吾知其亦已兮，	不了解我又有什么，
苟余情其信芳。	只要我内心高洁芬芳。

这诗里所说的"将反""回朕车以复路""退将修吾初服"，都是一种退隐的念头。其实，他在汉北的三年，那种"远逝以自疏"本身就是退隐的一种姿态。不过他毕竟还是难以做到像同时代的庄周老先生那样，身如槁木，心如死灰。在汉北，他依然要"思美人""寄言于浮云""因归鸟而致辞"；在《抽思》里，他仍要"结微情以陈词兮，矫以遗夫美人。"他对国家的强烈责任感、对民众的灾难的同情心，使他难以沉默寡言，去当超脱尘世的"真人"。所以，这条道路也是走不通的。

还有一条路，那就是去国远游。这是战国时代许多士人的选择。既然在本国难以有所作为，那就前往其他诸侯国，寻求发挥自己才能的机会，在屈原生活的时代尤其是如此。纵横家们是不认祖国的，最著名的张仪、公孙衍都是魏人，却先后多年仕秦；苏秦是周（洛阳）人，先仕燕后入齐。秦国历史上著名的相国，大多是外来户，春秋时期的百里奚不说，战国时代的商鞅是卫人，张仪、公孙衍、范雎是魏人，甘茂、魏冉、李斯是楚人，蔡泽是燕人，吕不韦是赵人，因此，去国远游并非怪事。况且楚国早在春秋时代已有"楚材晋用"之说，屈氏族中的申公巫臣即为其中之一，假如屈原去国远游，当时人也绝对不会感到有什么可奇怪的。屈原在《离骚》的后半部分中，写自己在上天入地、寻求理想的伴侣（三求女）失败之后，在灵氛和巫咸的劝告下，决定去国远游，寻求可以施展才能、实现理想的处所。当然，诗人的心情是十分痛苦的，他在向古帝重华陈词之后，对自己生不逢时，不遇明君是很伤心的，诗中写道：

曾歔欷余郁邑兮，	我愁思郁闷连连长叹，
哀朕时之不当。	生不逢时心中忧伤。
揽茹蕙以掩涕兮，	采一把蕙草将泪擦，
沾余襟之浪浪。	泪湿衣襟好难堪。
…………	…………
闺中既已邃远兮，	宫中豪门深远难求，
哲王又不寤。	圣哲君王又不醒悟。
怀朕情而不发兮，	满腹衷情向谁诉说，
余焉能忍与此终古？	我怎能忍耐直至终古？

痛苦而义无奈，如何承受得了这沉重的精神负担！为了摆脱这种精神压力，他请来灵氛与巫咸，灵氛为他占卜，得到的占词是：

两美其必合兮，	美男美女必定配合，
孰信修而慕之？	真正美人怎会无人倾慕？
思九州之博大兮，	想想九州如此博大，

岂惟是其有女？　　　　　难道只有此处才有美女？

于是，灵氛劝告屈原说：

勉远逝而无狐疑兮，　　　努力远行不要犹豫，
孰求美而释女？　　　　　哪个求美的会将你舍弃？
何所独无芳草兮，　　　　世间何处没有芳草，
尔何怀乎故宇？　　　　　你何必总把故乡惦记？
世幽昧以眩曜兮，　　　　世道阴暗而混乱，
孰云察余之善恶。　　　　谁能将善恶区分清晰。

　　虽然得到灵氛的吉占，但毕竟去国远游是件大事，所以他要
再一次证实这个决定是否正确，于是，他请巫咸为他降神。百神
备降，并告诉他许多前代明君与贤臣遇合的美事，以鼓励他坚定
决心寻求美好的机遇：

曰：勉升降以上下兮，　　他说：勉力往上下四方去探索，
求榘矱之所同。　　　　　寻求志同道合的情谊。
汤禹严而求合兮，　　　　汤禹虔诚地寻找贤才，
挚咎繇之能调。　　　　　伊尹皋陶精于调理。
苟中情其好修兮，　　　　只要真正保持美洁，
又何必用夫行媒？　　　　又何须去寻找媒人？
说操筑于傅岩兮，　　　　傅说在傅岩筑墙，
武丁用而不疑。　　　　　武丁重用他信而不疑。
吕望之鼓刀兮，　　　　　吕望不过是操刀的屠夫，
遭周文而得举。　　　　　遇见文王而从市井崛起。
宁戚之讴歌兮，　　　　　宁戚饭牛而歌，
齐桓闻以该辅。　　　　　齐桓公用为辅弼。

在他们的劝说之下，灵均终于下决心了，诗中写道：

及年岁之未晏兮，	趁年纪还不到老年，
时亦犹其未央。	春光也还正长。
恐鹈鴂之先鸣兮，	只怕杜鹃过早鸣叫，
使夫百草为之不芳。	使百草失去芬芳。

诗人常恐时光易逝，事业无成，因此想趁未及年老，赶快行动。
灵均显然已经十分厌恶楚国朝廷的黑暗，他在历数了楚王的昏庸、
党人的丑态以及众芳之芜秽之后，只庆幸于自己至今仍保持着美
好的品德，他将自己比喻为芳香的佩饰：

惟兹佩之可贵兮，	这个佩饰是如此高贵，
委厥美而历兹。	虽被遗弃而历尽灾难。
芳菲菲而难亏兮，	香气四溢毫不减损，
芳至今犹未沫。	至今依旧散发芳香。

既然不愿同流合污，那就寻找一条出路，诗中写道：

和调度以自娱兮。	调节身心自乐自娱，
聊浮游而求女。	姑且漫游寻求淑女。
及余饰之方壮兮，	趁我的佩饰依然美盛，
周流观乎上下。	周游四方上天下地。
…………	…………
何离心之可同兮，	离心离德怎能共事，
吾将远逝以自疏。	我将远行以为自疏。

所谓"远逝以自疏"，也就是远远离开这个充满黑暗与丑恶的地
方，寻找一块干净、快乐的国土。那么，现实之中是否能够找到

呢？回答是否定的。当时的各国诸侯，有许多屈原可去之处，但却并非理想的地方。在本诗的中间部分，作者已写到"忽反顾以游目兮，将往观乎四荒"，然后他上天入地，上下求索，终于还是"哀高丘之无女"，即找不到志同道合的伴侣，从而发出"欲远集而无所止兮，聊浮游以逍遥（想要远走他乡却找不到合适的栖息之地，只能姑且漫无目的地漂流四方以逍遥度日）"的感叹。那么，在最后这一段中他的去国远游就不是寻找那一个可供栖身的诸侯国，而是要寻求自己心中理想的乐园。这个乐园不是在地上，而是在天上；不是在人间，而是在仙境。作者两次写出游，都是自东向西，前往昆仑仙境、西海。尤其后一次，他朝发轫于天津、夕至西极，行流沙、遵赤水，最后是"路不周以左转兮，指西海以为期"，这正是战国时代传说中众神居住的极乐世界，是一个圣洁的、没有世俗尘垢的理想之国。当然，这样的理想也是难以实现的，因为事实上它并不存在。所以，诗人写道：

屯余车其千乘兮，	集合我的马车千乘，
齐玉轪而并驰。	整齐的玉轮并驾驱驰。
驾八龙之蜿蜿兮，	八龙驾车蜿蜿行进，
载云旗之委蛇。	云旗飘飘随风飞舞。
抑志而弭节兮，	克制激情弭辔徐行，
神高驰之邈邈。	神采飞扬远上九天。
奏《九歌》而舞《韶》兮，	演奏《九歌》跳起《韶》舞，
聊假日以愉乐。	借此良辰欢度时光。
陟升皇之赫戏兮，	升上高空光明灿烂，
忽临睨夫旧乡。	忽然回首望见故乡。
仆夫悲余马怀兮，	仆夫悲伤我马留恋，
蜷局顾而不行。	掉转身子不肯向前。

正当他兴高采烈，即将到达理想境界的时候，"忽临睨夫旧乡"。

于是情绪骤变，故乡像强大的磁场一样，吸引着自己，不仅仆夫感伤，连乘马也因眷恋旧乡而不肯前进。这样，他只能从理想的天国又降居人间，并最后发出无可奈何的感叹：

已矣哉！	算了吧！
国无人莫我知兮，	国中没有人了解我，
又何怀乎故都！	又何必这样怀念故都！
既莫足与为美政兮，	既然无法实现美政理想，
吾将从彭咸之所居。	我将把彭咸作为榜样。

　　在中国诗歌史上，没有任何一首诗可以和《离骚》相比。诗中，以诗人屈原为原型的主人公"灵均"那忧国忧民的炽热感情；那注重自我修养、坚守志节的崇高品格；那为实现理想而上下求索、义无反顾的执著；那勇敢面对黑暗势力、九死不悔的抗争精神是那样强烈地震撼了后世的无数读者，使他们产生强烈的共鸣。

六　魂兮归来

　　就在屈原创作《离骚》过程中，顷襄王三年（前296），从抗秦前线传来让人震惊而又兴奋的消息：齐、魏、韩联军终于攻破函谷关。秦国十分不安，于是便和三国议和，以部分河外地和武遂归还韩国，又以另一部分河外地及封陵归还给魏国。这确实是多少年来从未有过的局面，它表明了秦国军队也并非不可战胜。

　　当齐、韩、魏三国军队打着得胜鼓凯旋的时候，同样有一个震惊全国的消息传来：怀王客死于秦！原来，怀王自从被拦截回秦之后，自知再难有机会返回楚国了，心中十分痛苦，很快便发起病来。秦人虽也给找医治病，但心病岂是一般药物所能治得了的，于是病情便越来越重，终于一发而不可收。临终时，他呕血数斗，不肯瞑目。

夜幕降临，北风不住地拍打着帘帷，虽是初春，听起来却似秋声萧萧。屈原在灯下铺上帛，用笔蘸饱墨汁，开始构思《招魂》词，无限愁思涌上了心头。

　　屈原自从听到怀王客死于秦的消息之后，一直沉浸在强烈的悲痛之中。虽然，他早就知道怀王得重病却难以归来的消息，也料到有可能发生的最坏的结果，但当这一消息被证实之后，他依然忍不住伤心痛哭起来。怀念、悲伤和绝望的情绪使他难以控制自己的感情。

　　他从内心里思念怀王。尽管在楚国历史上，怀王确实是位无能的国君，是他给楚国带来深重的灾难，使国家由盛而衰，兵败地削。但屈原毕竟是由他亲手提拔起来，并且和他有过较长时间的不同寻常的密切关系，而且在他的支持下，他们曾经共同对国家的大政进行了大胆的革新。改革的失败，屈原固然抱怨怀王的不识忠奸、不善区分是非曲直，但他更恼恨的是那些不顾国家利益、专门以进谗为务的党人。他想，如果不是这些党人把持朝政、阻塞言路的话，事情原本就不会是这种结果。顷襄王继位以后，还不是这批人在那里胡作非为，使国家走入末路？他觉得，如果怀王有幸回国，也许将会出现另一种面貌。所以听到怀王归途受阻、疾病缠身之后，他就一直从内心感到悲伤。怀王不肯割地赂秦，却时时刻刻想返回祖国。他感到，怀王身上还是有着祖先传下的那种顽强的抗争精神，这使他感到欣慰，也增添了思念。但是，想到眼前的顷襄王以及围在他身边的那伙朋党，他不禁又感到一种绝望，靠这样的一批人，怎么可能复兴楚国，当然更谈不上承担起统一中国的重任了。屈原长叹了一口气，便开始落笔了：

　　　　朕幼清以廉洁兮，　　　　我自幼清正而廉洁，
　　　　身服义而未沫。　　　　　恭行道义而不止息。
　　　　主此盛德兮，　　　　　　主持除暴安民的盛事，
　　　　牵于俗而芜秽。　　　　　却受世俗污秽的浸染。

上无所考此盛德兮，	终未能成就伟业，
长离殃而愁苦。	长期遭受灾祸而愁苦。

短短几行诗，是屈原以怀王的口气而撰写的，也是屈原对怀王所做的评价。他认为怀王在执政的早期，还是一位清正廉洁的国君，而且也有着履行道义、抗击强暴的志向。屈原并未忘记，当年怀王被公推为纵长时，也是十分激昂慷慨的，并曾以替天下除暴的豪言自许。那时，是何等的壮志凌云啊！然而，怀王后来被谗人所包围，终于未能成就大业，这正是受世俗的污垢所牵累的结果。《离骚》中，屈原曾写道：

不抚壮而弃秽兮，	何不趁壮年而弃其污秽，
何不改乎此度？	何不赶快变更此态？

过去许多注家将《招魂》首章解释为屈原的自述之辞，是不合适的。既然招怀王之魂，诗篇开头却引出作者来，未免莫名其妙。这几句其实是怀王对上帝的哀告，也是对他一生的评价，既叙其年轻时的盛德，又自怨其壮年时的无能，而后以"上无所考此盛德兮，长离殃而愁苦"来哀其晚年受骗入秦，有家难回、有国难归的"离殃"之苦！

上帝听到了怀王的哀告之后，便命令巫阳来为怀王招魂：

帝告巫阳曰：	上帝告诉巫阳说：
有人在下，	有人在下界哀告，
我欲辅之。	我想要帮助他。
魂魄离散，	他的魂魄即将离散，
汝筮予之。	你占卜一下帮他招回。

巫阳在听了上帝的命令后，认为招魂是"掌梦"之神的职责，且

154

不宜用卜筮之法，于是巫阳往下界履行招魂的仪式。招魂词云：

魂兮归来！　　　灵魂啊，归来吧！
去君之恒干，　　为什么离开君王的躯干，
何为四方些？　　到四方去飘荡？
舍君之乐处？　　为什么离开君王的乐土？
而离彼不祥些！　去遭遇种种可怕的灾难！

按照楚国民间招魂词的习惯，为了让在外漂泊的亡灵归来，就必须制造一种气氛，所谓"外陈四方之恶，内崇楚国之美。"（王逸《楚辞章句·招魂序》）这样，亡魂听到以后，就不会前往别处，而会回到楚国来。招魂词先从东写起：

魂兮归来！　　　灵魂啊，归来吧！
东方不可以托些！东方不可以寄托！
长人千仞，　　　那里有长人高千仞，
惟魂是索些。　　专寻找魂魄来吞食。
十日代出，　　　那里十日交替而出，
流金铄石些。　　酷热之气消释金石。
彼皆习之，　　　那里的人早已习以为常，
魂往必释些。　　你灵魂前去却必然消亡。
归来归来兮！　　归来归来吧！
不可以托些！　　那里不是托身之所！

然后，由东——南——西——北的方向，分述各处之凶险：如南方有以人肉来祭祀的雕题黑齿，还有"蝮蛇蓁蓁，封狐千里"专门吃人；西方有流沙千里，人至雷渊中即粉身碎骨，旷野上还有其大如象的赤蚁，其腹大如壶的毒蜂等；北方则"增冰峨峨，飞雪千里"，其寒气杀人，不可久留。在分述四方之后，继而写上天入地之恐怖：

魂兮归来！	灵魂啊，归来吧！
君无上天些。	你可不要上天去。
虎豹九关，	虎豹守卫着九重天门，
啄害下人些。	咬死想上天的人。
一夫九首，	有位九头的巨人，
拔木九千些。	一天能拔树九千棵。
豺狼从目，	豺狼都圆睁大眼，
往来侁侁些。	成群飞速来往。
悬人以娭，	把人倒悬以为娱乐，
投入深渊些。	再投入无底的深渊。
致命于帝，	向天帝报告以后，
然后得瞑些。	然后才能闭目休息。
归来归来！	归来归来吧！
往恐危身些！	前去恐怕会危及生命！

一向被世人视为天堂的天界，在招魂词中尚且成为十分恐怖的场所，而地下的幽都，自然更是阴森可怕，那里有种种怪物，如"土伯九约，其角觺觺些（看门的土伯身躯弯弯曲曲，头上长着锐利的角）。"专门追逐人来吃，手上沾满人的血肉等等。

在陈述了"四方之恶"后，楚人相信失散的亡灵将会返回故乡，于是就该迎接灵魂的回归：

魂兮归来！	灵魂啊，归来！
入修门些。	从修门进城。
工祝招君，	工祝正在招引您，
背行先些。	他倒退而行，为您引路。
秦篝齐缕，	他提着秦地的竹笼系上齐产的丝绳，

郑绵络些。	郑国丝络罩在上面。
招具该备，	招魂器具已经备齐，
永啸呼些：	工祝正发出长长的呼声：
魂兮归来！	灵魂啊，归来！
反故居些！	快快回故乡！

和"天地四方，多奸贼些"形成鲜明对比的是楚国宁静和平的气氛："像设君室，静闲安些。"在后半段"内崇楚国之美"中，屈原以铺张的笔法，尽情地描写楚国的宫室、女乐、游览、饮食、歌舞、宴会的热烈场景，以使怀王的亡魂安居国内。他当然不会想到，这篇《招魂》词的铺张写法，竟然开启了下一代文学——汉大赋之先河。

屈原几乎是一口气写下楚国的种种美丽的令人留恋不已的景观的，因为这些景观，早已在他脑中留下深刻的印象，只是没有合适的机会用文字的形式把它们表述出来罢了。而这次在写《招魂》词时，他便把自己长期形成的印象和爱的激情注入赋作中，为我们留下了一幅色彩斑斓的楚国社会风俗的画面。

该写"乱辞"了，按照常理，几句过场词交代一下就行了。可是，屈原不愿意这样写。他陷入了深深的回忆里，年轻时代和怀王一起到云梦田猎的情景清晰地在脑中显现：这是一个春蒐的时节，天气已经回暖，春日载阳，仓庚啼鸣，千乘车队整齐地向云梦行进，火把照亮了山林，禽兽在大队人马的呐喊声中惊慌地四处逃窜。屈原紧紧跟随在怀王的身边。突然，一头青色的独角犀牛从丛林的沼泽地里跑出来，径直朝怀王的车驾冲去。屈原正想迎上去拦阻，只见怀王不急不慌地拉开强弓，"嗖"的一声，青犀应弦而倒。参加围猎的官兵和大臣们都目睹这惊险的场面，齐声发出一阵热烈的欢呼。那个时刻，屈原确实从内心钦佩怀王，并真心地拥戴他。想到这里，他信手写下以下一段"乱"辞：

献岁春发兮泪吾南征，	新春伊始啊我们南征，
菉蘋齐叶兮白芷生。	绿蘋长满新叶啊白芷萌生。
路贯庐江兮左长薄，	穿越庐江啊转向丛林，
倚沼畦瀛兮遥望博。	泽野茫茫啊辽阔无垠。
青骊结驷兮齐千乘，	千乘战车啊骏马为驷，
悬火延起兮玄颜烝。	火把齐举啊烟气升腾。
步及骤处兮诱骋先，	步兵骑士啊争先后，
抑骛若通兮引车右还。	左右遮拦啊停或进。
与王趋梦兮课后先，	随王前往云梦啊人人争先，
君王亲发兮惮青兕。	君王亲射啊青犀毙命。

写完这一段，屈原读着，觉得颇有意思，便保留了下来，他想，怀王的灵魂如果真有知觉的话，听到这一段更要急急赶回楚国来的。可是，时光流逝，岁月不羁，几十年间，发生了多么巨大的变化啊！当年行进的道路早已杂草丛生，当年那威武的君王哪里去了？虽同是新春时节，却要在这里招回怀王的亡魂！可悲啊，真是可悲！他迅速在帛上写下最后的几句诗：

朱明承夜兮时不可以淹，	昼夜相续啊时光不停，
皋兰被径兮斯路渐。	皋兰丛生啊遮满路径。
湛湛江水兮上有枫。	江水湛湛啊上有枫林。
目极千里兮伤春心，	放眼千里啊春心哀伤，
魂兮归来哀江南！	灵魂归来啊哀怜江南！

写完《招魂》词，屈原大哭了一场，是为怀王，也是为自己、为楚国。他感到，楚国就像一艘偏离航向的船，难以预知它将漂向何方，也不知前面会有什么样的暗礁和浅滩。国家大事，如今自己欲说不能、欲罢不忍，自己仿佛是这艘船上一位多余的人，想到这里，他感到无限的悲哀！

几个月后，怀王遗体终于运回楚国，楚国为怀王举行了规模盛大的国葬，奉顷襄王之命，屈原再次写了一篇招魂词，名为《大招》。这当是屈原在朝廷中写的最后一篇诗作，此后，灾难便又一次降临到他的头上。

怀王的丧事处理完毕，楚国朝廷中发生了一场激烈的争议。原来，在怀王灵柩运回楚国时，楚国上下，一片悲伤。《史记·楚世家》记载："顷襄王三年（前296），怀王卒于秦，秦归其丧于楚。楚人皆怜之，如悲亲戚。诸侯由是不直秦。"之所以楚人"如悲亲戚"，毕竟他们认为怀王入秦之后的表现仍是值得他们敬佩的，这位曾经叱咤风云的一代君王，最后因秦国的欺诈落到这种可悲的结局，在历史上也是罕见的。因此，这次事件，即使在一般的楚人看来，都是楚国的国耻。这次事件，在楚国人的心中深深地种下了仇恨的种子，因而留下了"楚虽三户，亡秦必楚"的传言。几十年后，当秦末大起义爆发时，楚人率先揭竿而起，并成为抗秦的主力军，而为了加强抗秦的号召力，起义军还特地从民间找到怀王的孙子名叫心的立为王，并仍称为"楚怀王"（《史记·项羽本纪》）。

但是，和民众激愤心情形成鲜明对照的，却是以顷襄王为首的楚国宫廷出人意料的冷漠。国葬仪式举行过不久，顷襄王便迫不及待地率领一帮人马外出田猎，寻欢作乐。听到消息后，屈原十分生气，他决定出面阻止这种不合适的行为。

当顷襄王的狩猎队伍浩浩荡荡向云梦开去时，半路上，队伍突然停了下来。顷襄王不知是什么原因，这时，前卫策马来报，屈大夫的车骑拦住了道路，因此队伍不得前进。顷襄王一听，心中十分不快。子兰已经忍不住发出话来："又是他，好像朝廷离了他就不行！"

说话间，屈原已经来到顷襄王车驾之旁，恭恭敬敬地向襄王行礼问安。

顷襄王问："屈大夫前来，有什么事要告诉寡人？"

屈原说："微臣大胆拦驾，实在有罪。但臣不知大王准备前往何处？"

顷襄王说："寡人准备前去云梦狩猎。"

屈原说："臣请大王回朝，众老臣愿和大王一起商议国事。"

顷襄王说："有什么急事？等寡人回来再议不迟。"

屈原说："俗话说，一年之计在于春，当此国家危急存亡之际，大王怎么还有心思狩猎？况且先大王之事刚刚结束，诸多问题应当及早处置，臣至今不曾听大王有何打算，终日置国家大事于不顾，恐怕会让朝廷上下心寒。"

子兰在一旁忍不住插话说："大王为料理父王的丧事，辛劳憔悴，正想趁此狩猎的机会，将养休息，屈大夫怎么横加指责？"

屈原说："子兰，你既身为令尹，就该引导大王勤劳政事，如何却总是出些不合适的主意，让大王去做招人议论的事呢？"

"议论？哼，我才不在乎呢！有的人吃饱了饭没事干，就会发议论、发牢骚，自我标榜，好像只有他才最爱国。"

"子兰，你怎么这样出言不逊。"

"屈大夫，我过去一直尊重你，总觉得你是我的老师，可是你怎么能够动辄诽谤朝廷、怨恨君王呢？你既这样犯上无礼，又怎能怪我这当学生的出言不逊呢？"

屈原听后，十分生气，便说："你说我诽谤朝廷、怨恨君王，有何依据？"

"依据自然是有的，你在汉北写的什么《抽思》呀、《思美人》呀，最近写的《离骚》呀《招魂》呀，哪篇不是在诽谤朝廷、怨恨君王？先大王有什么对不起你的地方，你在诗里句句说他'信谗''详聋''不察余之衷情'，连夏桀、商纣王都写出来了，你要比谁？这还不是怨恨君王吗？你把朝廷中的群臣都骂遍了，说他们是'朋党'，是'萧艾''贪婪''嫉妒'，这还不是在诽谤朝廷吗？你自命不凡，是皋陶、是傅说、是吕望，这还不是在宣扬自己吗？"子兰一边冷笑着，一边说。

屈原气得直发抖,指着子兰说:"你真卑鄙,连我写几首诗都成了罪了,你以为这样就能堵住世人的口吗?"

子兰不愿意再听屈原往下说,便指挥他的随从,将屈原的车驾拉到路旁。浩浩荡荡的车队,卷起蒙蒙的尘土,洒落在屈原的身上。道路旁,只剩下屈原的一驾旧马车和略显消瘦疲惫的两匹辕马。

在子兰与屈原发生冲突的过程中,顷襄王一直在一旁没有发话。屈原今天拦路挡驾,他确实很不高兴,虽然屈原说的未必没有道理,但采取这样的方式,未免太小题大作了。这次出来狩猎之前,子兰已经把收集到的屈原诗篇中的一些情况一一向他做了夸大性的解释,并安上了好几种罪名,让襄王严加处置。顷襄王虽然不喜欢屈原,但觉得他在拥立自己的时候还是立下了功劳的,所以倒也不忍心马上采取什么措施。但今天这个场面,他觉得很失面子,长期这样,也影响自己的威严,但到底如何处置,他还没有想好办法。子兰见顷襄王在冲突中的这种态度,心中更加高兴。他知道,自己原先告的状显然起了作用了,下一步,就要想办法再放一把火,趁热打铁,把朝中那帮动不动就兴风作浪的老臣们全部赶下台去,这样,自己就可随心所欲地操纵楚国的命运了。

屈原等顷襄王的队伍走过以后,才慢慢地驾车回郢。他搞不清楚,子兰是怎么弄到自己写的几篇诗作的。这些诗篇,他一直封存着,不想传流出去,也就是担心被人找岔子、挑毛病。可是,想不到还是被这些不怀好意的人给搜罗了去。他哪里知道,子兰等人是用一种特殊的办法在搜集他的材料。在楚国,屈原的诗名和诗作早就人尽皆知。他的作品写出来,便有许多人来传抄,这是习以为常的事。原先写的一些诗篇,并无多少禁忌,即使是一些有涉及朝政的诗篇,屈原也不怕传到怀王那里,因为他知道,纵然自己言辞激烈一些,怀王看了会不高兴,那也不要紧,毕竟他还不至于因此而给自己安罪名。屈原的诗篇在楚国流传,屈原的家人也感到一种莫大的荣耀，因而，对那些传抄者，他们总是热情地接待。屈原在创作《离骚》时，开始也没有想到要顾忌什么，写完之后，他才感到诗中的一些内容涉及朝政和朝中的一些人物，不宜公开在社会上流传，因此曾经嘱咐家人不要让人传抄，但具体原因却不便多说。谁知子兰派人打着屈原学生的名义，乘屈原不在家的时候，以重礼赠送屈原家人，然后提出要拜读先生的新作。在他们的一再央求下，屈原的家人把《离骚》的诗稿出示给了他们，就这样，子兰得到了《离骚》的诗稿。他们聚集了一批人，专门在诗稿中寻找弦外之音。屈原诗中对朝廷黑暗与腐败的描写，大大激怒了这批党人，子兰读到"余以兰为可恃兮，羌无实而容长"，"兰芷变而不芳兮，荃蕙化而为茅"等诗句时，满肚子的不舒服。作为屈原的学生，子兰等人是很懂得屈原创作的艺术手法的，那些比兴、象征意义的诗句，其内涵所示，自然也是显而易见的，因此他们很快地便向顷襄王报告，指责屈原心怀不满，在诗里既责备怀王，又把矛头指向襄王，把楚国的朝政写得一团漆黑。顷襄王听后十分恼怨，也表示过要给予处分。但怎么处分，还没有想好。

第五章　流放江南

襄王不用直臣筹，放逐南来泽国秋。

自向波间葬鱼腹，楚人徒倚渡川舟。

——唐·胡曾《汨罗》

一　联名进谏与放逐江南

襄王出猎，在郢都引起不小的议论，朝中一批老臣都觉得太不像话了，于是，聚集起来商量办法。大家觉得，楚国如果再这样下去，将会更加不可收拾。最后大家达成一致意见，等顷襄王狩猎归来，联名上书要求采取变革措施。奏书中提出三条要求：一、罢免子兰，追究他和靳尚等人鼓动怀王入秦的罪责；二、立即断绝和秦国的关系，昭示各国诸侯，谴责秦国的欺诈和残暴；三、革新朝政，选贤任能。大家公推由屈原起草奏章。

一场暴风雨即将来临。屈原等大臣聚会的消息很快被子兰安排的密探得知，并报告了郑袖。郑袖大为震惊，她一面派人把这个消息送到在云梦狩猎的子兰那里，一面让人加紧监视众大臣的动向，以便到时候聚而歼之。

子兰接到郑袖送来的消息，立即添油加醋地报告给顷襄王，谎称朝中有人准备发动政变，要推翻襄王，另立新王。顷襄王一听到这个消息，大吃一惊，也不辨真假，连忙向子兰问计。子兰说："大王不用担心，我料定这几个人也翻不了什么大浪，不过这会大王应当下决心了。"

顷襄王问："下什么决心？"

子兰说："马上派人把这些人抓起来，好好处置他们。"

顷襄王问："你说的是哪些人？"

子兰便把参加聚会的那些老臣一一说了出来，还把聚会的时间、地点都讲得有鼻子有眼，不容顷襄王不相信。对于像屈原这样的大臣，顷襄王倒并不怎么担心，他们无非提提意见，言辞激烈些罢了。但此次参与聚会的，还有几位是德高望重的老将军、上柱国之类，这些人如果真的动作起来，恐怕就麻烦了。可是，就凭这次聚会把他们统统给抓起来，这合适吗？

子兰见顷襄王犹豫不决，便进一步说："大王，举棋不定将铸成终生大恨。大王不愿动手，别人动起手来，就悔之晚矣！列国宫中之乱的教训，大王知道得还少吗？我是一心一意为大王着想啊！"

子兰的这番话，真的让顷襄王感到恐惧。确实，在当时诸侯国中，频频发生各种谋权夺利的争斗，就是在楚国历史上，不也发生过多次残酷的政权之争吗？那些流血的和不流血的宫廷政变，让他回忆起来就毛骨悚然，万一真落到那种地步，那就不堪回首了。于是，他立即下令，提前返回郢都。

到达郢都后，喘息未定，郑袖早已一把鼻涕一把眼泪地哭将进来。她装出十分关心顷襄王的样子，说："大王不在都城，那些人就聚合在一起，商量要这样那样，还说要是大王不听，他们就要在朝廷闹事。先大王尸骨未寒，他们就这样目中无人，挑拨离间你们兄弟的关系。大王干脆放我们母子到江南去，省得在他们跟前听人说长道短，成天提心吊胆。"

几年来，顷襄王早已让郑袖哄得团团转，觉得找不到比她更关心自己的人了，这会听她这么一哭，也就有些心酸了，忙劝慰说："母夫人不必担心，寡人自有应对之策。"

都城的气氛和往常一样平静，顷襄王并没有感觉到有什么不祥的兆头，他有些怀疑，子兰是否夸大了事情的严重性。他想找子兰，可是子兰不知跑到什么地方去了。

半夜时分，子兰入见，他报告说："大王，我已将几位参与谋反的将军全部给看管起来了。"

顷襄王一听，颇为吃惊，忙说："怎么这么快就动手，总该先调查一下。"

子兰说："事不宜迟，迟则生变，我们不动手，等人家动起手来就晚了。"

顷襄王想了想，也不再说什么。

第二天上朝，朝廷中吵成一团。屈原听说已有几位大臣被抓，十分生气。他将事先准备好的奏章呈上，请求顷襄王处置，并说："大王，令尹回京伊始，马上派人抓了几位大臣，指责他们背叛朝廷，这是毫无根据的。这几位大臣都是国家社稷之臣，身经百战，怎么能不做调查便轻易加以重罪呢！请大王立即传令，将他们释放了。"

顷襄王问道："屈大夫，寡人不在朝中之时，有人报告说你们一起聚会，图谋不轨，所以令尹派人将他们暂时监看，如无实情，寡人将会放了他们。"

屈原说："大臣聚会是实，商议兴国大事，其中并无不可告人之事。臣今日所呈奏书，即为聚会商议之事，倘此即为谋反，只恐今后朝中人人都将噤口而不言。周厉王弭谤之事，大王想应有所闻。"

子兰上前奏道："大王，屈原所持奏书，即为谋乱朝廷的罪证，正是他主谋其间，并亲自执笔写成祸乱国家的奏表，大王一定不可听从。"

屈原愤怒地说："子兰，你排斥异己，结党营私，蒙蔽王上，将国家治理得民众怨声载道，你不思悔改，竟然进一步陷害忠直的大臣，有罪的是你。"

子兰立即挑拨地说道："大王，自从你执掌朝政以来，内则国家太平，政治清明，外无边患之忧，如此显绩，他们却视而不见，在这里说什么民众怨声载道，这不是煽动民众情绪，图谋反叛又是什么？请大王明察。"

顷襄王说道："此事不必再争吵，交由廷理审理，寡人自有决断。"

听到交由廷理审理，子兰心里暗暗高兴，他想，只要花力气去查，总能挑出点毛病来。到时候，一二三四五，几条一列，总能找个合适的罪名套上，想辩也辩不了。屈原见顷襄王已经说话，也不容他再置辩，不由地长叹一声，退出了王宫。

这一场闹剧一直进行了几个月时间，结果是可以预料得到的。子兰作为总指挥直接干预审理工作，下面自有一帮人鞍前马后为他奔忙，只要许给好处，自有人站出来指证。经过了许多次反复，找出来的所谓材料写成的竹简足够装满几马车。子兰亲自从各人的案件中归纳出所谓的"要害"问题，详加罗列，然后送交顷襄王。顷襄王望了望那堆积如山的所谓"案情"，十分惊讶地说："这么多东西，都是些什么？"

子兰回答说："审讯记录，调查材料，证人证词，大王不妨亲自翻阅看看。"

顷襄王懒洋洋地说："寡人哪来那么多时间，你把主要的问题告诉寡人便是。"

子兰要的就是顷襄王的这句话，他马上将事先精心准备的材料取来，按照排好的顺序，逐一地把这些人的罪状读了一遍。他不再指责这些人背叛朝廷，因为实在收集不到这方面的证据。但是，谤毁朝廷、非法串通闹事、挑动民众的不满等罪名却是必不可少的，加上每个人捕风捉影听到的一些事情，都给弄上"有××嫌疑"之类的话，罪名自然就成立了。对于屈原，他特地给加上"主谋"两个字，因为那奏章便出自他的手笔。

罪名既已成立，处分也就水到渠成了。子兰先自说了一通姑念他们曾有功于王室，不妨从宽处置的冠冕堂皇的话，引得顷襄王连连点头，称赞他还是有器量的，所以这些大臣大都得了个"削职为民"的处置方式。子兰觉得也实在没有必要便要了他们的命，但是官是当不成了，手中的权也没有了，想闹也没处闹，自己还落个宽宏大量的好名声。唯有对屈原，子兰提了个"流放江南"的处理方式。

"流放江南？"顷襄王从昏昏欲睡中吃了一惊，问道。

"是啊，流放江南！"子兰肯定地回答说，"别人都可以留在郢都，唯有屈原不宜留居郢都，一则他动不动就喜欢找事，扰乱朝政，就像那次在路上拦住大王的车驾，不是成心出大王的丑吗？因此要把他流放得远远的。"

"这个，让我想想。"顷襄王抓了抓头，沉吟了片刻，说道，"他是先朝老臣，虽说有些不知进退，但对国家还是忠心的，是不是更改一下？"

"大王有所不知，他在《离骚》里写了要上天入地，腾云驾雾，要'远逝以自疏'，不愿看到朝廷的溷浊，他还准备'将往观乎四荒'，要'济沅湘以南征兮，就重华而陈词'。所以流放江南，正是遂其所愿。先大王在时，他不也要求到汉北去过好几年。等他跑累了，没有力气发牢骚了，再召回来也不迟。"

"既然如此，就暂且这样安排吧！"顷襄王不想再多说了，他似睡非睡地闭上了眼睛。子兰明显感觉到，这段时期，顷襄王由于贪图淫乐，睡眠不足，时常显露出疲惫不堪的神色来。而这，正好符合子兰的愿望，顷襄王越懒于管事，子兰的权力也就越大。

就这样的一次草率决定，屈原从此走上了后半生颠沛流离的道路，开始了最为痛苦的流亡生活。

正是秋末冬初的季节，一阵紧似一阵的寒风呼啸着从北方南下，横扫了大半个中国。一向气候温暖宜人的江南，也在这凛冽的寒风中迅速改变了颜色，展现出"无边落木萧萧下，不尽长江滚滚来"的另一番景象。在这料峭的寒风中，一位面容憔悴、神色忧郁的独行者正乘在一叶沿江而下的小船上。小船随着波涛的起伏，向东而去。独行者站立船头，努力在寒风中挺直身子，回望着越来越远的郢都，他的眼睛既酸又涩，两行泪水忍不住夺眶而出。这船上的独行者不是别人，正是被楚国朝廷下令放逐江南的屈原。

放逐江南，这个处分屈原并不感到意外。几个月的所谓审理，子兰等一批党人不择手段、捏造事实陷害好人的种种卑劣行径，他早已领教过了，因此，从个人而言，他早已将生死置之度外，并且早就准备着承受更加严重的打击。所以，当朝廷宣布了这一处分决定时，他心中十分平静。他当然知道，江南是楚国开发得较晚的地区，尤其是自己流放的湘西一带，人烟稀少，生活条件恶劣，历来是楚国朝廷流放罪人的地方。然而，既然不愿和党人同流合污，既然不肯放弃自己美好的理想，并为此而不断抗争，那么，自己就得做最坏的准备。《离骚》诗中，他已不止一次写到种种可能出现的灾难。但是，屈原是不肯向灾难低头的。

离开郢都的时候，前来送别的有屈原的一些亲朋好友，也有他的学生。最让屈原感动的是罗子国的太子罗锐，他紧紧拉住屈原的手说："老师，我也很快离开郢都，回国去。希望您到罗子国来。"

屈原神色自若，没有一丝凄苦的模样，他显然特地认真地修饰了一番。身上穿的，是一套他最喜爱也是被人们视为奇特的崭新的服装：宽袖大袍的锦服，色彩十分艳丽，头戴一顶高高的切云冠，腰悬佩剑，身上佩玉琳琅。如果不是知情人，根本想不到他是去流放受罪的。《楚辞·九章》中，《涉江》这首诗是最清楚记述他流放的行程和情绪的。诗的开头这样写道：

余幼好此奇服兮，	我自幼喜爱这奇特的服装，
年既老而不衰。	虽到年老而兴趣依然。
带长铗之陆离兮，	让长长的宝剑在腰间笋动，
冠切云之崔嵬。	头上戴顶高高的切云冠。

被明月兮佩宝璐。	明月珠和宝玉佩明光闪闪。
世溷浊而莫余知兮，	举世混浊而无人知我，
吾方高驰而不顾。	我依然昂首阔步勇往直前。
驾青虬兮骖白螭，	驾上青龙啊白龙为骖，
吾与重华游兮瑶之圃。	我要和舜帝遨游帝都。
登昆仑兮食玉英，	登上昆仑啊服食玉之精华。
与天地兮比寿，	和天地啊比寿，
与日月兮齐光。	和日月啊同光。
哀南夷之莫吾知兮，	可悲这南夷无人知我，
旦余济乎江湘。	清晨时分我就渡过江湘。

诗篇的开头这段描述，反映作者对流放南方抱着一种泰然处之的态度，他还把这次南行想象为将要和古帝重华同游"瑶之圃"，并准备要"与天地比寿""与日月齐光"的一次行程。接着，诗篇采用纪实的写法，边叙述边抒情，描写这次南行的情景：

乘鄂渚而反顾兮，	登上鄂渚我回首远望，
欸秋冬之绪风。	秋冬的寒风多么凄凉。
步余马兮山皋，	让我的乘马啊漫步山岗，
邸余车兮方林。	让我的车驾啊停在林边。
乘舲船余上沅兮，	乘坐篷船上溯沅水，
齐吴榜以击汰。	齐举的大桨劈波斩浪。
船容与而不进兮，	船儿摇摇难以前进，
淹回水而凝滞。	漩涡团团阻滞风帆。
朝发枉渚兮，	清早从枉渚出发，
夕宿辰阳。	晚上留宿于辰阳。
苟余心其端直兮，	只要我此心正直，
虽僻远之何伤？	虽到偏远之地有何悲伤？

屈原从郢都出发，沿江而下，抵达鄂渚（今湖北武昌），然后南行经湘江、洞庭湖，再溯沅水而上，到达辰阳、溆浦。辰阳、溆浦均在湘西南，是少数民族（屈原诗中称之为南夷）聚居之地，当时还很少开发，所以自然环境相当恶劣，这里应即是屈原流放的目的地。诗中这样具体地描写道：

入溆浦余僓佪兮，	进入溆浦我犹豫徘佪，
迷不知吾所如？	心中迷惘不知该往何处？
深林杳以冥冥兮，	林木幽深无边无际，
乃猿狖之所居。	分明是猿猴栖息之地。
山峻高而蔽日兮，	高山险峻遮天蔽日，
下幽晦以多雨。	四野阴森潮湿多雨。
霰雪纷其无垠兮，	霰雪纷纷无穷无尽，
云霏霏而承宇。	乌云沉沉连接天宇。

流放的这段路程实在够远，古代道路不好交通不便，从郢都到辰阳、溆浦，至少应有一两个月时间，所以在鄂渚时还是"欸秋冬之绪风"，到溆浦已经是"霰雪纷其无垠"，白茫茫一片冬天的雪景。这一带离今日张家界自然风景区不远，现在虽然许多人不远千里跑到这里游览，但在古代它可不是供人游玩的名胜地，而是流放罪人的偏僻荒凉的地方。面对这样恶劣的自然环境，诗人心中充满愤慨，然而，他压抑住内心的愤怒，直面惨淡的人生。在前面已发出了"苟余心其端直兮，虽僻远之何伤"之后，诗篇有颇长的一段，具体抒写了诗人此刻的心情：

哀吾生之无乐兮，	可悲啊我此生已没有欢乐，
幽独处乎山中。	将要寂寞孤独居留山中。
吾不能变心而从俗兮，	我不能改变心志以从俗，
固将愁苦而终穷。	只能够愁苦终生而困穷。

接舆髡首兮，	接舆削发假装疯癫，
桑扈臝行。	桑扈脱光衣裳裸体而行。
忠不必用兮，	忠直之士不受重用，
贤不必以。	贤良之才不被信任。
伍子逢殃兮，	伍子胥遭受杀身之祸，
比干菹醢。	比干被剖腹挖心做成肉酱。
与前世而皆然兮，	既然前代也都是如此，
吾又何怨乎今之人？	我又何必埋怨今人？
余将董道而不豫兮，	我将恪守正道决不改变，
固将重昏而终身。	当然要准备愁苦终身。

诗人想到不为世俗所容的楚狂接舆、裸行的桑扈，想到因忠直而亡身的伍子胥、比干，他的心情比较平静了。是啊，既然"前世"的贤者也都遭受过不同的苦难甚至以身殉职，自己又不肯改变志向，那么，接受命运的挑战、经受苦难的折磨，不也是很自然的吗？在诗篇的结尾"乱辞"中，诗人以一连串形象鲜明的比喻描写冷眼审视楚国现实生活中是非颠倒的不合理现象：

鸾鸟凤凰，日以远兮，	鸾鸟和凤凰，越飞越远，
燕雀乌鹊，巢堂坛兮。	乌鸦和燕雀，筑巢堂间。
露申辛夷，死林薄兮，	露申和辛夷，死在林边，
腥臊并御，芳不得薄兮？	腥臭并用，芳草怎能近前？
阴阳易位，时不当兮，	阴阳颠倒，时辰反常，
怀信侘傺，忽乎吾将行兮。	忠信而失意，我将远走他乡。

由于屈原的作品没有具体写明其创作时间，所以后代的研究者都只能根据作品的内容，结合史实记载中的屈原事迹进行推测。《涉江》这首诗，写于作者流放之初，这个推测应当是比较合理的。

按照当时各国的惯例，大臣受到放逐，是允许离开国家另求高就的，屈原却没有选择这条道路，以至于后代一些评论家感到不可理解。汉初的贾谊在《吊屈原赋》中即有"历九州而相其君兮，何必怀此都也"之语；司马迁在《史记·屈贾列传》赞语中又写道："及见贾生吊之，又怪屈原以彼其材，游诸侯，何国不容，而自令若是。"这也是根据战国时代士人的"合则留，不合则去"的普遍做法所提出的疑问。其实，这个问题，屈原在作《橘颂》《离骚》时已做了回答，他始终希望能在自己扎根的土地上，在自己的国家干一番事业。他的这一片痴情，虽然没有得到楚国当权者的理解，却赢得楚国广大民众的同情和爱戴，并因此而成为后世士人的楷模。

二 楚秦和亲

屈原并没有料到他会受到这么长时间的放逐，他仍然在等待着顷襄王召回的命令，然而，这个期待，过了三年还没有实现。屈原一片殷殷报国之情，却受到如此冷遇，他的内心十分痛苦。终于，他有机会一度回到郢都。三年不归，郢都并没有什么新变化，最使屈原生气的倒是楚国朝廷正在为顷襄王与秦国的和亲做准备。原来三年前，当以屈原为首的一班老臣在朝廷中联名进谏之后，子兰虽然以暴力把这些老臣免的免，放逐的放逐，但迫于舆论的压力，也为了给诸侯做做样子，楚国一度中断了与秦国的关系。

秦国虽然对楚国的做法感到恼怒，但在怀王这件事上毕竟理亏，加上当时秦国又正处心积虑地准备报复齐国和韩、魏的函谷之战，所以暂时将楚国放在一边未加理睬。不久，形势果然发生变化，力主合纵抗秦的齐相孟尝君田文因齐国发生了"田甲劫王"的事件而出奔，并很快辞去相国之职，合纵抗秦之事便销声匿迹了。秦昭王趁此良机，于公元前294年派左庶长白起领兵攻韩，取武始、新城（今河南伊川西南）。第二年，任命白起为左更，进攻伊阙（今河南洛阳南）。韩魏两国联军在这里同秦军展开激战，但终于不敌秦军，伊阙被白起攻破，秦斩首二十四万，并俘虏了魏将公孙喜。韩魏两国受此重创，实力大大削弱。秦昭王好不得意，命令秦军继续进攻韩、魏两国。前292年，大良造白起再攻魏，取垣（今山西垣曲东南）；次年，白起攻韩，取宛；司马错攻魏，取轵（今河南济源东南），又攻韩，取邓。在秦军一再打击之下，韩魏只得割地求和。魏昭王六年（前290），魏割河东地四百里给秦，韩国也以武遂地二百里给秦。

秦昭王并没有忘记楚国。在取得对韩魏联军胜利之后，秦昭王派使者到楚国，并送去一封信，信中说："楚国竟然背叛秦国，秦国准备率领诸侯联军伐楚，请楚王整顿好军队，我们痛痛快快地打上一仗。"

顷襄王接到秦昭王的信后，传示左右。子兰慌得脸色发白，忙说："大王，秦军所向无敌，把三晋军队打得无招架之力。秦虽有负于楚，但这几年一直没有出兵攻楚，总算对得起楚国。前些年楚秦断绝关系，是我们引起的。如今秦王既来信讨战，大王自料楚能否与秦争锋？"

顷襄王说："秦楚交锋，我国屡屡受挫，以现有之军力，怎能敌得过秦军，如何是好！"

靳尚说："依老臣所见，火速派人前往秦国赔礼道歉，并与秦和亲，此为上策。"

大司马昭常说："不可，秦害死先大王，此仇至今未能报得，如果与秦和亲，将取笑于诸侯。"

靳尚说："大司马手握重兵，敢和秦人交锋吗？如果大司马以为能战胜秦军，当然也就没有和亲之说了。"

上柱国子良说："以三楚精锐军队与秦一战，未必便败于秦军，请大王决断。"

子兰说："轻举妄动，是取败之道。我国虽有几年安定的环境，实力尚未恢复。大王，社稷安危为重，怕什么别人取笑！"

顷襄王反复想了想，实在想不出有什么好办法，便对子兰说："既是令尹这样说，此事就交给你去办吧！"于是，子兰便派靳尚为使者，前往秦国求和，并商议和亲之事。顷襄七年（前292），楚襄王准备迎妇于秦，仇人变成亲家。事情传出后，各国诸侯都瞧不起楚国。屈原在流放地听到消息，心中十分愤慨，他想不到顷襄王竟然会干出这样荒唐的事情。他觉得虽然自己被子兰等定为罪人而放逐到偏远之地，但自己还是无法保持沉默，反正自己早已置生死于度外了，即使再次激怒"党人"，也无非是继续受迫害。因此，他写好了一份奏书，急急忙忙赶回郢都。

从南大门进入都城，正想找个地方歇脚，不料迎面见到一辆马车从北过来，屈原还没看清车上坐的是谁，那车却早已在他跟前停下。只听见车上有人向他凭轼作揖，喊道："屈大夫，何时回到都中？"

屈原定睛一看，原来是太卜郑詹尹。在朝中时，屈原和郑詹尹交情深厚，时常在一起讨论卦理，谈天说地。太卜虽是主管卜筮的官员，但对许多问题都有自己的主见，知识也十分广博，所以两人一向比较谈得来。听见郑詹尹的问话，屈原连忙答道："我刚从外地返回郢都，不知先生从何而来。"

郑詹尹说："刚从朝中回来。"

屈原问："有什么事？"

郑詹尹说："一言难尽，大夫请上车，到敝处稍坐，休息一下如何？"

屈原本想推辞，转而又想，郑詹尹知道宫中内情，自己刚从外面回来，正好可以问问他朝中的情况，于是便点了点头，坐上车，前往太卜府中去了。

到了府中，太卜盛情地招待屈原。屈原问："刚才我问太卜的话，太卜为何说一言难尽？"

郑詹尹说："实不相瞒，大王派人让我到宫中选定良辰吉日，以便和秦国女子成亲。你大概还不知这件事吧！"

屈原说："我倒是听说了，也正是为此事回都的。"

太卜问："你是流放在外的人，管这种事干什么？"

屈原说："社稷大事，我如不知倒也罢了，如今既已知道，自然是沉默不得的。"

太卜问："大夫有何打算？"

屈原说："我随身带来奏书，想奏请大王立即中断秦楚结交，遣返秦国女子。"

太卜说："谈何容易！此次秦楚和亲之事，朝中并非没有争论，但最终还是令尹一派说了算。如今生米就要做成熟饭，岂是你阻拦得了的。"于是，太卜把朝中争议的经过说了一遍，同时劝告他说："大夫，算了吧！这样的做法，不会改变他们的主意的，相反，只能加重你的罪名，他们将会以此为借口，让你永远回不了朝廷。"

屈原想了想，灵机一动，对郑詹尹说："请太卜为我占卜一次，如何？"

郑詹尹笑着说："大夫所认定之事，一向不计其祸福吉凶，如何今天倒要取笑于我？"

屈原说："岂敢，岂敢！今日是诚心向太卜求教的，请不吝赐教。"

郑詹尹见屈原十分认真的样子，便将龟策端了出来。

《楚辞》中保存的《卜居》一篇，生动地记述了这次占卜的场面，译文如下：

屈原既遭放逐，过了三年依旧不能复见君王。他竭尽智力，忠诚报国，却被谗人所阻碍，心烦意乱，不知何去何从。于是前去拜见太卜郑詹尹，对他说："我心中感到困惑，想请教先生代为决疑。"

太卜端端正正地摆好蓍草，拂去龟甲上的灰尘，问道："请问大夫有何见教？"

175

屈原说："我是应当勤勤恳恳忠厚朴实呢，还是终日送往迎来无穷无尽呢？我应当除草垦荒尽力耕耘呢？还是去游说王侯将相以猎取功名呢？是直言不讳、不顾身危以进谏呢？还是随从世俗寻求富贵、苟且偷生呢？是超然物外以保本真呢！还是进退趑趄奴颜婢膝侍奉妇人呢？应当廉洁正直一尘不染呢？还是世故圆滑自吹自擂邀宠求荣呢？应当气宇轩昂，如同千里良驹呢？还是有如漂游水中之野鸭，随波逐流以求保全身躯呢？应当与骏马并驾齐驱呢？还是随同劣马步其后尘呢？应当与黄鹄为伴一飞千里呢？还是与鸡鸭同伙，争夺糠食呢？上述种种，何为吉何为凶？应当何去何从呢？

世道混浊而不清：蝉翼人们以为很重，千钧却被认为很轻；精美的黄钟被人毁弃，粗劣的瓦釜敲得雷鸣；谗谀之辈声威大震，贤能之士无声无名。啊！这样的世道还有什么可说的呢？谁能知道我的廉正和忠贞？"

郑詹尹便放下手中的蓍草，辞谢道：

"夫尺有所短，寸有所长。事物难以十全十美，智慧也难以洞察一切；术数难免有所不及，神明也难于通晓万物。依照您的心愿，实行您的意志。龟卜和蓍占实在难以推知其结果。"

卜居之后，二人相视，哈哈大笑。郑詹尹说："我就知道，本性是难以改变的啊！"

屈原说："故友相逢，何妨逢场作戏！"

郑詹尹说："大夫所说，岂是戏言！既来都中言事，万万相机而行。"

屈原道："幸蒙赐教，多谢，多谢！"

于是二人拱手告别。占卜，在战国时代的楚国，是件十分普遍的事，有人因此推测屈原是神职人员，是因为对当时盛行于楚国士大夫之间的这种占卜形式不了解而形成的一种误解。

屈原的奏章送到顷襄王那里，顷襄王读毕，似有所感，便召来子兰，将这份奏章交给他看。子兰一见是屈原的奏书，心中早已感到不高兴，等读完之后，立即十分愤慨地说："纯属一派胡言，大王千万不可信从！"

顷襄王说："此奏书虽言辞激烈，但并非没有一定道理。"

子兰说："大王，奏书中所言，大都不切实际。他让大王立即中断与秦国关系，遣送秦女回秦，此事可能吗？秦王送来的书信，无异于一份挑战书，臣等费了好大功夫，总算化解了危机，使楚国转危为安，如中途变卦，岂不授秦人以把柄，臣恐此策一行，郢都必危。愿大王三思！"

子兰的一番话，给有所心动的顷襄王迎头泼了一盆冷水。他和秦国和亲，确也有不得已的因素，但中断秦楚关系，其结果实难意料。自己当政几年，国家虽说没有多少起色，但总算还太平，有时他也想振作起来，可是，从何做起，自己却一片茫然。他有时觉得这国王做得很腻味，许多事自己也不能真正当家，想得心烦了，到时候总是一样，交给子兰去处理，有时连处理结果他也懒得问。屈原这封奏书的命运也就这样决定了。子兰将这份奏书弃置一旁，并以顷襄王的名义下令，要屈原立即离开郢都，返回流放地，不接到命令，不得擅自返回。

秦楚和亲顺利地进行，秦人以一个女子安抚了卧榻之旁的一只不清醒的猛虎，从而就把楚国纳入了自己的势力范围，逼其就范，以便秦国可以一心一意地经营东方。在秦楚和亲进行的同时，秦国连年不断地向三晋进攻，吞食了大片土地，秦国的版图在不断地扩展膨胀，向着中原延伸。到秦昭王十七年（前290），今荥阳以西大片地区皆为秦国所有，东西周已成为秦版图中的两个小小的诸侯国，东周君已主动入咸阳朝秦，这确实是一次有着重要意义的历史转折，它预示着局势已经发生了根本的变化。秦昭王十八年（前289），秦再次出兵伐魏，迅速占领魏国的六十一座城。

在连续胜利的鼓舞下，秦昭王十分兴奋，他已经不满足于仅仅称王，而准备称帝号了。当时，三晋中的韩魏两国在秦的连续打击下已经无力回天，其势如江河日下了。赵国自赵武灵王传位不久，即发生宫廷之乱，赵惠文王四年（前295），惠文王的哥哥公子章欲与惠文王争夺王位，兵败而逃入赵主父的宫中，赵主父（即武灵王）心疼这位长子，便将他藏匿起来。赵惠文王的相国李兑与公子成领兵包围了主父的王宫，这位具有雄才大略的国王终于被饿死于宫中，赵国自此之后即无力再图进取了。燕国自被齐攻破后，燕昭王复国求贤，日夜为报齐之仇而卧薪尝胆，其国力也尚未得到恢复。楚国则因和亲而得到安抚，此时真正实力比较强大的是齐国。不久前，孟尝君为齐相时，曾与三晋联军一起合纵攻秦，破函谷关；齐攻打燕国时，把燕国几乎灭亡了。燕人虽怀报复之心，表面上却惟齐王马首是瞻。秦昭王想称帝，可是却担心成为众矢之的，于是便派魏冉到齐国，约齐、秦同时称帝号，齐为东帝，秦为西帝，并订立盟约，密谋由秦齐合兵，瓜分天下，吞并诸侯。楚国此时已无与秦齐抗衡的能力，因而同时成为其进攻的对象。《战国纵横家书·韩景献书于齐》一篇中记载了他们当时的计谋：即由齐、秦联合，先削弱三晋与燕，然后攻楚。"秦取鄢、田云梦，齐取东国、下蔡。使纵亲之国，如带而已。齐秦虽立百帝，天下孰能禁之。"

不过，这个计划并未能顺利执行，主要原因是齐国不愿听从。而正在此时，纵横家苏代自燕到达齐国，在章华宫东门拜见齐湣王。

齐湣王对他说："先生到齐国来好极了。秦国刚派魏冉来让我称帝，不知先生以为如何？"

苏代说："大王这么急就问我的看法。依臣之见，祸患总是先从小事引起的。我希望大王接受秦国所送的帝号（即东帝之号），可是却不要打算去称呼它。秦国称帝之后，如果天下都接受，大王也开始称帝，这并不晚。让秦先称帝，对齐国并没有什么损害。秦称帝之后，如果天下人都十分憎恶，大王就不要称帝，这样就能够得到天下人之心，这是一笔大的财富。况且天下同时立两帝，大王认为天下人会尊秦呢？还是尊齐？"

齐王说："尊秦。"

苏代说："如果大王放弃帝号，天下人是爱齐？还是爱秦？"

齐王说："爱齐而恨秦。"

苏代说："大王就可以比较它的轻重了。齐秦共同称帝，天下独尊秦而轻视齐；齐放弃帝号，那么天下爱齐而恨秦。依我所见，大王与其攻打赵国，还不如讨伐桀宋有利，请大王深思熟虑之后再做决定。"

齐湣王果然听从了苏代的话，放弃帝号。秦昭王称帝之后，遭到诸侯的一致抵制和反感，不久，秦昭王也放弃帝号，恢复称王。但秦国的这次称帝，显然大大刺激了各诸侯国；尤其是秦国拟议的吞并诸侯的计划，更是让各国诸侯惶恐不安。因而次年，纵横家苏秦与赵国的奉阳君李兑发动关东诸侯合纵攻秦，联军进至成皋，虽无功而返，毕竟表达了天下不畏强暴、不肯帝秦的决心。

齐湣王十五年（前286），齐国果然出兵灭宋。苏代称宋为"桀宋"，是因为当时宋国的国君宋王偃倒行逆施，妄自尊大。他自立为王后，"东败齐，取五城；南败楚，取地三百里；西败魏军，乃与齐、魏为敌国。盛血以韦囊，悬而射之，名曰'射天'。淫于酒、妇人。群臣谏者辄射之。于是诸侯皆曰'桀宋'。"（《史记·宋微子世家》）当时人都认为宋王偃的所作所为，就像当年暴君夏桀和商纣王一样，不可不诛。于是齐湣王联合魏、楚，三国联军攻灭宋国，宋王偃出逃后死于温（今河南温县）。齐、楚、魏三分其地。这是顷襄王继位后在军事上取得的一次胜利，当然，只是收复了原被宋国夺去的淮北之地。

齐湣王灭宋之后，得到宋国的大部分土地，不由得私欲膨胀起来，便萌生了代周为帝的念头，他"南割楚之淮北，西侵三晋，欲以并周室、为天子。泗上诸侯邹鲁之君皆称臣，诸侯恐惧。"

（《史记·田敬仲完世家》）

　　燕国一直在寻找机会报复齐国当年的破国之仇，经过二十多年的休养生息，国家元气已经恢复，士卒乐战。燕昭王身边又聚集了一群贤臣谋士，他们见齐湣王已遭到各国的厌弃，知道伐齐的时机已经成熟，于是，便派人联合各诸侯国，共同伐齐。秦国过去一向成为诸侯国联军进攻的目标，这次却很积极参与伐齐的行动。秦昭王十分明白，这是一次难得的削弱齐国实力的好机会，战胜齐国之后，关东诸侯中便没有了可与秦国争雄的国家了。况且秦昭王对齐湣王的作为十分不满，几年前自己好心好意派人去尊齐为东帝，齐国表面接受，实际上却辞去帝号，让秦国一家独称西帝，招来诸侯的孤立和讨伐，不得不也放弃帝号。他自己充当好人，乘机灭宋，得了一千多里土地，便忘乎所以了。秦昭王早就想找个机会好好教训教训齐国。所以，燕国的建议一提出，秦国便空前地繁忙起来。秦昭王二十二年（前285），秦王与楚王会于宛，与赵王会于中阳，秦昭王并派大将蒙武越过韩、魏的国境东击齐国，取九城。次年，秦王又与韩、魏国君相会于西周，同时派大将斯离领兵与韩、魏、燕、赵联军在济西击败齐军的主力。楚国则乘机攻齐之南面，取回被齐侵占的淮北之地。

　　应当说，当时参战的各诸侯国大多是抱着教训教训齐国的心理的，并没有想要灭掉齐国。所以济西之战后便大都领兵回国了，唯独燕国还不解恨。燕军在名将乐毅的率领下，重兵深入，直攻进齐都临淄，尽取齐国的财物宝器，送回燕国，齐湣王与随从数十人潜开北门出逃至莒。

　　乐毅领燕军攻齐五年，占领齐国七十余城，齐国只剩莒与即墨两城未被燕军占领。齐湣王派人向楚国求救，并答应复国之后重谢楚国。楚顷襄王派将军淖齿领兵万人前往莒城救援。齐湣王便以淖齿为齐之相国。淖齿却私通燕国，想借助燕军之力立他为齐王，和燕国共同瓜分齐国的土地。得到燕人的同意后，他便杀了齐湣王。但他的美梦没有实现，很快自己便被齐人所杀。后来，

180

齐人田单在他所守的即墨城用火牛阵大破燕将骑劫，收复了被燕军占领的城池，恢复了齐国。齐湣王的太子法章继位，是为齐襄王。齐国虽然得以恢复，但经此大乱，元气大伤，从此也降为一般的诸侯国，再也没有可与秦争锋的能力了。

三　行吟泽畔

屈原被迫第二次离开郢都之后，心中更为郁闷不乐。他沿着长江两岸，洞庭上下，在广袤的楚江南土地上漂泊流浪。美丽的江南景色、淳朴的民风民情、动听的山歌渔曲，令他心驰神往，也更加激发他对故乡、故国的无比热爱。但是，他同时也看到民间无数的疾苦、倾听民众痛苦的呼声，他多么想帮助他们，可是自己是个被流放的罪人，又有什么办法呢？

屈原热爱楚国民众，楚国民众也关心他、热爱他。有一天，屈原独自在江畔边行走边吟唱自己创作的诗篇，一位渔父划着一艘小船靠拢上岸，他见屈原面容憔悴、神色忧郁，便十分关心地问道："您不是三闾大夫吗？为什么会来到这个地方？"

屈原回答说："整个世上都充满污浊，只有我洁白无染；众人都喝得醉醺醺的，只有我头脑清醒，所以就遭到流放。"

渔父劝他说："圣人不拘泥于外物而能随同世俗一起进退变化。既然世上一片混浊，您为什么不跟着把水搅混并推波助澜呢？众人都喝得醉醺醺的，您为什么不一起痛饮美酒大嚼酒糟呢？为什么要独自忧思国事保持志行的高洁，而遭受放逐的厄运呢？"

屈原说："我听说：新洗好头的人一定要弹干净冠上的灰尘；刚洗过身的人一定要抖抖衣服上的尘土。我怎么能让干干净净的身躯，去蒙受世上的污垢呢？我宁可投身于湘水，葬身于江鱼腹中。又怎能让光洁无瑕的身躯去蒙上世俗的尘埃呢？"

渔父听完屈原的话后，微微一笑，摇起双桨，划着船离去。他边划边唱着歌："沧浪的水啊清又清，可以用来洗头巾；沧浪的水啊浊又浊，可以用来洗我的脚。"

渔父的船越划越远，也不再来和屈原说话。

上述这则故事，司马迁把它写在《屈原列传》中，虽然其中个别句子的文字和《楚辞》书中记载略有不同，但意思是相同的。这则故事和屈原的诗篇一样，在楚人中广泛地流传着。

时局急遽地发生变化，屈原十分关心所发生的一切。他多么希望能尽自己一点绵薄之力，消除国家所面临的困境，然而他不能。他感到自己是一条被捆住手脚的龙，不能腾云驾雾，直上九天；有时，他对着东去的大江发愣，他多么想沿江而下，直达东海，去寻觅邹子所说的大九州，也许，在遥远的地方，有一个理想的世界，那里没有战争、没有灾难、没有阿谀奉承的党人、没有心怀叵测的阴谋家。他常常做梦，在梦中，他变成巨大的鹏鸟，在九万里高空中自由地翱翔。啊，多么美好的时光啊，晴空如镜、日月争辉、澄江如练、万木峥嵘，这是一个充满光明和希望的世界，这是一个多么令人神往的地方。可是，半夜醒来，他发现自己还是住在那么阴冷孤独的地方，四周一片漆黑，只有远处不时传来野兽凄厉的嗥叫声。他的头脑渐渐清醒了，往事又一幕幕清晰地在脑海中出现，他知道，长期困扰自己的失眠的老毛病又出现了。有时，他只好静静地躺着，让脑海慢慢地平静下去，偶尔也能获得成功，在平静中得到一些时间的休息。但是，大多数时间是不成功的，脑海继续在活动，而且越来越清醒，遇到这种时候，他只能披衣而起，点燃陶灯，看一会书，等待着天亮。天色微明，他便到屋外活动，呼吸新鲜空气。

这一天，他像往常一样从田野上归来，只见门口站立着一位老人，他个头虽然不高，却显得很有精神，满头银发，却有一双炯炯有神的眼睛，放射出明亮而睿智的光彩，确实像传说的神仙那样鹤发童颜，仙风道骨。此时，老人正用那双能识透一切的眼光注视着走近屋门的屈原。屈原见状急步上前，揖礼问道："老丈从何而来？"

老人答道："我刚从深山走来。"

屈原一看，果然老人的衣服、裤子上，都被露水打湿了，一双麻草鞋，也沾满了潮湿的泥土。屈原忙说："请老丈到屋里歇歇脚。"

老人并不谦让，径直走进屋内，在椅子上坐下。屈原忙给老人端来一碗水。老人接过水，一口气喝完，并不说话，只是打量着屋中的陈设，然后注视屈原，不以为然地摇了摇头。屈原觉得十分奇怪，只得开口问道："不知老丈前来，有何教诲？"

老人笑了笑，说："我听了一位朋友的话，才知道屈大夫近日在此停留，因此特来拜访。"

屈原说："屈原怎敢劳老丈的大驾。只是不知老丈的友人是哪一位？"

老人说："就是前些日子在江畔驾舟与大夫对话的那一位啊！"

屈原说："原来是那位老渔父，承蒙他前来指点迷津，可惜我劣性难改，实在有负于他了。"

老人微微一笑，说："大夫不必过谦。人生在世，有如草木，或生于荒山野岭，或长于宫廷苑囿，皆因地而长，岂可寻求一律。况且人各有志，其所作所为，孰是孰非，亦各求其自适罢了。"

屈原说："老丈真是通达之论，屈原受教良多！屈原无知，敢问老丈尊姓大名。"

老人说："山野之人，有何大名。老朽姓王，名松。"

屈原吃惊地说："久闻老丈大名，人称活神仙，只是屈原无由拜识，今日老丈前来，实在太令我喜出望外了。不知能否委屈老丈多住些时间，以聆听老丈教诲。"原来王松在楚国是位很有声望的人。他是道家在南楚的代表人物。但王松的传道，并不是正传的老庄之道，而是杂有神仙家学说的道。他们宣传避俗隐世、以求全身长生之道。王松自称是仙人赤松子的弟子，年逾百岁，长期隐居南楚深山之中，许多人慕名前往求学，但他一般并不轻易授徒，只挑选少数他认为资质上乘者才收为弟子。屈原虽久闻其名，但毕竟觉得自己还是入世之人，因此也未曾多加关注和理会，想不到王松倒自己上门来了，而且正是在自己处境潦倒的时候。

王松说："我倒不想在这里住下，而是想请大夫到我的山庄住些日子。"

屈原听说王松请自己前去，觉得有些突然，便说："屈原一介俗子，贸然前往，岂不打扰了老丈？"

王松说："大夫不必过虑，我等虽避世而居，但也并非不染俗尘，我也喜欢读书，我读过大夫所写的《离骚》。我还从未见到有人把神游天地的经历写得如此精彩的。"

听到王松读过自己的诗篇，屈原既感意外，又颇高兴，便说："老丈过奖了，想不到方外之士，也喜欢诗篇。"

王松说："岂止是老朽，那位老渔父，也是爱诗的。别看他表面冷漠，内心却是热烈得很。就是他告诉老朽大夫来到这里的消息，并且让我请大夫前去做客的。"

"这么说老渔父也在山庄上。"

"他是时时前去的。大夫写神游，也喜欢神仙道术吗？"

屈原说："神仙之事，我当年在齐时曾有所闻，也读过其书，因此略知一二。但未得其妙。"

王松："大夫愿学吗？"

屈原说："只恐质性鄙陋，难以学成。"

王松说："我道并非深不可测，人人皆可根据自身之质性，探求我道之精妙。所学有深有浅，然皆有益身心。大夫之质性，自是极好的一种，只是贵在有向道之心，持之以恒，自能得益匪浅。"

屈原说："我何尝不知贵学之有益身心！只是自恨此身受世俗之羁绊，难以摆脱俗念，超然物外，因此难得真传。"

王松说："老者正是想向大夫传授一点入门之学，易练且易记。大夫操劳国事、精神憔悴、形容枯槁，长此以往，恐伤元气，非长久之策。只要大夫不弃，老者将尽心传授，习练久之，自能体其精妙。这并不妨碍大夫关心国事，也许将更有助于此呢！"

屈原见王松如此诚恳相邀，深受感动。于是，他便跟从王松到他所隐居的山庄里去。一路上，他们攀山越岭，穿过茂密的大森林，涉过一条又一条小溪，终于到达一处小山庄。山庄隐蔽在茂林深处的山凹里，依山搭建不多的几座茅屋，茅屋前开垦的土地上，种植着一些寻常的庄稼、蔬菜和成排的果树。山庄四周，成片的绿竹在风中摇曳，一条清澈的溪水从山间流出，环绕着山庄，欢唱着向山下流去。除了淡淡的炊烟显示这里有人的活动外，一切都那样的自然、平静。屈原羡慕地说："老丈真会选择地方，简直就像到了许由隐居的洗耳溪了。"

　　王松笑笑，说："清静倒是清静，但要耐得住寂寞，却也不是人人都能习惯的。"

　　老渔父也早已在山庄等候，屈原和王松到达后，当夜众人便围坐在篝火旁，无拘无束地畅谈起来。

　　渔父笑着说："还是王兄面子大，一去就把屈大夫给请来了。"

　　王松说："我告诉屈大夫，是老渔翁的主意，这才把屈大夫请动的呀！"

　　屈原说："承蒙二老相爱，屈原敢不从命！"

　　渔父说："大夫既来，务必安心静养些时，大夫多年奔波劳顿，宜习些养体健身之法，以颐养天年，万不可操持过度，先致体衰力竭，又何以勤劳国事。"

　　王松说："大夫既已被放于外，也应暂时将朝中之事置之一旁。在朝，则忠乎国家社稷；被放，则安然知命保身。庶几合乎进退之道。老朽并不求大夫与我同道同行。但请大夫来，一则聊表山野草泽之士一点敬意；二则愿大夫此行有助于祛病养身，健体宁神。"

　　渔父说："大夫以国家安危为己任，以致损精劳神，寝食不安。然则当今之国君，骄奢淫逸，不恤民生疾苦、不辨良莠忠奸，住的高堂华屋、穿的锦衣丽裳、吃的山珍海味、看的轻歌曼舞。口尽五味，耳尽五音，目尽五色，驰骋田猎，攻城略地，以富一家，此皆老子所谓'盗竽'之流，大夫何苦为此辈效犬马之劳。"

屈原说："我之所以如此，也并非全为国君。当怀王时，我曾寄予厚望，愿为辅弼，期待他行尧舜之道，施行美政，一统天下，解民众于水火之中。想不到他信用不专，致兵败地削而身死异乡。至于今之王上，则另当别论了。我之所以没有离开楚国，情愿在这里过流亡的生活，是不忍心看到国家的危亡，不忍心看到百姓遭受苦难，总想能够尽自己的力量做些什么。况且离开楚国，我又能到哪里去呢？如今最有可能一统天下的是秦国。但秦人想以暴力来攻打列国，吞并天下，我能去助纣为虐吗？"

王松说："屈大夫此番话，也自是肺腑之言，我们不必再谈论这个问题。大夫来到山庄，愿意住多久就住多久，悉听尊便。"

于是，屈原便在这寂静的山庄住了下来。他确实潜心地研究了一些道家、神仙家、阴阳家的著作，虽然其中的一些著作他年轻时也曾读过，但那时的感受和今日有太大的差别。他感到通过这一次自己的学习和与王松等人的晤谈，从中也对宇宙、人生有了更多感悟，襟怀也比以前开阔得多了。他将自己的这种感受写进了《远游》诗中：

悲时俗之迫厄兮，	悲伤时俗的迫厄，
愿轻举而远游。	盼望能轻飞高举以远游。
质菲薄而无因兮，	质性鄙劣难以实现，
焉托乘而上浮？	怎能乘清气而上浮？
遭沉浊而污秽兮，	遭逢浊世的污秽浸染，
独郁结其谁语？	独自郁郁不乐向谁倾诉？
夜耿耿而不寐兮，	中夜难眠心事重重，
魂茕茕而至曙。	精魂不安直至天明。

社会的黑暗、谗人的当国、政治的腐败、民生的疾苦，都强烈刺激着屈原，使他感到生存环境的局促与生存空间的狭小，他真希

望远离浊世。

惟天地之无穷兮，	只有天地才浩渺无穷，
哀人生之长勤。	哀叹人生之劳碌终身。
往者余弗及兮，	过往的历史我无法追及，
来者吾不闻。	将来的一切我难以知悉。
步徙倚而遥思兮，	徘徊不定思绪无限，
怊惝恍而乖怀。	惆怅失望违背本意。
意荒忽而流荡兮，	神情恍惚流荡无主，
心愁凄而增悲。	心中愁苦愈加悲伤。

透过这跳动的诗行，我们可以体悟出作者何等强烈的历史感和多么深沉的人生感喟！这种人生感悟，也是作者将自己放进天地宇宙无穷无尽的时间和空间之后所产生的一种异常真切的感受。唐代诗人陈子昂的《登幽州台歌》："前不见古人，后不见来者。念天地之悠悠，独怆然而涕下！"其意境恰与本篇相似，这种异代诗人感情上的共鸣，反映的正是人类的一种共同的感悟。

为摆脱沉重的负担，就要寻找脱离世俗的方法。道家与神仙家的修炼方法，无疑也是人类寻找自我解脱的一种途径：

闻赤松之清尘兮，	听说赤松子超凡脱俗，
愿承风乎遗则。	愿受教以继承他的法则。
贵真人之休德兮，	珍视真人的美德，
美往世之登仙。	赞美古人的得道成仙。
与化去而不见兮，	变形化去无处可见，
名声著而日延。	声名显著代代流传。

这就是《远游》。诗中主人公从南方的故乡出发，先历天庭，然后从东到西，从南到北，再经营四荒、周流六漠，最后见天地

之无穷，终于使自己超越了时空界限，返回远古，"与太初而为邻"。作品中，诗人张开想象的翅膀，让思绪在广阔无垠的宇宙中自由地驰骋翱翔。诗作中想象之奇特，意境之瑰丽，皆令人叹为观止。许多研究者认为，《远游》所表现的思想，与屈原在《离骚》及《九章》的一些篇中时时流露出来的情绪相同。他在承受了巨大的难以自制的痛苦之后，寻求思想上的一种解脱，这应当是不难理解的。

《远游》的独特思维方式和艺术技巧，受到后代诗人的赞许与仿效，成为异代诗人发泄对现实的不满并寻求自我解脱的一种艺术形式。后来，在中国诗歌史上，便出现了"游仙诗"这种诗歌体式，而《远游》被视为游仙诗之祖，历代许多著名诗人都有游仙诗作品存留于世。

在长期的流放生涯中，屈原的足迹遍及大江南北，洞庭湖畔。他时常和各种各样的人士接触，倾听他们的意见。江南的民众也都熟悉这位无罪而遭放逐的屈大夫，他的诗篇，在民众中广为流传。

第六章　哀郢

远接商周祚最长，北盟齐晋势争强。

章华歌舞终萧瑟，云梦风烟旧莽苍。

草合故宫惟雁起，盗穿荒冢有狐藏。

《离骚》未尽灵均恨，志士千秋泪满裳。

————宋·陆游《哀郢》

一　昭奇之难

与秦和亲之后，顷襄王觉得有了依靠。秦人此时正大举东进，吞食三晋之地，因而几年之内，楚地无战事。顷襄王以为这种和平的局面可以长久地维持下去，于是，深为自己决策的正确而欢欣鼓舞。朝廷之上，昭睢已赋闲在家，屈原又流放江南，他的耳根清净了不少。自己的兄弟子兰当令尹，他没觉得有什么不放心，子兰很会体察这位当哥哥的心情，他知道顷襄王有两样特殊的爱好，于是便千方百计地投其所好。

顷襄王的第一个爱好是田猎，尤其是去高唐和云梦泽。云梦泽横跨大江两岸，有数不尽的草地、沼泽，往西是长江三峡，从巫山而东，奇峰高耸，千姿百态。司马相如在《子虚赋》中曾描写道："云梦者，方九百里，其中有山焉。其山则盘纡弗郁，隆崇嵂崒，岑崟参差，日月蔽亏，交错纠纷，上干青云。……其东则有蕙圃，衡兰芷若，芎䓖菖蒲。……其南则平原广泽，登降陁

189

靡……缘以大江，限以巫山……"至于其中的花草树木之盛，飞禽走兽之众，郑姬燕妾之美，使人感到"眇眇之忽忽，若神仙之仿佛"。这便是司马相如想象的"楚王乃登云阳之台"的情景，其中虽不免有汉代赋家的夸饰之词，然而云梦泽之美，确是史有明载的。更何况那里还有可以让顷襄王想入非非的神奇的巫山神女的传说。顷襄王时的著名楚赋作家宋玉就写有《高唐赋》，生动地描绘了他和顷襄王前往高唐时亲眼所见的奇丽景观。

为了附庸风雅，也为了表示自己礼贤下士，顷襄王也学着自己在齐国见到的齐王养士、建稷下学宫的模样，在自己周围招揽了一批文人，其中最有名气的数宋玉、唐勒、景差等人。不过稷下学宫的文人们主要是从事学术上的百家争鸣的，探讨的是治国之道，而顷襄王所养的士却是供自己游乐时歌吟风月、做文字游戏的。正像司马迁在《报任安书》中所说的："文、史、星、历，近乎卜祝之间，固主上之所戏弄，倡优畜之，流俗之所轻也。"汉代皇帝、诸侯王之文学侍从如枚皋、东方朔之流，平生郁郁不得志，他们的处境实则也与宋玉、唐勒、景差等人相似。顷襄王让宋玉等人待在自己身边，陪同他到各处游览，并根据他的需要，写一些合乎他口味的文学作品。从保留下来的宋玉赋中可知，宋玉等人作赋，还往往是由襄王出题目，让他们"试为寡人赋之"，于是宋玉等人便认认真真地加以炮制。正是经过他们的精心雕琢，使一种新的文学样式——楚赋在继承和发展楚辞的艺术特色之后，脱胎而出，自成一体。所以司马迁在评论中说，宋玉、唐勒、景差等人"皆好辞而以赋著称"。以宋玉而言，今日流传下来的作品，只有《九辩》一篇是骚体的"辞"，其余皆为"赋"作。当然，楚赋发展至汉代，蔚为大观，成为一代之文学，统治中国文坛长达数百年之久，这倒恐怕是顷襄王和宋玉们始料不及的。

附庸风雅的顷襄王算不算文学家呢？恐怕不能算，因为他没有文学作品流传下来。在宋玉的《大言赋》和《小言赋》中，各保存有一段顷襄王的"创作"，姑录于下：

楚襄王与唐勒、景差、宋玉游于阳云之台。王曰："能为
寡人大言者上座。"

王因唏曰："操是太阿戮一世，流血冲天，车不可以厉。"

至唐勒，曰："壮士愤兮绝天维，北斗戾兮太山夷。"

…………

——《大言赋》

此赋后面还有景差的一段话、宋玉的两段话，这里就不往下引用
了。顷襄王的"大言"的意思是："手握太阿宝剑，杀尽世上之
人，血流冲天盈河，车骑难以渡过。"

楚襄王既登阳云之台，令诸大夫景差、唐勒、宋玉并造
大言赋。赋毕，而宋玉受赏。

王曰："此赋之迂诞则极巨伟矣，抑未备也。且一阴一
阳，道之所贵；小往大来，剥复之类也。是故卑高相配而天
地位，三光并照则小大备。能高而不能下，非兼通也；能粗
而不能细，非妙工也。然则上坐者未足明赏，贤人有能为小
言赋者，赐之云梦之田。"

景差曰："载氛埃兮乘剽尘，体轻蚊翼，形微蚤鳞，聿遑
浮踊，凌云纵身。经由针孔，出入罗巾，飘妙翩绵，乍见
乍泯。"

…………

——《小言赋》

赋的后半段也是唐勒、宋玉等人所赋的"小言"。这里顷襄王并没
有直接参与赋的制作，但他的这段话倒似乎还有点理论，其意思
是说："这篇赋（指《大言赋》）的迂阔荒诞，可谓是够巨大宏
伟了，但却还不完备。况且一阴一阳，是符合于道的规律的。没

191

有小而只有大，就不平衡了。所以高低相配有如天地有尊有卑，日、月、星、辰同时普照万物，从大到小显得很完备。能高而不能下，不能算兼通；能做粗活不能干细活，不能算工艺精妙。因此尊为上座，还算得不是什么奖赏。众位贤士如果能做出小言赋来，我就将云梦田地赏赐给他。"

不知道宋玉赋中写的顷襄王的话是否真是他的原话，或者经过了宋玉的艺术加工。例如上面《小言赋》里的，"小往大来，剥复之类也"就涉及《周易》中的一些重要卦象。《周易·泰》："小往大来。"意思是失小却可以得大。"剥复"也是《周易》中的两种卦名，《周易·杂卦》："剥，烂也；复，反也。"还有"一阴一阳，道之所贵"，"卑高相配而天地位"等，也均与《周易》及道家思想有关。当然，楚王室一向还是注重宗室子弟的教育的，不能说顷襄王就不懂得这些东西。至于《大言赋》，顷襄王就直接以参加者的身份率先赋大言，虽是一开口便显露其草菅人命的暴君和屠夫的嘴脸，论文字我们倒也得承认他比《红楼梦》中那位粗俗难耐的薛家大公子要高明得多了。

顷襄王在中国文学史上，开了宫廷文学之先声。在他的倡导和组织下，宋玉、唐勒、景差等人共同组成了宫廷文学集团，创作了一批数量可观的楚赋作品，并奠定了赋体文学之根基，其贡献自是不可磨灭的。汉兴，从皇帝到一些诸侯王，都喜欢养文学之士，如汉武帝、汉宣帝到淮南王刘安、梁孝王刘武等都是如此，这和顷襄王所开启的宫廷文学之影响不无关系。

当然，我们也不可高估宫廷文学的作用。宫廷文学受制于帝王，其内容往往难以和深刻反映时代及社会现实的优秀文学作品相比，这是无法回避的事实。屈原开创了楚辞这种文学形式，而宋玉奠定了赋体文学的根基，从这个角度来说，他们在文学史上都有其重要地位，因此文学史上常以"屈宋"并称，也并不为过。然而，从作品的思想内容以及这些作品对社会和民族文化的影响而言，则屈骚与宋赋就难以相提并论了。原因很简单，屈原的骚作，真实地反映了那个时代的风貌，深刻地揭露了社会矛盾，表现了作者强烈的爱国主义精神；而宋玉等人的作品，虽然也不无讽谏意义，但如司马迁所说，他们虽"皆祖屈原之从容辞令"，但"终莫敢直谏"。有的作品给人以"劝百而讽一"之感，如《高唐赋》，大写高唐之美和游览之乐，最后虽有几句"思万邦，忧国害"之类的抽象的官话，实在早已被淹没在前面的物态描写之中了。有的作品说是讽谏，却让人觉得像在拍马，如《风赋》之有无讽谏意义，至今争论不清，至少顷襄王并没有看出来，因而也没有达到讽谏的目的；还有的作品则是文字游戏，如前所说的《大言赋》与《小言赋》，这类作品没有什么思想价值可言。宋玉诸作中，讽谏意义较强的当属《钓赋》。当然，我们也不便对宋玉、景差、唐勒等人多所责备，因为他们所遇到的是顷襄王这样的国君，又生活在谗佞当权的社会氛围之中，稍一不慎，便会受到攻击，宋玉的《对楚王问》《登徒子好色赋》一开头都写到别人对他的攻击。他们还经常有丢掉饭碗的威胁，《九辩》中写到"贫士失职而志不平"，许多人都认为这个"失职"的贫士便是宋玉。须知，在封建社会中，大臣能不能直言进谏，不仅取决于大臣的胆量，更重要的还取决于国君的肚量，倘若一进谏便遭杀头，如周厉王那样，派出一大批特务，有敢提意见的就杀掉，还有谁成天去找倒霉受。像关龙逄、比干、梅伯那样古代的直臣毕竟是有限的。当然，气氛达到如此恐怖的时候，国君的统治命运也就要告终结了。

顷襄王的第二种爱好，便是"色"。自然，正如孟老夫子所言："食、色，人所大欲。"原也没有什么可以多加指责的。历代皇帝也鲜有不好色的，否则皇帝后宫就不必有"粉黛三千"了。然而，顷襄王的"好色"，却是超乎常人的。令尹子兰曾几度下令在国中寻求美女，以充实各地的宫廷苑囿。原来，由于楚国土地广阔，历代楚王为巡视大片国土，便在楚境内设立多处离宫别馆，以备不时巡幸之需。顷襄王继位之后，尤好巡游，这些离宫别馆里的美人便需不断充实，以代替那些年老色衰者。子兰对此特别用心，一来是要讨得顷襄王的欢心；二来是借此让顷襄王沉迷于女色之中，不以朝政为事，他便借此大揽朝政重权；三来子兰也是好色之徒，众多的美人，也是他的掌上之物。

不过需要说明的是，顷襄王的淫乱，绝不仅限于"女色"，他还有数量众多的"嬖臣"，也就是男宠。在这些人中，有的先是他的酒肉朋友而后成为他的嬖臣的，有的则是通过各种渠道逐步麇集在他的周围的，所谓"上有好者，下必甚焉"。这是一批利欲熏心的小人，他们正是以受宠于顷襄王而获取自己的私利，其中许多人后来成为"封君"，即拥有自己封邑土地的特殊身份的贵族。

看到顷襄王和子兰兄弟把朝政弄得如此混乱，一些正直的大臣终于忍不住了。一天上朝时，左尹庄辛站出来，对顷襄王说："大王每次出行，左边带着州侯，右边带着夏侯，车后还跟着鄢陵君和寿陵君，专一淫逸侈靡，不顾国政，郢都将危险了！请大王改更所作所为，为国家着想。"

顷襄王好久没有听到这样激烈的言辞了，便大为恼怒地说："庄辛，你真是老糊涂了，竟然妖言惑众，想给国家带来灾难吗？"

庄辛说："大王身边的四个人，都是奸佞的小人，专门给大王出主意吃喝玩乐，这是消磨大王意志的最坏的家伙，大王应当去听听楚国百姓是怎么说的，他们将这四个人称为楚之四凶，并说，四凶不除，楚国不兴。大王，臣是为楚国的社稷忧虑啊！"

顷襄王说："就算你说的话是出于好意，但你能比我更了解这几个人吗？他们跟随在我的前后左右，正是为了保护我，他们将寡人的安危置于自身安危之上，爱惜寡人胜于爱惜他们自己，这难道还不是尽忠心以事其上吗？这样的忠臣，寡人不宠幸，难道不是太薄情了吗？况且往昔庄王即位三年，不出号令，左抱郑姬，右抱越女，坐钟鼓之间，日夜为乐，而后不是一鸣冲天吗？"因为庄辛是楚庄王的后代，以庄为姓，所以顷襄王有意搬出这个故事，用以堵塞庄辛之口。

194

庄辛见状，无可奈何地说："大王不听劝谏，臣请前往赵国，以观后效。"顷襄王并不阻拦，听由他离楚往赵。

顷襄王的近臣中，最感痛心的而且多次想加以劝谏的是宋玉。宋玉原为宋人，是宋王族的公子，他多才多艺，尤好文辞，在宋时就十分仰慕屈原的才华，喜好他的诗篇，加之当时宋王偃执掌朝政，暴虐无道，因此宋玉远离乡国，到南楚拜屈原为师。只可惜从学时间不长，屈原便被流放江南了。他因在学习时和景差关系比较好，后来景差当了顷襄王的侍从，封为大夫，宋玉也就由景差的关系介绍给了顷襄王。可是开始时顷襄王只让他当一名小臣，宋玉十分失望。但他又深感自己有家难归，有国难回，所以就暂时在楚朝廷安顿下来。后来，由于他"识音而善文"，使这位"好乐而爱赋"的顷襄王"美其才"（《渚宫旧事》），让宋玉当了楚国的大夫。宋玉也曾一度想竭力为楚国的复兴尽些力，然而顷襄王并不喜欢听这方面的劝谏，昭睢的退隐，屈原的流放，庄辛的去赵，都是榜样。况且楚朝廷中臣僚之间相妒成风，不时有人在顷襄王面前说宋玉的坏话，以至于宋玉不得不时常防备，还得想方设法为自己辩护，否则便面临被斥退的危险。这样的环境，使得宋玉言谈举止，不敢不谨慎。他只能在襄王让他写的赋作中把自己的劝谏之意委婉地表达出来，他写的几篇赋作《登徒子好色赋》《讽赋》《高唐赋》《神女赋》，其中都涉及如何正确对待"女色"的问题，不少研究者也都指出这些赋作是针对顷襄王好色而写的，如刘勰在《文心雕龙·谐隐》篇中即已指出："宋玉赋《好色》，意在微讽，有足观者。"《文选》李善注也认为："此赋假以为辞，讽于淫也。"

《淮南子·主术训》中写道："顷襄王好色，不使风议，而民多昏乱，其积至昭奇之难。"昭奇也是楚王族的成员昭氏的宗族子弟，他和子兰自幼一起玩耍，是个专出歪点子、不学无术的纨绔子弟，因为臭味相投，两人成莫逆之交。子兰执掌令尹之职后，便将昭奇提拔起来当了郢都司马，所谓郢都司马，就是负责郢都的安全保卫的主要官员，其责任之重要可想而知。

子兰表面上对顷襄王言听计从，投其所好，实则是在架空顷襄王，自己掌握朝政大权。然而，他并不甘心于充当一人之下、万人之上的角色，自幼他母亲郑袖就念念不忘让他有朝一日继承楚国的王位。当怀王被挟持入秦之后，他本以为王位唾手可得，想不到由于朝中大臣的反对、又有怀王密诏，使他的梦想落了空。当令尹十余年间，子兰无时无刻不在窥伺楚国之重器，他做梦都在想着有一天，高高坐在王座上的就是他子兰，从此不必每日跪拜称臣。经过十几年的经营，他认为根基已固，可以行动了。

机会很容易找到，因为顷襄王时常离开郢都，有昭奇在，郢都就掌握在子兰手中，关键问题在于要想办法让顷襄王离开后再也不能回来，到时候他子兰宣布顷襄王已经归天，群臣拥戴自己登上宝座，这样一来就大功告成了。子兰的这一阴谋，秦人一清二楚，他们巴不得除掉顷襄王，到时楚国一乱，子兰要是掌握不了局势，秦国军队就可以长驱直入郢都。当然，子兰如果能站住脚，秦国也不吃亏，因为子兰答应将巫和黔中郡割让给秦国，这正是秦人梦寐以求的。况且子兰当国，肯定比顷襄王更好对付。

子兰选择在顷襄王前往高唐的时候发动宫廷政变。他们还派了一批人马埋伏在前往高唐的险要道上，准备就在那里将顷襄王就地杀掉。然后可以宣布顷襄王死于强盗之手。

可是，这件事还未实行便泄密了。史书记载，有位县令的女儿名叫庄妷的，认为顷襄王的做法很危险，便准备拦在道上劝阻他不要离开郢都。她对家人说："王好乐，出入不时。春秋既盛，不立太子。秦又重赂左右以惑王。观其势，王已出，奸臣必倚敌国而发谋。王殆不反。愿往净之。"好乐就是喜欢游乐，随随便便就到外面去，没有规律，这叫"出入不时"。这位庄妷知道了秦国的阴谋，担心朝中的奸臣以秦为靠山发动政变。当她拦住顷襄王后，对顷襄王说有隐事要面告。顷襄王问她："你有什么要告诫寡人的？"

庄姪说："大鱼失水,有龙无尾,墙欲内崩而王不视。"这是当时流行的"隐语"。所谓隐,相当于今日的猜谜,在战国末年颇为盛行。著名学者兼诗人的荀子就写有《隐赋》。

颀襄王便问道:"你所说的是什么意思?"

庄姪说："大鱼失水,是讲大王离开国都五百里之遥;有龙无尾,是指大王已年至四十岁还没有立太子;墙欲内崩,是指秦国施行反间计。"她把这些称为颀襄王所面临的"三难",然后又指出颀襄王还有五患:"宫室相望,城郭阔达,一;宫垣衣绣,人民无褐,二;百姓馑饥,马有余秣,三;邪臣在侧,贤者不用,四;奢侈逾制,王室空虚,五。"最后警告他:"不亟反,祸及矣!"

颀襄王居然还听从了庄姪的劝谏,立即返回郢都。可是当他到达郢都时,政变已经发生,国都的大门紧闭,不让他进入。后来颀襄王只得调动郢都周围的鄢、郡一带的军队,才算把这次政变镇压了下去(见刘向《列女传》)。

政变的失败,子兰、郑袖、昭奇之流自然得到应有的惩罚,从此,他们在史书上消失了,然而,历史并没有让楚国翻开新的一页。

二　不思进取的颀襄王

昭奇之难就像给颀襄王当头泼了一桶冷水,使他从迷茫中开始清醒了一些,他这才感到,自己的江山原来如此不太平,他不得不重新审视这个千变万化的局势,但如何应对,却力不从心。

当秦国和诸侯联军击败齐国之后,秦国便占领了原属宋国的定陶,这样就和前两年所占齐国的九县连成一片,成为和秦国本土不相连接的一块东方的"飞地"。这里地方虽不大,但很重要,是当时中原地区水陆交通的中心,在战略上具有很重要的地位。秦国占领了定陶以后,就以此为基地,可以随意向四邻发起进攻。而各诸侯国却不敢去惹秦国的麻烦。

齐燕的战争从公元前284年直打到公元前279年，秦国除了前期参战外，后期一直不介入。秦昭王冷眼旁观这场战争，让齐燕两国去拼个你死我活，两败俱伤。当然，这并不是说秦国此时没有什么动作，这个被诸侯们一致称之为"虎狼之国"的国家在秦昭王时期和后来的秦始皇时代是出兵次数最多、侵占土地最多的时期。秦昭王在秦国历史上是执政时期最长的国君，他从幼年继位（早年一度由其母亲宣太后听政），前后在位时间长达56年之久。正是在他执政的56年间，秦国逐年撕咬着关东各诸侯国，将他们一个个咬得体无完肤。秦国就在这无数场战争中逐渐强盛壮大，成为真正无敌于天下的强国。因此，在秦统一中国的过程中，秦昭王的功绩其实是应当重重地写上一笔的。这场旷日持久的实现统一的战争进行了数百年之久，中间不仅有触目惊心的血淋淋的战争，而且其背后掺杂着数不清的奸诈、欺骗和阴谋。

　　秦昭王一面冷眼观看齐燕的你死我活的争斗，一面开始了新的战争布局。中原地区的韩魏两国已经不断地被驱赶着向东发展，秦昭王还把他们绑在自己的战车上，可以随时指挥他们的行动，现在应该集中力量向北和向南发展了。秦国在当时已经处于相当有利的战略地位。楚顷襄王十八年（前281）时，有楚人曾以"弱弓微缴"之喻谏说襄王，其中在分析秦国的形势时，将秦比喻为一只大鸟，说它"负海内而处，东面而立，左臂据赵之西南，右臂傅楚鄢郢，膺击韩魏，垂头中国，处既形便，势有地利，奋翼鼓翅，方三千里。"（《史记·楚世家》）意思是说，秦国就像一只大鸟一样注视着东方，左翅已及赵国的西南，右翅将及楚国之鄢郢，胸部一用劲儿就攻击了韩魏，这只巨鸟一直伸着头想吞食山东，形势对它十分有利。假如它张开翅膀奋飞起来，立即可以飞得又高又远。这个比喻是十分形象的，也完全符合当时的实际，谏说者想劝说顷襄王振作起来，联合诸侯，与秦抗衡，可惜的是为时已晚。秦国这只大鸟已羽毛丰满，血气充盈，它正张大怒目，准备振翅飞翔了。

秦国没有同时扇动它的双翅，而是先集中力量鼓动它的左臂。击败齐国之后，秦国以为它可以任意役使诸侯。当时，正好赵国得到了楚国遗失的国宝"和氏之璧"，秦昭王得知后，立即想将它据为己有，于是派使者到赵国，表示愿以15城来换取赵国的宝玉。赵王无可奈何，只得派蔺相如携"和氏璧"到秦。但秦王既想得璧，又不愿将城交给赵国。由于蔺相如的英勇机智，终于挫败秦王的阴谋，实现了"完璧归赵"。得不到宝玉的秦昭王大怒，便决定要教训教训赵国，在他看来，赵国自从武灵王死后，已无与秦抗衡之力了。于是，秦昭王连年派兵攻赵：据史书载，秦昭王二十五年（前282），秦攻赵，取蔺（今山西离石西）、祁（今山西祁县东南）两城；二十六年，秦攻赵，取石城（今山西离石）；二十七年，秦将白起攻赵，取光狼城（今山西高平西）。虽然说，在这些年的作战中，秦军取得一些胜利，但也受到不小的损失。秦国这才体会到，赵国虽然自武灵王之后，已不那么可怕了，但其国力在关东诸侯国中还是比较强的，它虽无主动攻秦的能力，招架之功却还是有的。于是，秦昭王决定和赵国议和。秦昭王二十八年（前279），秦昭王与赵惠文王在渑池相会。秦王想在会盟时折辱赵王，但由于蔺相如的保护，秦国没有占到便宜。在这次会盟之后，秦对赵国的进攻便一度停止下来。

　　假如顷襄王是个有作为的国君的话，从他继位到秦昭王二十七年，他已统治楚国长达19年，他完全有充分的时间来改革朝政，富国强兵，积蓄力量，对抗强秦。当年越国被吴国灭，越王勾践夫妇沦落为吴王的奴仆。但他一旦回国，经十年生聚，十年教训，终于从一片废墟上重新站立了起来，并一举大败吴国。就近时而言，齐国一度占领了燕国，把燕国践踏得不成样子，但燕昭王复国以后，礼贤下士，招聘四方豪杰，经过20多年时间，重新恢复了元气，占领了齐国的70余座城市，差点把齐国彻底消灭。而楚国，虽然曾一度在诸侯国的进攻之下兵败地削，实力大减，但楚毕竟是个大国，有广阔的国土和丰富的资源，并没有受到像当年的越国和近时的燕国那样的灭顶之灾，所以顷襄王只要有中人之智，有强国的决心，19年时间足够他做太多太多的事了。

遗憾的是，顷襄王确实是个昏庸的国君。假如说，他初继王位时楚国刚遭受战争的创伤还需暂补元气的话，那么在此后的岁月里，他已经有了比较充分的活动余地和空间。从与秦和亲的公元前292年起，楚国也有十余年时间，没有受到外界的入侵，相反，楚先后和诸侯共同灭宋、伐齐。

顷襄王和楚怀王不同。楚怀王年轻时还是有些雄心壮志的，颇想干点事业，虽然不免志大才疏，且听信谗言而最后落到可悲的境地，但他毕竟还是曾经一度致力于国家的富强，实行变法，并曾经成为关东诸侯的纵长。顷襄王则不然，从当太子时起就喜欢四处游乐，招惹是非，所以为质于秦时才会和秦王的宠臣有私相斗，不得不私自逃回楚国。继位之后本性难改，以淫乐为事。秦将白起曾这样评论他："是时楚王恃其国大，不恤其政。"（《战国策·中山策》）《战国策》中记载有关苏秦的一则故事可作为白起这段话的注脚：

苏秦前往楚国求见楚王，三年才见到面，谈完话以后，苏秦立即告辞回国。楚王问他说："寡人听人说起过先生的大名，就像听人说古代故事里的名人一样。而今先生不远千里来到寡人身边，怎么不肯多停留一些时间，请告诉我这是什么缘故？"

苏秦回答说："楚国的食物贵得像美玉，普通的薪柴贵得像香桂，守门人就像鬼魂一样难以找到，大王更像天帝一样难以拜见。如今大王让我留在楚国，岂不是让微臣吃美玉烧香桂，依靠鬼魂的通报才能求见到天帝吗？"

苏秦的对话虽然不免有纵横家的夸张，但还是反映了楚国当时的一些实际状况的，所以楚王听后自己也不好意思地说："先生到客舍去休息吧，我听到先生的意见了！"

苏秦为顷襄时人，这里的楚王应即是顷襄王。

和庄辛几乎同时进谏的还有一位射雁者。《史记·楚世家》载，顷襄王十八年（前281），"楚人有好以弱弓微缴加归雁之上者，顷襄王闻，召而问之。"这个人显然也是一位不敢正面直谏的，所以他要用怪异的举动来引起顷襄王的注意。顷襄王找他问话后，他便以射雁为喻，对襄王说了下面一段话：

> 我不过是喜欢射小雁和野鸟，所以用弱弓微矢就行了，这没有什么可以向大王炫耀的。以大王的贤明、以楚国的强大，您所射获的绝不应是野鸟小雁一类的东西。

接着他以三王因道德而得天下、五霸因以战胜其他国家而争得霸主的地位为喻，将当时天下诸侯比喻为可以张弓而射的小雁和野鸟，希望顷襄王能够"以圣人为弓，以勇士为缴，时张而射之"，从而使楚国一统天下，南面称王。

他的这番话居然触动了顷襄王，襄王便又召他入内宫当面问话。这个射雁者便对顷襄王说："先王因受秦人的欺骗而最终客死于秦，仇怨没有比这更大的了。如今普通人无辜受害，尚且希望对万乘之尊施行复仇，白公和伍子胥都是如此。如今楚国地方五千里，精兵百万，仍然足以逐鹿中原，以争高下，然而大王却坐而受困，臣私下以为大王不应当这样啊！"

这类的话顷襄王并非没有听过，但是过去屈原等人进谏时他总觉得是一派陈词滥调，以为秦人还是会对自己手下留情的。可是，昭奇之乱使他受到了强烈的触动。子兰、昭奇里应外合，在秦人的支持下公然发动叛乱，自己差点被推翻，现实使他认识到，秦国灭楚之心不死，如果不做准备，恐怕最后真会落到个死无葬身之地。他开始比较认真地思考起来，他知道，以楚国一国之力攻打强秦，无异于以卵击石，只有联合各国诸侯，共同对付秦国，才能有获胜的希望。他打算先派使者联合齐、韩、魏共同抗击秦国。

可是，顷襄王实在醒悟得太晚了，他糊里糊涂地浪费了近20年的宝贵时间，整个朝廷不仅没有一点起色，反而更加混乱不堪，就像白起所说的："君臣相妒以功，谄媚用事，良臣斥疏，百姓心离，城市不修，既无良臣，又无守备。"而秦国的状况却另是一番景象："当此之时，秦中士卒，以军中为家，将帅为父母，不约而亲，不谋而信，一心同功，死不旋踵。"（《战国策·中山策》）还有一件很可笑的事，顷襄王在准备联合诸侯攻秦之前，竟然想先吞并东西周，而毫不考虑可能引起众诸侯共同讨伐的可怕恶果，只是后来在东周武公的一番劝说下才放弃了这种想法，可见其谋思何等的短浅！

当顷襄王醉生梦死的时候，秦昭王却一直在精心策划如何扩大秦国的地盘。向北和赵国打了几次仗，渑池会盟时又碰了不软不硬的钉子，实在让他感到不太好办，现在，他必须对楚国开始行动了。北部中原，秦已推进至其腹心，据有中国土地之半。而南部中国，进展并不顺利，尽管秦曾多次与各诸侯国联合对楚作战，极大地削弱楚国的实力，但所占领的地方毕竟还是十分有限的，只是楚国西北部的一角。楚的巫、黔中正与秦国的巴、蜀、汉中犬牙交错，而且楚人还远征至滇，占有西南的一大片土地。在秦人看来，楚国确实是对自己最有威胁的腹心之患，因此，必须尽快对楚国采取行动。秦昭王知道，顷襄王虽然昏庸，但楚人一直有一股强烈的仇秦心理，尤其是怀王客死于秦这件事，秦人虽感到理亏，但秦国绝无赔礼道歉之意，越是理亏，就越是要尽快削弱对方，让对方没有报复和还手之力。所以，就在秦军主力着力经营北方的同时，秦昭王下令让镇守巴蜀的司马错做好了进攻楚国的准备。秦昭王二十七年（前280），秦国开始了大规模的南线战役。他命令司马错发陇西兵10万，由蜀乘大船万艘，沿江东下，很快便攻占了楚国的巫和黔中郡，从而完成了当初因囚禁怀王想要而未能达到的目的。得意扬扬的秦昭王马上又派人去楚国，并给顷襄王带去一封信，信中说：

> 我以为秦楚结盟，亲如兄弟，故十余年未曾加兵于楚。想不到大王却不念旧情，欲联合诸侯与秦结怨，实在不自量力。秦居江之上游，蜀郡之甲兵，乘船浮于汶水，沿夏水而下江，五日而至郢都。汉中之甲兵，乘船出于巴，乘夏水以下汉江，四日即可达洞庭五渚。寡人所聚集之甲兵，由宛东下随邑，势如破竹，智者不及谋划，勇者不及发怒，而寡人如同射隼，已告成功。大王竟然想期待诸侯之兵以攻函谷，不亦如同期待远水以解近渴吗？如不思更改，寡人不日即整束三军，与大王相会郢都。

顷襄王收到秦昭王的信后，聚集群臣谋议，但此时楚朝廷中，并无真正可以信赖的谋臣良将。那些昏庸的大臣们只会捻着胡须摇头叹气，而从前线溃败回朝的将领，则大肆宣扬秦军如何锐不可当，以表明自己的失败是理所当然的事，并非作战不力，指挥不当。顷襄王看着这满朝的酒囊饭袋，十分恼怒地说：“你们众人平日里一个个夸口自己如何如何了得，封邑惟恐不大，爵位只嫌不高。而今国难当头，都不见有人挺身而出，为寡人分忧，只会在那里摇头叹气，国家要你等何用！”

一番责骂之后，只得商议派人前去议和，先稳住秦人之心，再另想他策。秦国见楚国果然害怕，故意大摆架子，抬高身价。经过几番讨价还价，楚国割去汉北和上庸的大片土地献给秦国，秦国才装出很不情愿的样子答应了与楚人议和。秦国不费一兵一卒而得到汉北，十分高兴，立即将原有的楚人驱赶出境，从秦国赦免了一批罪人，把他们迁移到新取得的楚国城邑来进行开发。汉北和上庸的失去，使楚国郢都已失去北部的屏障，而黔中、巫郡的失陷，切断了楚与在滇的庄蹻部队的联系，并使秦国从北部和西部对楚形成一个半圆形的包围圈。如今，只等这个包围圈一缩紧，郢都就成秦人的囊中之物了。

三　晚居玉笥山

楚国再一次遭受重创和割地议和的消息强烈地震惊了楚国上下，屈原当然也很快知道了这个消息。他在湖南的沅湘一带经历了较长时间的动荡不安的生活，这里的许多地方都留下他活动的足迹。对南楚的山山水水，风土人情，他逐渐地由陌生到熟悉，由熟悉到产生感情，人们对于这位屈大夫，也由最初感觉怪异到有所了解并最后愿意亲近他。南楚是一块开发得比较晚的地方，但也是一处和睦宁静的地方。这里的很多楚人也是从郢都一带迁徙而来的，有的是当初被派来开发这块土地的兵士，有的是因躲避迫害而举家南迁的百姓，也有在吴起变法时实行充实边境政策而赐封到这里的贵族，还有的是像屈原一样因种种罪名而被流放到这里的，当然，也有少数避世的隐士。他们和当地的苗蛮等少数民族在长期的相处过程中逐渐相互适应、相互理解，和睦地共处。居住在这样的环境中，屈原并没有感到生活上有多大的痛苦，相反有时他还庆幸自己能够远离那个世事纷争的浊世，离开那为争权夺利而玩弄阴谋、尔虞我诈的朝廷，从而使身心得到短暂的宁静和休息。

大约在顷襄王十七年（前282）时，屈原定居在湖南汨罗江畔的玉笥山，从此，屈原的名字便与汨罗江结下了不解之缘。

屈原之所以选择在这里，是因为他接受了罗子国国王罗锐的邀请。罗子国本是江淮间的小诸侯国，和楚族同祖，都是高阳帝颛顼的后代，只是受封于罗后，以国为姓，故姓罗。罗子国原在今河南与湖北交界的罗山、罗田一带。罗子国的先君和楚国的先君在西周时一起服侍周天子，楚人以苞茅为贡品，让周朝可以在祭祀祖先时缩酒之用。罗子国处于大别山一带，大约这里鸟类品种繁多，因此，周天子让他们进贡的是一些供观赏用的异鸟。当楚国强大以后，逐渐吞并了周围小国，罗子国也是被并吞的国家之一。楚文王灭罗之后，将其国迁至今湖北的枝江一带，其后又再迁至新开发的南楚地区，即今湘北之洞庭湖畔立国。对楚国来说，这样的小小附庸国，位于楚国的大后方，既不用担心他们会有什么不轨的行为，又可以为开发楚国的荒远地区做出贡献，实在是一件大好事。

楚国对于境内的诸多附庸国采取的是怀柔政策，让他们有相对独立的管辖权，但要求承担楚国的义务，如贡赋、征兵等。附庸国诸侯的子弟，也可以送到郢都的专供王室子弟学习的学校去接受教育，所以这些小诸侯国国君对楚国的情况十分熟悉，也可以说都已经"楚化"了，而且也自觉地把他们的命运和楚国联系在一起。罗子国国君罗锐当太子时就在郢都上学，曾接受过屈原的教育，他十分敬佩屈原的为人。罗锐继承王位后，他便四处派人寻找屈原，请他到自己的封国去居住，开始时，屈原没有答应。因为一方面当时子兰当政，屈原被流放到南方，子兰一直派人严密监视屈原的行踪，屈原担心自己到罗子国会给罗子国国君带来不便。另一方面，屈原还希望趁这次流放的时候，把原本不熟悉的南楚的山山水水都走遍，他要绘出一幅精确的南楚地形图，以便有朝一日能够用上。多年的流浪与漂泊，屈原终于完成了自己的夙愿，他的足迹，印在南楚大地的各个角落，并如愿以偿地绘成了完整的南楚地形图。这样，屈原在自己的一生中，除了庄蹻所到过的滇池和后来收入楚国版图的百越之地他没有到过外，其余楚国土地、山川形胜，他都历历在目，成竹于胸。他想，假如有一天，朝廷重新起用自己，那时，自己完全具有了驾驭全局的能力，将能更好地为国家的兴盛做一番切切实实的工作。

自从郢都发生昭奇之乱后，形势有了一些改变。屈原感到，地方官吏们不再派出人员来跟随他的左右，也不再有人成天询问他的去向和作为。显然，郢都已经无人对他感兴趣，所以下边的官吏也就乐得少一件事。但对屈原来说，反倒不习惯起来，他早已把这些例行的公事当成每天的必修课一般，失去了这些，反而感觉自己似乎成为被遗忘的人。

十几年的流放生活，屈原的身心感到十分疲惫，在确信自己的行动不会给别人带来不应有的麻烦之后，他终于答应了罗子国国君的邀请，定居到罗子国去。罗锐原想让屈原住在罗子国城中，以便可以随时向屈原请教，商议一些政事。但屈原执意不肯，后来，罗子国君臣想到了城郊的玉笥山。玉笥山离罗子国城只有四里多路，上面筑有一些简易的馆舍，原是罗子国王避暑的地方。屈原一听，心中已有几分愿意。于是，罗锐备好车驾，将屈原送到玉笥山下，两人一起携手上山。

玉笥山高不足百米，然而它耸立于弯弯曲曲的汨罗江畔。登上高处，周围数十里景象尽收眼底，只见一湾江水环绕山下，广阔的原野上，绿茵铺地，生长着苗壮的禾苗和一丛丛柑橘，树枝头上挂满成熟的果实，青红黄相间，煞是好看。这不禁令他想起家乡秭归的熟悉的童年生活。山上层林修竹，翠色喜人，淙淙的小溪流，鹅卵石铺成的小道，各色各样含苞欲放的山花，无不令他感到心旷神怡。罗锐问道："老师，你喜欢这里吗？"罗锐仍是按照过去的习惯，称屈原为老师。

"太喜欢了，简直就像到了神山福地，哈哈，你可真会选地方啊！"

"老师这么高兴，就把这里当成家吧！安心住下，生活上有什么不方便的，随时派人告诉我。"看到老师这么高兴，罗锐心中充满喜悦之情。

屈原确实把这里当成家了，这不仅因为他喜欢这里的山水、这里的民众，而且他觉得和自己同出于高阳帝系的罗子国国君原本就是同一血统的兄弟，尤其是看到罗锐把小小的罗子国治理得井井有条，深受民众的拥戴，他从内心喜欢自己的这位学生。他觉得，国无论大小，只要精心治理，体察民众的疾苦，就是位好君王。他想起自己年轻时在稷下学宫和孟轲老先生的对话，这位一生奔走呼号，呼吁实行仁政、反对施行暴政的老先生，却总是不得意，到处碰壁，至死也没有找到一位国君愿意实行他的主张，这确实是悲剧。然而，孟子和孔子一样，认定了一个目标，然后就尽力去做，去宣传自己的主张，尽管知其不可为，却毫不气馁，努力去做，这正是士人所应当承担的社会职责。多年的亲身遭遇，屈原也深感自己所追求的"美政"理想，将是很难实现的事。然而，只要自己生存一天，就要为实现这一理想而奋力去做。

又是一个深秋的时节，楚国不断遭受秦人肢解的消息传到罗子国，也传到屈原的耳朵里。屈原心情十分沉重，他清醒地意识到，郢都处于十分危险的状态中，汉北、黔中、巫郡，这些原本都是秦人处心积虑想要得到的土地，怀王也是为了保住这些土地才客死秦国的，如今秦人不费吹灰之力全得到了，下一步呢？他不敢想象。初上玉笥山的兴奋早已过去，国家的安危像巨石一样压在他的心头。

萧瑟的秋风吹过荆山，吹过郢都，吹过江南，树叶黄了、枯干了，轻飘飘地随风飘荡。绿茵茵的大地变得一片焦黄，北风劲吹，把草根和尘埃刮得满天乱舞。看着失去生机的土地，屈原心中愁思万缕。在寒风料峭的秋夜，他写下了表达自己痛苦心情的《悲回风》。回风，也就是秋天里的旋风。诗篇一开头便从秋风写起：

悲回风之摇蕙兮，	可恶的旋风摇动柔弱的香蕙，
心冤结而内伤。	我的内心充满郁结和悲伤。
物有微而陨性兮，	弱小的事物遭摧残而失去本性，
声有隐而先倡。	隐微的声音却预示着狂飙的震撼。
夫何彭咸之造思兮？	我为什么如此把彭咸思念？
暨志介而不忘。	是因为他高尚的志节令人难忘。
万变其情岂可盖兮？	纵然是千变万化，真情岂能遮盖？

孰虚伪之可长？	虚伪的言行，又怎能长久掩藏？

鸟兽鸣以号群兮，	鸟兽号鸣，是要聚集同伴，
草苴比而不芳。	鲜草与枯草掺和，兰蕙也失去芳香。
鱼葺鳞以自别兮，	众鱼修饰其鳞自我炫耀，
蛟龙隐其文章。	蛟龙深潜水底，将自身的文采隐藏。
故荼荠不同亩兮，	苦荼和香荠不在同块土地生长，
兰茝幽而独芳。	兰茝独居幽僻的山野散放芬芳。
惟佳人之永都兮，	只有先贤始终保其姣好，
更统世而自贶。	虽生异世，我将引为榜样。
眇远志之所及兮，	志趣高远，亟追而可企及，
怜浮云之相羊。	有如徘徊天际的浮云互爱互怜。
介眇志之所惑兮，	坚守耿介的志节不肯改变，
窃赋诗之所明。	赋诗言志表明我的心愿。

诗人显然对于物候有特殊的敏感，这可以从他的多篇诗作中看出。他写到了春天、夏天、秋天、冬天各种季节的物候，但写得最多的是秋天，而且总是和“愁”绪联系在一起。在《九歌·湘夫人》中，他已将那“嫋嫋兮秋风，洞庭波兮木叶下”同湘君的思念之愁结合在一起：“帝子降兮北渚，目眇眇兮愁予。”这里写的是湘水之神的愁。《九章》是反映屈原真实思想及行踪的作品，更有多处写到秋愁，如《抽思》：“悲秋风之动容兮，何回极之浮浮？”《涉江》：“乘鄂渚而反顾兮，欸秋冬之绪风。”而本篇一开头便从“回风之摇蕙”引发作者内心的愁绪写起，继而引入诗作的主调，那就是对邪恶势力的愤恨和对忠直之士的赞美。远离朝廷，也就远离了政治斗争的中心，对于屈原来说，此时的他有一种绝望的孤独感，如同当年在汉北时那样。但汉北时国家虽然遭难，却还没有到不可救药的地步，而今则颓势已定，屈原深知自己没有挽狂澜于既倒的能力，面对这样的环境，他更多的是一种感伤和悲

愤。他这样描写自己痛苦的心情：

曾歔欷之嗟嗟兮，　　　长吁短叹泪眼歔欷，
独隐伏而思虑。　　　　孤独隐处心中焦虑。
涕泣交而凄凄兮，　　　泣涕交流愁苦凄凄，
思不眠以至曙。　　　　忧思难眠通宵至曙。
终长夜之曼曼兮，　　　长夜漫漫备受熬煎，
掩此哀而不去。　　　　哀思满怀难以止息。
寤从容以周流兮，　　　醒来姑且徘徊游荡，
聊逍遥以自恃。　　　　聊做逍遥自制自娱。
伤太息之愍怜兮，　　　感伤长叹自怨自怜，
气於邑而不可止。　　　气郁结胸排除不去。

诗人的想象是奇特的，他竟然要把忧思连接成腰间的佩带，把愁
苦编结起来挂在前胸（"纟思心以为纕兮，编愁苦以为膺"），他
之所以如此感伤，是因为肃杀的秋风使万物失去生机，由此屈原
联想到自己已到晚年，来日不多，报效祖国之志未酬，却至今还
过着孤独的流亡生活，诗句中，字字流淌着鲜血和热泪：

岁忽忽其若颓兮，　　　岁月匆匆即将逝去，
时亦冉冉而将至。　　　生命的时限也即将来临。
蘋蘅槁而节离兮，　　　蘋蘅枯萎枝节分离，
芳以歇而不比。　　　　花朵枯干香气散尽。
怜思心之不可惩兮，　　自怜痴心难以更改，
证此言之不可聊。　　　现实已给我的话作了明证。
宁溘死而流亡兮，　　　我宁速死而随清流漂去，
不忍为此之常愁。　　　不堪忍受无尽的悲愁。
孤子唫而抆泪兮，　　　孤儿擦着热泪在呻吟，
放子出而不还。　　　　弃儿四处流浪无家可归。

孰能思而不隐兮?	谁能承受这心中的隐忧?
昭彭咸之所闻。	只因要遵从彭咸的所作所为。

国家处于危急的关头，而自己却远离朝廷被流放南方难以有所作为，屈原心中的痛苦是难以形容的，他已经习惯于登上山岗、远望北方，他希望南来的大雁、飘过的白云给他带来故国故乡的消息，然而，所给予他的是一次又一次的失望，他真实地写下了自己的这种情感：

登石峦以远望兮，	登上高山远望郢都，
路眇眇之默默。	道路迢迢四野寂寞。
入景响之无应兮，	无踪无影，也听不到回声，
闻省想而不可得。	记忆中断，思绪茫然。
愁郁郁之无快兮，	愁闷积郁心中不快，
居戚戚而不可解。	忧思戚戚难以化解。
…………	…………
愁悄悄之常悲兮，	暗自悲伤无日无夜，
翩冥冥之不可娱。	魂游青冥也毫无乐趣。
凌大波而流风兮，	乘凌大波随风漂流，
托彭咸之所居。	我将寻找彭咸的居地。

《离骚》《远游》和《悲回风》都有不少篇幅描写神游的景象，这首诗从"上高岩之峭岸兮"以后，又用大段的篇幅描写灵魂在天空中远游的情景：

上高岩之峭岸兮，	登上峻峭的高岩之上，
处雌蜺之标颠。	再飞向雌蜺的顶端。
据青冥而摅虹兮，	背靠青冥，气化长虹，
遂倏忽而扪天。	忽然反身，抚摩着青天。

210

吸湛露之浮源兮，	吸饮甘露的精华，
漱凝霜之雯雯。	含漱清凉的凝霜。

但与《离骚》《远游》不同的是，诗人没有过多地描写在天空中游历的情形，而是经过在"风穴"短暂的休息之后，即将目光投向了下界：

凭昆仑以瞰雾兮，	倚昆仑以俯视云雾，
隐岐山以清江。	依岷山而导引清江。
惮涌湍之礚礚兮，	激流礚礚惊心动魄，
听波声之汹汹。	波声汹汹声震四方。
纷容容之无经兮，	江水纷纷无边无际，
罔芒芒之无纪。	渺渺茫茫无纲无纪。
轧洋洋之无从兮，	浩浩洋洋不知所从，
驰委移之焉止？	奔腾驰骋何处止息？
漂翻翻其上下兮，	波涛起伏忽上忽下，
翼遥遥其左右。	摇摇荡荡忽东忽西。
汜滴滴其前后兮，	泛滥喷涌忽前忽后，
伴张弛之信期。	时涨时退遵守汛期。
观炎气之相仍兮，	观察火炎与热气相伴而生，
窥烟液之所积。	窥视升腾的烟云在空中凝聚。
悲霜雪之俱下兮，	悲叹霜雪同时降临，
听潮水之相击。	倾听潮声隆隆相击。

此时屈原虽然身在南楚，但他的思绪已回到三峡之旁的故乡。这位长江母亲孕育出来的赤子，曾多少回站在江边，惊叹于江水汹涌澎湃，谛听那惊天动地的波涛撞击之声。这一段观涛的描写，如此形象，如此逼真，如果没有长期观察留下的深刻印象，是难以描绘得这样的奇丽壮美的。

211

极度的痛苦在残酷地折磨着他，使他感到难以忍受。他希图解脱，然而，从《离骚》到《远游》，再到《悲回风》，所有的幻梦都难以成为现实，而幻梦的破灭又使他对眼前的一切愈增厌恶，他一次又一次地想到死，那些历代贤人及正直之士的影子不断浮现在自己的脑海里，从彭咸到介子推、伯夷、伍子胥、申徒狄，这一系列的形象都在召唤着他。显然，他此时已经十分认真地考虑了生与死的问题，并把这种思考写在诗篇结束语的"曰"之后：

吾怨往昔之所冀兮，	我抱怨昔日的期望落空，
悼来者之悢悢。	我痛惜国家未来的命运。
浮江淮而入海兮，	愿从江淮而入海，
从子胥而自适。	追随伍子胥以顺我心：
望大河之洲渚兮，	遥望河中的小沙洲，
悲申徒之抗迹。	悲悼不屈的申徒狄。
骤谏君而不听兮，	屡次进谏不被采纳，
重任石之何益？	抱石投江又有何益？
心絓结而不解兮，	心中牵挂难以解脱，
思蹇产而不释！	愁思郁结如何消释！

在经历了长期的流放生活后，在思想极度苦闷的情况下，尤其是理想的破灭给他带来了强烈痛苦和绝望，这一切，都使他不能不对未来的归宿给予认真的考虑。他珍惜生命，并不是一个轻生玩命的人，这从他对申徒狄的"骤谏君而不听兮，任重石之何益"诗句中可以看出。然而，他又是随时准备舍生取义的人，历代的忠贞之士，敢于挺身而出、为国家安危而不惜献身的贤臣义士，都是他所敬仰的对象，因此，他也是随时准备以自己的生命去殉自己的理想和事业的人。如同他在与渔父的对话中所说的，他是一个"众人皆醉而我独醒"的孤独者，这种过分的清醒，和现实之间就形成了强烈的反差，而这种反差，带给他的就绝不是幸福，

相反地，是无穷无尽的痛苦和悲哀！

又一个冬天过去了，当大地苏醒、群芳争艳的时候，屈原暂时忘记心中的痛苦，他的生活逐渐有序起来。他每天起得很早，特别喜欢在清晨的时候一边听群鸟的欢叫，一边做做按摩，把全身上下认认真真地拿、捏、揉、搓一遍，直至感到血脉已经流通顺畅。起身梳洗后，他便沿着鹅卵石铺成的小道走到山顶，站在那里正面朝东，等候又一次朝霞和旭日的东升。这时，他对着太空，开始了吐纳的过程。自从在王松的山庄上学了这一套健身的本领之后，他自感获益匪浅。几年来，他一直持之以恒地练习，他感到自己的身心得到一次净化。而每当心中烦躁不安的时候，他便尽可能地摒弃杂念，专心致志地意守丹田，做一套气功，使自己的情绪逐渐平静下来。

按照常规，早饭之后，罗子国太子罗培就会前来就读。屈原很喜欢这位小太子。他虽然只有十岁，却聪颖异常，各种书籍，读后即能成诵，待人接物，彬彬有礼，屈原觉得教授这位小王子，自己似乎也年轻了许多。

可是，这天的早饭后，罗培并未前来。来的是罗子国国君的侍从官，他告诉屈原："大王有急事请屈大夫到城中商议，车驾已经备好了。"

屈原知道一定有特殊的情况，也顾不得多说，穿戴之后立即随同车驾进了城。

到达王宫之后，罗子国的君臣已经聚集在宫中议事，他们个个神情严肃，显然有什么重大的事情正在讨论。罗锐请屈原坐下之后，立即告诉他，刚刚接到消息，秦国派遣白起为大将，率领十万秦军，由宛地南下，沿途攻城略地，已占领邓，正以重兵围困鄢，楚国举国震动。因为邓、鄢皆为郢都之屏障，也是楚都的西部与北部军事重镇，鄢还曾是楚国的临时国都，假如鄢、邓皆失，则郢都将难以保全。与此同时，从西蜀入楚的司马错所率秦军，在攻占巫与黔中郡之后，继续自西线大举向东推进，湘西一带，已尽入秦军之手。如不及早准备，秦军再向东推进，罗子国也将为秦人所吞并。形势十分危急，因此罗子国君臣共同商议御秦之策，同时也请屈原一起出谋划策。

对策很快议定。由于罗子国地小人寡，难以单独对付秦军，只能联络周围的部族，如麇子国等，一起做好抵抗的准备。他们规划了防御的地点、作战的方位、兵力的安排部署以及危急时撤退的路线，屈原根据自己的经验也向罗锐提出自己的意见。

商议结束之后，屈原立即向罗锐提出，自己准备立即返回郢都。

罗锐说："此时返回郢都，正值时局动荡，路上也不安宁。大夫何不等候一些日子，如果局势能够稳定下来，那时再回不迟。"

屈原说："时局动荡，正是报效国家的时刻，我回郢都，希望能找到发挥自己作用的机会。"

罗锐说："我很担心大夫的安危，这里虽也感受到秦人的威胁，但毕竟在广野之上，并非秦人攻击的主要地点，局势危急时，也自有去处可以暂避一时。郢都则不然，秦人虎视眈眈，如今重兵压境，如有万一，恐怕出走的道路都有困难。"

屈原说："我总希望集楚国之力，还能与秦决一雌雄，不至于连都城也保不住。真有万一，覆巢之下，岂有完卵？屈原宁为玉碎，不为瓦全。"

看到屈原主意已定，罗锐也不再劝阻，便叫人喊来太子罗培，与先生告别。罗培十分亲热地依偎在老师的身旁，恋恋不舍，屈原对罗锐父子也有深厚的感情，一时分手，不知何时重逢，想到这里，热泪便不由自主地流了下来。

罗锐吩咐设宴给屈原送行，同时派遣罗子国几位勇士，让他们一路护送屈原返回郢都，再回国复命。于是，宾主依依惜别。临行，罗锐再三嘱咐，如有危急，务必再到南楚。

四　郢都失陷

从汨罗北上岳阳，过洞庭，经石首，屈原一行人沿大江往西北上行，船逆水而上，行得很慢，所幸有东南风时时吹来，扯起风帆，倒也快了许多。沿江所到之处，皆人心惶惶，相互打听秦人的消息。也遇到一些装载行装南下的船只，询问时，知道是从被秦军占领地区逃出的百姓。原来，秦军依然实行先前的办法，占领一个地方，便把当地的楚人赶走，然后赦免秦国的罪人以及百姓前来居住，凡是到新占领地方去的民众，都可以得到一定的爵位，而秦国实行严酷刑法，民众动辄得咎，罪人数量可观，这些罪人，只要肯到新攻占的地方去开发，秦国发给安家的物品，还免去所有罪责，立了军功，同样可以得到奖赏和爵位。所以，秦国用这种办法，很快把新占领的地盘巩固起来，成为进攻占领国的桥头堡。

越靠近郢都，气氛便越是紧张。江中、道路上，运送兵士和辎重的船只、车马都急匆匆地向北进发。鄢城的安危，直接关系到郢都的存亡，因此，顷襄王调集了几十万军队严守鄢城，希望能在这里遏制住秦军进攻的势头。由于鄢城城高池深，易守难攻，白起多次指挥攻城均未能奏效，两军在这里僵持数月之久。

屈原回到郢都之后，稍加安顿，立即上书顷襄王，要求到抗秦前线的鄢城效力。顷襄王接到屈原的上书之后，说："寡人并未赦免他的罪名，缘何私自返回郢都。过去的事，寡人也不再追究便罢了，如今两军相持不下，他却要去效力，让一位老人上前线，岂不让秦人笑话楚国无人吗？"说着，便把奏书搁在一旁，不予理睬。就这样，屈原报国的最后一点愿望，也被顷襄王轻易地剥夺了。

白起到底是一位有勇有谋的名将，他在与楚国相持数月之后，觉得强攻已不可能获胜，便想出一条计谋。他让少部分军队依然摇旗呐喊，做出继续攻城的架势，以迷惑城中的楚军。楚军依仗人多势众，粮草充裕，并不出城应战，只顾坚守城防，以逸待劳。他们以为，只要坚持下去，秦军远离本土，难以持久，自然得退兵，这样楚军可以不战而胜。但白起一面纵容军队在城外抢掠楚国民众的粮食财物，以充实军队的给养，同时又抓来许多民众，让他们挖掘一道长渠，然后决西山长谷之水以灌鄢城。这时正赶上暴雨季节，西山长谷山洪大发，滔滔洪水沿着长渠咆哮而下，直扑鄢城，几十米高的水头直压城墙，很快便将城防较为薄弱的东北角冲垮了。滚滚巨浪沿着决口吞噬着大片大片的城内房屋，哭声、撕心裂肺的惨叫声以及墙倒屋塌的轰响声震动了全城。据载，在水冲开东北角后，"百姓随水流，死于城东北者数十万，城东皆臭。"（《水经注·鄢水》）这被水冲积而成的陂池被人们称为"臭池"，而白起挖成的水渠又名"白起渠"。鄢城之战的失败，楚国数十万精锐部队或丧命于刀枪之下，或淹没于汹涌的洪水之中，楚都的防卫圈开始溃决了。白起取得鄢、邓之后，又派一部分军队直插西南，夺取了楚郢都西南的西陵，进一步缩小了对郢都的包围圈。与此同时，对江南一带的南楚地区，秦军也不断施加压力，秦昭王的目的很明确，要迅速拔掉让他日夜感到不安的南边大国，如果一时消灭不掉，至少也要让它远离自己的卧榻。

鄢城之战的失败，使楚国朝野一片惊慌，议和的使臣派出了一个又一个，秦军要粮草、要车马、要衣物，只要提出来，楚国没有不答应的。最要命的是割地，秦人提出要楚割让从江北到江南的大片土地，其中也包括郢都在内，楚国当然不答应。作为交换，顷襄王提出将楚西南由庄蹻开发的土地割让给秦国。秦国让顷襄王写了割让土地的诏书，顷襄王也答应了。因为自从秦国占领巫和黔中之后，庄蹻和楚国朝廷的联系便中断了，顷襄王估计，楚国将来也难以保有这片土地。

在经过几个月讨价还价之后，秦军从楚国得到大批粮食、财物、马匹，既充实了军需，又赢得休整军队的时间。在准备充裕之后，白起板起脸孔，对楚国使臣说："我也不愿多费口舌，回去告诉你们大王，自江北至江南，这片土地速速交割与秦，以免百姓受干戈之苦。如果楚王不与，三天之后我将自往取之。"

楚使带回消息后，楚王宫中一片大乱。一部分大臣主张组织民众继续抵抗，等候援兵。但更多的人则主张趁秦兵未到，赶快退走，以防到时措手不及。屈原在郢期间，曾经向朝廷提出过组织民众抗战的建议，但顷襄王和朝中多数大臣根本不以为然，还对和谈抱有很大希望。而现在要在短短几天内组织人员来对抗训练有素而又武装到牙齿的秦军，倒也确实如驱犬羊以搏虎狼了。

白起得知楚国不肯割地后立即传令全军，向郢都发动进攻。秦军很快占领郢郊云梦、安陆等地，白起军队所过之处，烧毁船只、拆掉桥梁，用以告知士卒：不拔郢，不返乡。秦军个个奋勇争先，势不可挡。而且当日白起在鄢大举引水灌城，使鄢城变成一片汪洋。而这次进攻郢都时，他则改变战略，放纵士卒，大肆烧杀抢掠，秦军所过之处，城邑、乡里，皆成一片废墟，楚先王的夷陵，竟也成了熊熊火海。

顷襄王在秦军的进攻面前束手无策，便命令部分军队保护自己弃城而逃。郢都失去管辖，一片混乱，官员、百姓、兵士，个个争先出逃，携儿带女，哭声震天。看到国家和民众遭受如此巨大的灾难，屈原心中犹如万箭穿心，其痛苦难以言表，他决计要与国都共存亡。

秦军越来越逼近郢都，城中多数人也已出逃，屈原的家人苦苦地劝他赶快离开，屈原就是不肯听从。就在这天早晨，一艘船停靠在江渎宫前。江渎宫位于古龙门河与长江的交汇处，这里是屈原返回郢都后的居处。船上下来几位身强力壮的汉子，他们飞快地进入宫中，大声地喊道："屈大夫，屈大夫。"

家人屈永听到喊声，立即出来一看，原来来人正是上次罗子国派来护送屈原的几位勇士。屈永忙问："壮士前来，有什么事吗？"

来人说："奉国君之命，要接屈大夫到南楚去。"

屈永说："屈大夫不肯出走，全家正十分焦急呢！"

几位勇士忙让屈永带路去见屈原，说明来意后，他们便呈上罗锐的信。屈原开始还执意不肯，但大家一再劝说："大夫此时留在城中，于国家有何益处，何不暂时避居南楚，等时局平静之后，再做打算。"

屈原见众人一再苦劝，想想大家说的话也有一定道理，这才跟从众人上了船。木船沿着河面缓缓起航，屈原两眼直直地盯着渐渐远去的郢都。不多久，只见城中四处火起，烟雾冲天，隐隐约约传来一阵阵喊叫声，屈原一阵心酸，眼泪扑簌簌地流了下来。虽然自己在流放过程中，已几次离开郢都，但是那时候离开，总还觉得随时有返回的希望，而这次离开郢都，何时能够归来呢？也许，今生今世，将永离这曾经长期居住的国都了。

正是仲春时节，江面上吹来一阵阵的西北风，令人感到料峭的寒意，整条船上的人都站在船头，注视着渐渐远离的郢都，想象着那里正在发生的令人痛心的巨大悲剧。屈原将自己的这段经历写在他著名的《哀郢》诗中：

皇天之不纯命兮，	皇天为什么变幻无常，
何百姓之震愆？	使百姓惊恐不安？
民离散而相失兮，	民众妻离而子散，
方仲春而东迁。	正仲春时节向东逃难。
去故乡而就远兮，	离开故乡奔向远方，
遵江夏以流亡。	沿着江夏之水四处流亡。
出国门而轸怀兮，	走出国门我心中悲苦，
甲之鼌吾以行。	甲日的清晨我被迫起航。
发郢都而去闾兮，	从郢都出发离别家园，
怊荒忽其焉极？	愁思恍惚，将往何方？

楫齐扬以容与兮，	高举起船桨却慢慢地下划，
哀见君而不再得。	哀伤国君将难以重见。
望长楸而太息兮，	回望长楸我长长叹息，
涕淫淫其若霰。	眼泪汪汪如雪花飘散。
过夏首而西浮兮，	船过夏首还以为是向西飘浮，
顾龙门而不见。	回顾龙门却一无所见。
心婵媛而伤怀兮，	心中眷恋满怀忧伤，
眇不知其所蹠？	何处归宿道路渺远？

和其他诗篇不同，这首诗一开头便如晴空霹雳一般发出撕心裂肺的哀号，并以大的视角，描绘了一幅由于社会动乱给民众带来的痛苦悲惨的场面，强烈地震动了读者的心灵。诗中，屈原将个人的悲伤同国家、民族的痛苦紧紧地联系在一起，因而才有如此强烈的艺术感染力。

舟行于江中，顺流顺风东下，按理说，这是一种比较愉快的旅行，可是，屈原的整颗心依然悬挂着燃烧的国都，想念着国家的存亡。因此，尽管在写旅途的经历，也依然不停地回首郢都，想象它的现状：

将运舟而下浮兮，	拨动船头浮流而下，
上洞庭而下江。	转向洞庭离开大江。
去终古之所居兮，	告别祖先安居的家园，
今逍遥而来东。	飘然东下前往他乡。
羌灵魂之欲归兮，	梦魂萦绕总想归去，
何须臾而忘反。	无时无刻念念不忘。
背夏浦而西思兮，	船离夏浦而心怀西方，
哀故都之日远。	故都日远心中哀伤。
登大坟以远望兮，	登上大堤回首远望，
聊以舒吾忧心。	姑且缓解心中不安。

哀州土之平乐兮，　　　我哀怜这和平安乐的国土，
悲江介之遗风！　　　　我感伤这纯朴善良的民风！
当陵阳之焉至兮？　　　波涛滚滚载我前去何处？
淼南渡之焉如？　　　　烟波浩渺南行将往何方？
曾不知夏之为丘兮？　　为什么高大的宫殿竟化为丘墟？
孰两东门之可芜？　　　是谁使两东门变得一片荒芜？

这是从心灵中流淌出来的、用血和泪交织而成的诗行。在痛苦的追忆中，他自然而然地想到那些尸位素餐、谄媚用事的佞臣，正是他们的倒行逆施、腐败无能才招致国家的巨大灾难，他描绘了这批人的丑恶面目：

外承欢之汋约兮，　　　装出一副媚态以求爱宠，
谌荏弱而难持。　　　　实际软弱无能难以成事。
忠湛湛而愿进兮，　　　忠贞之士寻求机会为国效力，
妒被离而鄣之。　　　　爱妒忌的小人拼命阻拦。
尧舜之抗行兮，　　　　唐尧虞舜品行高尚，
瞭冥冥而薄天。　　　　光辉万丈直上云天。
众谗人之嫉妒兮，　　　群小妒忌大造谣言，
被以不慈之伪名。　　　硬说他们的作为不慈不孝。
…………　　　　　　　…………
众踥蹀而日进兮，　　　奔走钻营的日日高升，
美超远而逾迈。　　　　美德贤能者越离越远。

经过长时间的跋涉，屈原终于又回到了罗子国，他十分感谢罗锐的一片诚心。但这时南楚形势也很危急。有消息说，秦军已占领了整个江汉平原，并以郢都为中心在那里设立了南郡，以管辖新占领的楚国广大地区。顷襄王流亡何方？由于道路中断、消息隔绝，谁也不知他的去向。秦国派兵自蜀前往滇中、黔南地区，带

着顷襄王的诏书，准备接管这一地区。然而，庄蹻接到诏书后，责问秦国使者："为何只有秦使而无楚使？楚王现在何处？"

秦使者答道："这是贵国大王的亲笔诏书，将军难道不肯相信？"

庄蹻乔道："诏书虽是真的，但未见楚使，不能交给土地，我只接到过领兵来开拓土地的命令，没有听到别的命令。"

秦使见庄蹻不肯听从，便说："请将军认清形势，实话告诉你，我国已攻破郢都，楚国君臣逃的逃，死的死，将军只要肯归顺秦国，不失封侯之位。"

庄蹻说："我早就听到消息，秦国不守信义，假议和之名，行掳掠之实，杀我人民，掠我土地，先王陵墓皆被秦军焚毁，宗庙社稷毁于一旦，我恨不能杀至咸阳，报此不共戴天之仇，你竟然还敢前来欺诈于我。"于是，庄蹻喝令，将秦使推出斩首示众。

秦军主将见使者被杀，便十分恼怒，聚集军队发起进攻。庄蹻是与乐毅、商鞅齐名的战国中后期著名将领，他入滇多年，早已布置好各路军队，以便迎敌，因此，秦军的进攻不但没有得到什么便宜，反而损兵折将，只得收兵回蜀。庄蹻多次派人与楚王朝联系，但派去的人或因道路不通而中道折回，或派去后打听不到一点可靠消息而回来复命。在这种情况下，众人一致推举庄蹻为滇王，以便更好指挥军队对抗秦军的进攻。庄蹻于是自立王号，称为滇王。为长期坚持，他命令所有部下变服易俗，和当地少数民族打成一片。秦昭王知道庄蹻不肯降服的消息，虽然很是生气，却又无可奈何。终秦之世，秦军一直未能占领黔南滇中地区。

屈原到达罗子国之后，由于旅途的劳顿，更由于心中那种强烈的痛苦与失望，病倒了。是风寒引起的，还是发疟疾作怪，他不清楚，只觉得浑身不舒服，头脑昏昏沉沉的，噩梦一个接着一个。有时，他梦到自己还在江渚宫读书，忽然，大火燃烧起来，四处烧烤得人难受，他左冲右突，到处是烟雾，不知出路在哪里。有时，他又梦见自己赤手空拳跟一帮凶狠的秦军搏斗，那些秦兵将他推入了冰冷的河中，河水冰凉彻骨，他禁不住"格格"地打起哆嗦。醒来一看，原来自己正躺在病床上，不知什么时候，淋漓的大汗将全身衣服、上面盖的被子和下面铺的褥子全部湿透了。啊，郢都，那熊熊燃烧的国都，那曾经使自己引以为骄傲和自豪的家乡，如今在哪里呀？自己又何时再能看到它，它又将以什么样的面目出现？在《哀郢》诗的"乱"词中，屈原十分沉痛地写道：

曼余目以流观兮，	我纵目以流观四方，
冀壹反之何时？	回归的愿望何时才能实现？
鸟飞反故乡兮，	鸟飞千里终返故乡，
狐死必首丘。	狐狸临死也向山丘回望。
信非吾罪而弃逐兮，	自信无罪而遭受弃逐，
何日夜而忘之！	每日每夜，怎能将故都遗忘！

第七章　从彭咸之所居

诗到东周雅颂亡，词兴南国自流芳。

天门日暮灵修远，瑶草春深佩服香。

奸骨百年尘共朽，忠名千古日夜光。

呼儿掩卷还倚枕，风雨无边夜正长。

——元·王旭《读离骚》

一　南行受阻

经过一个多月的调理，屈原的身体渐渐平复了。正是孟夏时节，天气渐渐热了起来。在无边的原野上，经过春雨和春风的滋润，花草树木长得格外茂盛。虽然是战乱的年代，农夫们依然用勤劳的双手，耕地锄草，把希望的种子播向肥沃的田野，期待着又一年的丰收。中华民族的各族儿女，世世代代，即使在最困难的环境中，也总是坚韧不屈地和命运抗争着，总是满怀信心期待着有一个新的起点、新的未来。

屈原仍然没能治愈郢都失陷留下的巨大的心灵创伤。往年夏天生机勃勃的大地总让他感到一种希望，因为他看到一种难以扼杀的自然力在经过抗争后，如何顽强地重新显现出来。可是，这次却不同往常，楚国在经受如此残酷的摧残之后，还能再生吗？虽然，他从罗锐等人身上看到朝野间依然存在的一股巨大的活力，但是，有什么力量能够把这些分散的活力聚集起来，形成抗击强

223

秦的巨大的力量呢？按理说只有楚国朝廷能够有这样的号召力与组织力。然而，如今朝廷在何处？两三个月了，依然没有确切的消息。可是，就算有了他们的消息，顷襄王和那帮善于阿谀奉承、溜须拍马的奸佞之徒又能做成什么大事？昔日的大好河山正是在他们的手中丧失殆尽的，难道在暴力的摧残之后，就能指望他们改弦更张？屈原心中十分苦恼，他又一次想到以死抗争，以死来唤醒民众，然而这有用吗？在激烈的思想斗争中，他写下了《怀沙》这首诗：

滔滔孟夏兮，	暑气蒸腾的初夏，
草木莽莽。	草木蓬勃繁茂。
伤怀永哀兮，	满怀悲伤难以止息，
汩徂南土。	孤独地前往南方。
眴兮杳杳，	放眼望去一片苍茫，
孔静幽默。	原野寂静毫无声响。
郁结纡轸兮，	愁肠百结啊，
离愍而长鞠。	长受困穷与灾难。
抚情效志兮，	扪心自问心无愧，
冤屈而自抑？	虽遭冤屈又何妨？

诗人时时在拷问自己，他坚信自己走的是正道，因此，即使经受折磨、打击，也不能改变自己的志向：

刓方以为圆兮，	将方的削成圆的，
常度未替。	不能改变正常的规矩。
易初本迪兮，	轻率地改变自己的志节，
君子所鄙。	君子们认为是卑鄙。
章画志墨兮，	遵守既定的正道行事，
前图未改。	先贤的法度不可变易。

224

内厚质正兮,	内质敦厚而正直,
大人所盛。	正是大人君子所赞誉。

他在诗中，用对比的手法，将现实中的是非颠倒、黑白混淆的丑恶现象做了形象的比喻：

玄文处幽兮，	五彩花纹被藏于暗处，
矇瞍谓之不章。	瞎子说它不漂亮。
离娄微睇兮，	离娄微微眯着眼，
瞽以为无明。	盲公认为他也看不见。
变白以为黑兮，	把白的硬说成黑的，
倒上以为下。	在上的却说成在下面。
凤凰在笯兮，	凤凰紧关在笼子里，
鸡鹜翔舞。	鸡鸭四处狂舞翩翩。
同糅玉石兮，	美玉和碎石混成堆，
一概而相量。	竟然将它们等量齐观。

屈原对楚王的分辨不清贤与不肖、对党人的诽谤和中伤表示了强烈的愤慨，但他依然要保持自己的美德，"重仁袭义兮，谨厚以为丰。"他要抑制愤懑，以古圣贤为榜样，但是，诗人的情绪是低沉的，他想到了自己生命的归宿：

惩违改忿兮，	抑止内心强烈愤怒，
抑心而自强。	克制自己发奋图强。
离慜而不迁兮，	遭受灾祸也不更改，
愿志之有像。	愿为后世留作榜样。
进路北次兮，	多想北上重返郢都，
日昧昧其将暮。	可惜日暮途穷行路难。
舒忧娱哀兮，	聊作词赋舒展忧思，

限之以大故!　　　只因生命已到终点!

屈原的一生,一直是和命运做抗争的,他希望能够通过自己的努力来使国家强盛起来。然而,郢都的失陷和楚国的衰落给了他强烈的刺激,因而他在《哀郢》篇一开头,就发出"皇天之不纯命"的悲呼,而在《怀沙》中,他又想到个人的命运,他十分感慨于自己的生不逢时,没有能够遇到尧舜禹汤那样的贤君("重华不可遭兮,孰知余之从容""汤禹久远兮,邈不可慕也"),他只能以命运来解释了,因为古代的圣君和贤臣也往往不是同时产生的,谁能知道是什么缘故呢("古固有不并兮,岂知其故也")?既然这样,自己也就无怨无悔,决心按照自己的意愿来选择最后归宿。《怀沙》的"乱辞"写得深沉而坚定,是屈原的一份"告示"诗:

浩浩沅湘,	浩浩荡荡的沅湘,
分流汩兮。	汩汩流向远方。
修路幽蔽,	道路漫长而险阻,
道远忽兮。	遥望渺渺茫茫。
怀质抱情,	品质正直而情志真诚,
独无匹兮。	却难以找到知心朋友。
伯乐既没,	相马的伯乐早已逝去,
骥焉程兮?	千里马有谁加以认定?
民生禀命,	民生禀赋各有不同,
各有所错兮。	是好是坏各由命运。
定心广志,	决心已定,放宽胸怀,
余何畏惧兮。	我直面这惨淡的人生。
曾伤爰哀,	难以止息的哀思,
永叹喟兮。	无穷无尽的悲叹。
世溷浊莫吾知,	举世混浊无人知我,
人心不可谓兮。	人心叵测知音难求。

226

知死不可让，	明知死亡难以回避，
愿勿爱兮。	我决不吝惜我的生命。
明告君子，	我明白地告诉君子们，
吾将以为类兮。	我将树立一个榜样。

《怀沙》是屈原暮年生活的真实写照。在他的一生中，虽然有过一段从政的辉煌历史，但在他的后半生，更多的是遭受诽谤、谗言而被疏远，乃至放逐流亡。这位历尽沧桑的老人，已经不像《离骚》中那样有"周流观乎四方"的壮志，因为那时还是"及年岁之未晏兮，时亦犹其未央"，而现在却已是到了烈士暮年，"日昧昧其将暮"了。在这种情况下，诗人对其一生回顾与反思时，有着更多的委屈和不满，所以才有"伤怀永哀""永慨叹"这样的表述。他对于自己怀才不遇、不为世所知，因而未能实现自己的理想与愿望感到极度的伤心。这篇作品表现出来的不是一般抒情诗那种情绪比较和缓的感慨与抒情，更多的是经受长期压抑之后感情的强烈迸发，有如雷鸣电闪，使全诗格调异常悲壮。由于诗中多用四字句式，音节急促，从而把这种感情表露得更加充分。当然，作者并不是局限于个人的不幸，而是把个人的命运同对国家悲惨命运的关切之情联系起来，因而具有感人的力量。尤其是本篇中冷静地思考了个人的人生道路，在扪心自问之后，他感到自己的心灵是纯洁的，精神是充实的，虽然面对黑暗的现实，自己一直保持美好的品质。因此，面对生与死的这一人生最后的抉择，他已决心舍身以取义，实现他多年来一直缠绕于脑海中的念头：以死来表明自己的心迹，以自己的生命做最后一次的抗争。

不久，屈原得到两则消息。一是顷襄王往东北走，现留滞于咸阳。屈原虽然对顷襄王朝廷之上下，并不存在多少希望，但楚王室的存在，也代表国家的存在，楚国未亡，也就有一定的希望。楚昭王时，吴人入楚，并占领了郢都，昭王君臣不得不逃亡在外，那时形势也不比现在强多少。如果在危难之中，有申包胥那样的贤臣出现，国家依然有转危为安的希望。因此这一消息使屈原感到一种安慰。二是庄蹻击败秦兵并王滇的消息。这个消息尤其使他感到兴奋，当秦军飞扬跋扈、旁若无人地在楚国大地上横行霸道的时候，出现庄蹻这样的将军，给秦人以迎头痛击，在一定程度上挫败秦军的锐气，也给众多楚国将领树立了榜样。他感到，庄蹻体现的正是楚人的顽强奋斗精神。可惜庄蹻远在滇中。屈原想：秦军在南楚的兵力并不多，如果能够打开西南通道，和庄蹻取得联系，以南楚剩余的军队和地方武装配合庄蹻的部队向秦军发起反攻，或许还有复国的希望，就是收复不了郢都，但控制住江南地区，应当是可能的。

屈原向罗锐讲述了自己的想法，并表示自己愿意去承担沟通两地消息的任务。罗锐十分犹豫，他对屈原说："大夫已是上年纪的人，况且大病初愈，如何能够受得起长途跋涉的艰辛？不如我派几个人去试试。"

屈原说："我虽年老，但自从练习气功以后，并无大病。此次疾病，乃心疾所致。如今病体已复，应当可以经受得起一路的风霜。十几年来，我已习惯了这种动荡不安的生活。况且这件事事关重大，不是一般人能够做的。从沅水入黔，那里的道路我很熟悉。"

罗锐十分了解屈原此时的心情，他见劝说无效，便不再阻挡，就为他准备了旅途所需的干粮，派去几位勇士以便随时保护他。屈原写了一封书信，请罗锐派人送到长沙，那里是南楚楚军聚集的地方，信中他详述了自己此行的计划，让楚军做好应接的准备。

屈原一行人乘船横渡洞庭湖，进入沅水，溯江而上，准备按照庄蹻入黔的道路，溯沅水，出且兰。可是船行入沅江不久，便发现原先的想法难以实现。秦军沿江封锁十分严密，船只禁止通行。他们只得弃船准备从陆路行走。可是，陆路更走不通，所有大小路口岗哨林立，真可谓无路可走。秦军完全清楚，目前楚军中最能打仗而又最具实力的就是庄蹻所率领的十万大军，如果不切断这支部队和楚国的联系，对秦国将造成极大的威胁，因此司马错早就设下天罗地网，绝对不让庄蹻与内地有一丝联系的机会。屈原他们冒险绕过高山，试图闯条路来，但是一下山，依然碰到秦军的岗哨，差点还把命丢了。几次碰壁之后，屈原纵然不死心，但也无可奈何了，只得依着众人的意见，返回汨罗去。

二 自沉汨罗

折回到洞庭湖边时，气氛骤然紧张起来，来时经过的那些湖边的小渔村空无一人，有的茅屋已化为灰烬，这是怎么回事？大家甚感纳闷，好容易在港湾的芦苇丛中遇到一位老渔翁，一打听，才知道秦军刚刚发动一场攻势，千军万马扫向南楚，军队所过之处，依然执行白起的烧杀掳掠政策，所谓"以掠于郊野，以足军食。"（《战国策·中山策》）其实，其目的不仅是为了军队的补给，也是为了摧毁楚国地方的反抗力量。听到这一消息，大家心中十分不安，便急急忙忙往家赶。一路上所看到的景象，都和洞庭湖滨大同小异，往日宁静而又充满生机的村落，处处一片萧条，不见在田野耕作的农夫和道路上往来的行人。大家心中都有一种不祥的预感。

当大家紧赶慢赶地回到罗子国城时，立时被眼前的惨状惊呆了，那繁荣而布局整齐的小城，怎么会变成这样的一副模样：城墙残缺，露出一个个巨大的豁口，道路旁、城门口、街道上横七竖八躺着男男女女的尸体，其惨状目不忍睹，街道两旁已看不见一间整齐的房屋，只有一堵堵断壁残垣和尚未烧尽、冒着青烟的焦黑屋梁。大家都十分担心罗锐的情况，便加快脚步朝王宫走去。可是，哪里还有王宫的影子，依然是一样的断壁残垣，一样的处处冒着黑烟的劫后余灰，仿佛在默默在倾诉着不幸。大家连忙分头寻找幸存者，最后终于找到了一位身负重伤的宫中侍卫，从他那里总算了解了事情的真相：原来，半个月前，秦军从湘西聚集大量军队，用卷席式的扫荡方法向东推进，进入南楚的大片地区，多数楚国控制区相继落入秦人之手。罗子国当然也在劫难逃。罗锐在秦军入侵时率领国民奋力反抗，在城中坚守了十天十夜，大大延缓了秦军的推进速度，但最后终因双方力量悬殊，被秦军攻破了城门。罗锐率领部分战士杀开一条血路，从水中驾舟突出重围。秦军因罗子国国民的反抗而受到严重损失，恼羞成怒，攻进城中之后，便放任军士屠城，放火烧杀抢掠，好端端的一座小城，顿时烈火冲天，血流满地，成为秦军的屠场。这位兵士因为突围时受了重伤昏迷过去，未能跟上队伍。

听完他的叙述，众人心中都很沉重，大家既为死难的亲人、无辜的百姓而悲伤，又为秦军的残暴而愤慨。几位罗子国的勇士马上就想去寻找罗锐和残余的军队，然后去找秦军报仇。可是，天色已渐晚，城中没有可栖身之处，大家计议后，决定先到玉笥山，歇息一晚，再商量下一步的行动计划。

来到山下时，大家突然发现，山上有火光和人声。莫非秦军驻在山上？众人马上在树林中隐蔽起来，同时派人悄悄地到山上看个究竟，过了一会儿，派去的卫士带了几个人过来了。大家一看，竟是罗锐带着罗培和几个卫士。劫后余生，大家又喜又悲，哭成了一团。小罗培紧紧依偎在屈原身边，十分亲热。一问，才知道罗锐得知秦军撤走，急忙带领余部准备到城中掩埋死难者的尸体，并抚慰残存的民众，没想到正在这里和屈原这一行人相遇。

山上的房屋还好，没有遭到大的破坏。旅途疲倦，加之沿途所受到的巨大刺激，都使众人情绪不佳，草草吃点晚饭，便各自找地方休息了。

第二天一早，罗锐便带着人马到罗子城去。屈原也挣扎着起来，想跟大家一起去，帮帮忙，但是脑袋却十分沉重。罗锐忙让人来检查，发现屈原又发烧了，身上烫得厉害。于是，罗锐安排两个人照顾屈原，把罗培也留了下来。众人忙了三天时间，总算把想做的事情大致处理好，四周的乡亲听说罗锐和屈原回来了，也纷纷从隐蔽的地方走了出来。大家便一起商量如何恢复家园。可是，局势尚未平静，怎么恢复？弄不好前面还没有建起来，后面秦军就又来破坏掉了。

屈原休息了几天，身体渐觉轻松一些了。罗锐白天出去，晚上回来便来看望屈原，一起回忆当初在郢都的情景，感慨于当今楚国的吉凶未卜的前途和命运，实在觉得十分痛心。屈原深深地感到，楚族在经历了八百年的发展之后，如今已经到了一个决定命运的十字路口，朝廷中严重的麻木和腐败，已经达到难以用正常提醒或劝谏的方式加以改变的程度。应当有一种强烈的方式来刺激它，促使它进行反思和真正的醒悟，这样，或许还有生存下去并得再生的机会。一个在脑海存念多年的想法终于成熟了，是啊！当国家危亡的时候，应当有敢于直谏的忠直之士挺身而出，以警醒世人，拯救国家与民族的命运。屈原决意以死殉国了。当然，不能死得不明不白，他需要留下自己的最后诀别之词，这是向楚国朝廷，也是向楚国人民做出的最后交代。于是，他开始写《惜往日》一诗：

惜往日之曾信兮，	我痛惜往日曾被信任，
受命诏以昭时。	亲受诏令让世道光明。
奉先功以照下兮，	承宣祖业以昭示民众，
明法度之嫌疑。	明定法度将是非分清。
国富强而法立兮，	国家富强应依法治理，
属贞臣而日娭。	委政忠良便天下太平。
秘密事之载心兮，	秘密要事心中牢记，
虽过失犹弗治。	虽有过失并不追究。
心纯庬而不泄兮，	秉性敦厚不泄机密，
遭谗人而妒之。	遇到谗人嫉妒在心。
君含怒而待臣兮，	君王含怒以待臣下，
不清澈其然否。	是非曲直分辨不清。

蔽晦君之聪明兮，	谗言蒙蔽了君王的耳目，
虚惑误又以欺。	谎言掩盖了事件的真情。
弗参验以考实兮，	没有审核事实的真相，
远迁臣而弗思。	将我流放远方不加思忖。
信谗谀之溷浊兮，	相信谗言混淆是非，
盛气志而过之。	大发雷霆毫不留情。
何贞臣之无辜兮，	为什么明明无罪的忠臣，
被离谤而见尤？	却遭受诽谤而无处容身？
惭光景之诚信兮，	那些怕见日光月影的小人，
身幽隐而备之。	我虽居荒野还得多加小心。
临沅湘之玄渊兮，	对着沅湘中的深渊，
遂自忍而沈流。	我甘愿跳下江流以自沉。
卒没身而绝名兮，	从此后身死而名灭，
惜壅君之不昭。	只可惜昏君难以觉醒。

面临最终的选择，诗人决定把自己的一生遭遇写清楚，留示世人。所以诗篇一开头便将长期隐藏在心中的往事和盘托出，追述造成这场悲剧的原因。

闻百里之为虏兮，	听说百里奚当过俘虏，
伊尹烹于庖厨。	伊尹也曾当过司厨。
吕望屠于朝歌兮，	姜太公在朝歌做过屠夫，
宁戚歌而饭牛。	宁戚边喂牛边感慨而歌。
不逢汤武与桓缪兮，	假如没有汤、武和桓、缪，
世孰云而知之？	世上谁知他们的才智？

诗中，屈原以前世的贤臣遭遇商汤王、周武王、齐桓公、秦缪公终于得以施展其过人的才智，说明知人之难。然后又以被谗而受诛的伍子胥和忠信而死节的介子推的不幸遭遇作为对比，指出国

君的昏庸和信谗使奸人当政、贤人遭难，这正是造成政治悲剧的根源，也是明君和昏君的根本区别。当谗谀得志（"谅聪不明而蔽壅兮，使谗谀而日得"）以后，必定是非颠倒，嫉妒贤能。即使像西施那样的美女，也要被说成丑陋而被人替代。屈原以愤慨的心情表述自己的冤屈：

愿陈情以白行兮，	我要将真相一一陈述，
得罪过之不意。	我获罪实在是意外之至。
情冤见之明兮，	这冤情一天比一天清楚，
如列宿之错置。	就像天上的星宿错落有致。

是什么原因使国家落到如此混乱的境地，这责任应当由谁来负责？屈原写道：

乘骐骥而驰骋兮，	想驾起骏马纵横驰骋，
无辔衔而自载。	却不肯配好马衔和缰绳。
乘氾泭以下流兮，	想乘木筏下险滩，
无舟楫而自备。	却不准备划船的桨。
背法度而心治兮，	违背法度随心所欲，
辟与此其无异？	和上面的情形有什么两样？
宁溘死而流亡兮，	我宁可速死随水漂去，
恐祸殃之有再。	只恐怕再次遭遇祸殃。
不毕辞而赴渊兮，	未写完我投身深渊，
惜壅君之不识。	只可惜昏君不明真相。

按照正确的法则治理国家，国家自然得治，这不仅是楚国的需要，也是被各国的历史证明了的。然而，就是这样的道理却在楚国行不通，最终遭致国家的衰落和国都的沦陷。显然，两千多年前的屈原已经从血与火的严酷事实中总结出一条治国的正确道路，可

惜在漫长的封建社会中，统治者总是以家天下来看待自己的政权，因而背法度而心治的现象始终难以消除，自然也就带来无穷无尽的悲剧的重演。即使在现代社会中，忘记这浅显道理的也大有人在，它的教训难道还不够深刻吗？

当屈原即将写完《惜往日》这首绝笔诗时，风声再度传来，又一批秦军即将逼临罗子国。罗锐让众人做好随时撤退的准备。

屈原也在默默地做好准备。农历五月五日，这是民间传说中的凶日，他选定这一天作为自己殉国的日子。一大清早，他便梳洗整洁，戴上自己喜爱的高高的切云冠，佩上那装饰有宝石的长长的宝剑，穿戴上过去只有在节日才穿的一套礼朝服，将写好的《惜往日》一诗端端正正地放在床上，同时留给罗锐一封书信，请他有可能的话将这首诗和自己的死讯报告朝廷。

仲夏的清晨，空气依然是那样的清新。几天前的一场大雨，早已把战场的血迹冲刷得干干净净。也许，这是上帝的恩典，他不愿意将罪恶的屠场长留人间；也许，是上帝在偏袒秦人，替他们将罪恶隐瞒。受过惊吓的鸟又回到这里的高树上，毕竟，这里有它们的巢。战争过去了，它们依然站在高枝上，唱着婉转悠扬的交响曲。地面是潮湿的，空气仿佛也是潮湿的，鼻子便可以感觉这浓浓的湿气。已经绽放的不知名的野花上缀满细细的露珠，显得更加鲜美娇艳。大自然是美的，它每天都在向人们展示新的色彩和新的风貌。这绝不是简单的重复，而是一种不断地向高级更新的过程。屈原是那样深深地热爱这一切。此刻，他多么想念故乡的土地，尤其是那气势磅礴的大江，云遮雾锁的香炉坪，散发着甜甜的幽香的山兰，挂满金黄果实的柑橘，这一切，都使他充满幸福的回忆。他也想到那燃烧的郢都，流血的丹水，惨绝人寰的罗子城……爱和恨在这里交织，仇和怨在这里升腾。俗语说，鸟之将亡，其鸣亦哀；人之将死，其言亦善。但是，屈原在临终时，并不想宽恕那些禽兽一般的恶人，不想宽恕那惨无人道的刽子手，不想宽恕那些厚颜无耻的小人。

234

他一步步地向汨罗江走去，在晨雾依稀之中，屈原仿佛看见伍子胥前来迎接自己。看，伍子胥驾着巨龙，卷着狂涛，迎着自己而来。汨罗江，此刻正是洪水暴涨的季节，它显得那样雄浑，那样博大，那样奇壮！屈原向伍子胥的巨龙大步走去，"从子胥以自适"是屈原多年来所想到的。虽然伍子胥在生前受到奸佞的谗言而亡身，然而死后，他成为江神，驱使狂涛，年复一年地以摧枯拉朽、不可遏止的巨大力量冲刷、涤荡三江五湖的污泥浊水，痛痛快快地发泄这心中的不平之气！屈原纵身向前，没有痛苦、没有悲哀，他相信自己虽死，但将会以另一种形式复生！

汨罗江奔腾着，呼号着，用它宽阔的胸怀拥抱这位赤子，为他演奏了一支气壮山河的悲壮交响曲。

到了吃早餐的时候，屈原还没有回来，待卫们报告了罗锐。罗锐急忙命人寻找，自己则急匆匆地来到屈原的卧室。门敞开着，不多的几件用具整整齐齐地放在它们原来的位置上。被褥也折叠得整整齐齐，这符合屈原一贯的做法。侍卫们从床上捧起一包包捆扎整齐的竹简，将它交给罗锐。罗锐打开一看，一切都明白了，他立即命令："赶快去江潭，一定要追回屈大夫！"

然而，踏遍江潭四周，哪里见得到屈原的影子？劫后余生的乡亲们赶来了，他们驾着渔舟，在浩渺的江上来回巡行，大声呼唤着屈原的名字。但是，回答他们的，只有江涛的呼啸和杜鹃的悲啼。

尾声　民族魂

屈原去世了，乡亲们将他埋葬在汨罗江畔。因为担心秦人的报复与破坏，他们共设了十八处疑冢。

从此，中国民间习俗上，农历五月初五，成了纪念屈原的"端午节"。那龙舟竞渡的风俗，据说演示的就是当年民众争先恐后划船抢救屈原的动人场面。这使我想起了当代体育竞赛中的马拉松赛跑，它起源于公元前490年的马拉松战役。不过，马拉松比赛是从首届奥运会开始的，迄今也不过一百年（起于1896年）的历史，而中华民族的龙舟竞渡，却已沿袭了两千多年，且历久而不衰。

罗锐费尽心机，终于不负所托，将屈原遗诗和投水自尽的消息报告了顷襄王，这时，楚国朝廷已经在陈设立国都，称为陈郢。

经过了郢都的失陷和几个月的逃难，顷襄王多少有些触动了，他接过屈原的遗诗，详细询问屈原临终时的有关情形，沉思了良久，终于做出两项决定：一是派人从赵国召回当初因劝谏自己而被骂为"老悖"的庄辛，使为上柱国，执圭，封以阳陵君。庄辛后来为楚国取得淮北十二诸侯之地；二是任命黄歇为左徒，出使秦国。黄歇能言善辩，当时，秦国正准备和韩魏联合，趁楚国国势未稳，一举灭楚，并任命白起为主帅。黄歇上书秦昭王，使他放弃攻楚的计划，楚国因而赢得了巩固新政权的时间。其后黄歇因立太子完为考烈王有功，受封为春申君。楚国后期所以还能维持数十年之久，应当说，与当时顷襄王所做出的决定还是有很大关系的。

屈原的殉国也震撼了楚国的民众，激起了他们强烈的爱国之情。顷襄王任命罗锐为南楚义军首领，授予符节，让他组织军队，同秦军作战，相机恢复楚国的失地。罗锐果然不负所望，他很快联络各失陷地方的民众和义军，于是，巫及黔中郡先后倒戈易帜，恢复了楚国的政权。虽然不久，秦军又派蜀郡太守张若重新镇压了楚民族的反抗，但楚人仍顽强地与秦坚持斗争。公元前276年，顷襄王以整顿改编的东地兵10余万人向西攻打秦国，恢复了被秦军占领的江旁15城，并设郡治，以对抗秦军。与此同时，南楚民众也再次乘机而起，推翻秦政权。《史记·秦本纪》载，昭襄王三十一年（前276），"楚人反我江南。"这样，在很长的时间内，秦人一直没有能在所占领的南楚地区建立牢固的统治政权，双方长期处于拉锯式的争夺状态，从而推迟了秦军向东扩展的速度，牵制了大量秦国的兵力。这当然也是后期楚国政权依然能够维持半个多世纪的重要原因之一。

主要参考文献

1. 杨伯峻编著. 春秋左传注. 北京：中华书局，1981

2. 刘向集录. 战国策. 上海：上海古籍出版社，1985

3. 上海师范学院古籍整理组点校. 国语. 上海：上海古籍出版社，1982

4. 司马迁著. 史记. 北京：中华书局，1982

5. 王逸著. 楚辞章句. 见：丛书集成初编. ［出版地不详］：商务印书馆，1960

6. 洪兴祖著. 楚辞补注. 北京：中华书局，1983

7. 章樵注. 古文苑. 见：丛书集成初编. ［出版地不详］：商务印书馆，1960

8. 何光岳著. 楚源流史. 长沙：湖南人民出版社，1988

9. 李玉洁著. 楚史稿. 开封：河南大学出版社，1988

10. 郭沫若著. 屈原赋今译. 北京：人民文学出版社，1981

11. 郭沫若著. 屈原. 见：郭沫若选集（第4卷）. 成都：四川人民出版社，1982

12. 王建强著. 屈原故里秭归. 北京：中国旅游出版社，1982

13. 毛庆著. 诗祖涅槃. 北京：三联书店，1996

14. 温广义辑注. 历代诗人咏屈原. 呼和浩特：内蒙古人民出版社，1982

15. 沈起炜编著. 中国历史大事年表（古代）. 上海：上海辞书出版社，1986

16. 汤漳平，陆永品著. 楚辞论析. 太原：山西教育出版社，1990

17. 谭介甫著. 屈赋新编. 北京：中华书局，1978

18. 湖北省社会科学院历史研究所编. 楚国编年资料.

19. 范文澜著. 中国通史简编（第1编）. 修订版. 北京：人民出版社，1965

20. 赵明主编. 先秦大文学史. 长春：吉林大学出版社，1993

21. 张学年著. 荆州漫步. 武汉：湖北人民出版社，1986

22. 余知古撰，杨炳校校释. 渚宫旧事校释. 武汉：武汉出版社，1992

后　记

经过几番周折,《屈原传》终于面世了,这多少让我感到一种安慰。

1998 年 4 月,接到王钟陵兄来信,告知他主编的《中国古代文人丛书》30 种,至今尚缺《屈原传》的作者,希望我能够承担这项任务。因为屈原是中国古代文人之首,缺了此书,实在不成体统。当时其他书稿大部分已完成,因此出版社要求《屈原传》也要在年底写成。

接到这封信后,心中十分犹豫:一是自己的时间十分有限,不仅《学刊》的工作十分繁杂,而且我所承担的两项国家"九五"重点社科规划课题还处于初始阶段,实在难以挤出时间。况且屈原的生平事迹是那样少,《史记》中的一则《屈原贾生列传》仅几千字,至今还不断有人提出质疑,要写出一部《屈原传》容易吗?但是两千多年前我国能够出现屈原这样的文化巨人,并创作出《离骚》《九歌》《九章》这样感天地、泣鬼神的诗篇,并以其伟大的爱国精神、崇高的人格力量教育和鼓舞着一代又一代的仁人志士为民族的昌盛、国家的富强而前赴后继、奋斗牺牲,这是我们民族多么值得骄傲和歌颂的人物啊!虽然后代有关屈原事迹的文学艺术作品数量可观(有戏剧、电影、诗歌剧、电视剧、雕像、绘画、音乐等),然而至今未曾见到一部完整的文学传记,这不能不说是一件憾事。尽管屈原生活的年代和我们相距很远,但我在几十年的研究过程中,屈原的形象在自己的脑子里越来越清晰,对其思想、行为也愈来愈理解。作为一位楚辞研究者,我觉得自己有责任承担起这一工作。何况 20 年前我还曾报考过朱东润先生的传记文学研究生，并获得专业总分第一的成绩。于是我下决心推开其他事情，抽出一段时间，好好写一写屈原的一生。

我整整用了八个月的时间，才写成了《屈原传》的初稿；写作过程中，也几度想放弃不干了，因为我深感真正塑造出一位举世公认的屈原艺术形象，实在是太不容易！当写完"尾声"时，我感到的不是兴奋，而是难以支撑的疲劳。

本书融入了我二十多年来在屈原研究中所作的一些思考，然而，正如郭沫若先生所说："考据与创作并不能完全一致。"（《我怎样写五幕史剧〈屈原〉》）因此为了便于表现人物的性格，有时对作品的创作时地和背景做了改易，这是需要说明的。另外，本书还吸取了众多学者的研究成果，有的已附于"参考文献"中，有的未能一一指出，谨在此深表谢意。

屈原属于中国，屈原也属于世界。如果本书的出版，能为我国和世界上众多希望了解屈原的人提供一点帮助的话，这将是笔者最大的快乐与安慰了！

汤漳平

图书在版编目（CIP）数据

屈原传 / 汤漳平著. -- 武汉：长江文艺出版社，
2022.10
　（名家名传书系）
　ISBN 978-7-5702-2840-9

　Ⅰ．①屈… Ⅱ．①汤… Ⅲ．①屈原（约前 340-约前
278）－传记 Ⅳ．①K825.6

中国版本图书馆 CIP 数据核字（2022）第 137920 号

屈原传

Qu Yuan Zhuan

责任编辑：张远林　　　　　　　　　责任校对：毛季慧
封面设计：周佳　　　　　　　　　　责任印制：邱　莉　杨　帆

出版：长江出版传媒　长江文艺出版社
地址：武汉市雄楚大街 268 号　　　　邮编：430070
发行：长江文艺出版社
http://www.cjlap.com
印刷：武汉中科兴业印务有限公司

开本：640 毫米×970 毫米　　　1/16　　印张：15.5　　　插页：1 页
版次：2022 年 10 月第 1 版　　　　2022 年 10 月第 1 次印刷
字数：209 千字

定价：39.80 元